海外汉学译丛·主编 张西平

器 成 天 下

中国瓷器考

起源—生产、纹饰和款识
—欧洲的中国瓷器—年代记
—仿制、伪造

［法］奥图·德·萨代尔 著

刘 婷 译

GUANGXI NORMAL UNIVERSITY PRESS

广西师范大学出版社

·桂林·

器成天下：中国瓷器考
QICHENGTIANXIA：ZHONGGUO CIQI KAO

图书在版编目（CIP）数据

器成天下：中国瓷器考 /（法）奥图·德·萨代尔
著；刘婷译. --桂林：广西师范大学出版社，2021.12
（海外汉学译丛 / 张西平主编）
ISBN 978-7-5598-4353-1

Ⅰ．①器… Ⅱ．①奥… ②刘… Ⅲ．①瓷器－研究－
中国 Ⅳ．①K876.34

中国版本图书馆 CIP 数据核字（2021）第 207669 号

广西师范大学出版社出版发行

（ 广西桂林市五里店路 9 号　　邮政编码：541004 ）
　 网址：http://www.bbtpress.com

出版人：黄轩庄
全国新华书店经销
天津图文方嘉印刷有限公司印刷
（天津宝坻经济开发区宝中道 30 号　　邮政编码：301800）
开本：880 mm × 1 230 mm　　1/32
印张：14.75　　　字数：185 千
2021 年 12 月第 1 版　　　2021 年 12 月第 1 次印刷
印数：0 001~6 000 册　　定价：64.00 元

如发现印装质量问题，影响阅读，请与出版社发行部门联系调换。

LA

PORCELAINE DE CHINE

ORIGINES. — FABRICATION, DÉCORS ET MARQUES

LA PORCELAINE DE CHINE EN EUROPE. — CLASSEMENT CHRONOLOGIQUE

IMITATIONS, CONTREFAÇONS

PAR

O. DU SARTEL

PARIS

Vᴱ A. MOREL & Cⁱᴱ. ÉDITEURS

13, RUE BONAPARTE

—

M DCCC LXXXI

丛书总序

近四十年来海外汉学研究成为学界的一个热点，其翻译著作之多，研究展开之迅速，成果之丰硕，在中国当代学术研究领域是任何一个学科都不可以比拟的。据国家图书馆海外中国问题研究资料中心尹汉超副研究馆员的初步统计，四十年来学界翻译、研究、介绍海外汉学研究的著作达 3600 部之多。尽管如此，在海外汉学经典著作的翻译和整理上我们仍需努力，对于海外汉学名著的翻译一直是一项最基础、最根本的学术工作。在我们身边很难再有像钱钟书先生那样的天才，精通多国语言，融通中外学术，所以我们只能老老实实地把世界各国汉学的名著一本一本地翻译出来，这样才会对欧美汉学史有一个整体的、全面的认知。二十多年来我就是凭借着这种理念，组织翻译了一批西方汉学早期汉学的经典著作。

尽管《剑桥中国史》《剑桥中国文学史》等大部头的著作已出版，关于儒学与道学的海外汉学著作的出版工作也有了显著的进步，但对世界各国的海外汉学名著的翻译仍有欠缺，尤其是非英语国家的汉学研究名著亟待翻译。特别是对"一带一路"国家的中国研究，我们应给予高度关注。因为仅仅靠英语世界的汉学成果，我们是绘不出一个完整的世界汉学历史全图的。我们应明白中国学术的进步是需要几代人才能完成的，我们应站在中国学术的全局，一代接一代地把世界各国的汉学名著翻译成中文出版。我们应鼓励更多的熟悉法语、德语、意大利语、瑞典语、印地语、波斯语等各种语言的学者投入到海外汉学著作的翻译研究中来，并像已故的冯承钧、耿昇先生那样，献身于基础汉学著作的翻译。我们向所有安于寂寞、献身学术、从事汉学名著翻译的学者致敬。这次我与广西师范大学出版社的合作，就是希望在海外汉学著作的翻译上再翻新篇。

　　四十年来，海外汉学（中国学）研究的进展与当代中国学术的变迁与发展紧密相连，这充分说明海外汉学这一域外的中国知识和中国当代知识的进展以及当代中国学术的变迁有着内在的联系。这样的传统是从清华大学国学研究院的成立开始的，吴宓在《清华开办研究院之旨趣及经过》中明确地指出："惟兹所谓国学者，乃指中国学术文化之全体而言，而研究之道，尤注重正确精密之方法（即时人所谓"科学方法"），并取材于欧美学者研究东方语言及中国文化之成绩，此又本校研究院之异于国内之研究国学者也。"学者在解释吴宓这一思想时说："近代以来，'国学'概念的使用有不同的用法，吴宓的提法代表了当时多数学者的用法。后来清华国学研究院的教研实践也显示出，清华国学研究院对国学和国学研究的理解，始终是把国学作为一种学术、教育的概念，明确国学研究的对象即中国传统学术文化，以国学研究作为一种学术研究的体系。在研究方法上，则特别注重吸取当时世界上欧美等国研究中国文化的成果和方法。这表明，老清华国学研究院以研究中国传统文化为本色，但从一开始就不是守旧的，而是追求创新和卓越的，清华国学研究院的学术追求指向的不是限于传统的学术形态与方法，而是通向新的、近代的、世界性的学术发展。"[①]本土之国学与海外汉学互动是近代中国学术发展的重要特点，这样的传统在近四十年的汉学研究中也充分体现了出来。

汉学的存在标志着中国的学术已经是世界性的学术，汉学研究的成果已经不再仅仅作为一门"外学"，像外国文学、外国哲学、外国历史那样，仅仅作为一种知识产品丰富我们对世界

---

① 陈来：《清华国学院的使命》。

学术的认识。自晚清以来，中国历史的自然发展因西方国家的入侵而打断，同时，中国文化与知识的叙述也不能再在经史子集这样的框架中表达，从四部到七科，中国现代学术体系和表达形式发生了根本性的变革。西方汉学，此时作为西学进入我们的知识和文化重建之中。因此，如果搞不清西方汉学的历史，我们就说不清中国近代的历史，并无法开启今天的学术重建。

在这个意义上，海外汉学不仅仅在海外，而且同时内在于我们近代学术史和当代的学术史之中。为此，我将海外汉学研究说成是一种"内外兼修之学"，意在表达它作为一个学术体系和知识系统，对中国学术具有内在参考性。

梁启超在百年之前就提出"在中国研究中国""在亚洲研究中国""在世界研究中国"三种方法。四十年来对海外汉学的研究使我们体会到：文化自觉和学术自觉是我们展开域外中国学研究，展开西方汉学史研究的基本出发点；开放与包容的文化精神是我们对待域外汉学家的基本文化态度；求真与务实的批判精神是我们审视西方汉学的基本学术立场。

张西平

2021 年 1 月 16 日

译　序

中国是瓷器的故乡，瓷器亦是中国的符号。16 世纪至 19 世纪期间，中国瓷器漂洋过海远销欧洲，它们不仅是具有实用价值的器物、观赏价值的陈设品，更是中国灿烂文明的载体，承载着中华文明悠久的历史与深厚的底蕴。西方人是通过陶瓷开始认识中国、向往中国，进而与中国展开交流的。英文中"瓷器"和"中国"享有同一名字便是明证。

18 世纪，一股"中国热"的风潮席卷欧洲，王公贵族、文人学者，以及普通百姓都参与其中。瓷器这一引人注目的文化符号，自然成为了大家竞相追逐的对象，本书对此也有所提及。可以说瓷器为中国文化西传做出了不可估量的贡献。中国瓷器在影响欧洲的同时，也从欧洲艺术中汲取了营养，受到了西画的润泽，比如粉彩工艺就是中国画工受到西方艺术风格启发后创造的表现手法。瓷器的海外传播是中西文化交流史的重要一页。

本书作者奥图·德·萨代尔（Otto du Sartel）生于1832年，是19世纪法国著名收藏家和学者，对东方瓷器有深入的研究。《中国瓷器考》1881年出版后，在法国轰动一时。在此之前，18世纪、19世纪的欧洲学人出版了不少对于中国哲学、文学以及语言的研究性书籍，然而西人对于中国器物——尤其是中国瓷器这个文化载体的研究尚且寥寥，而本书的出版则填补了这份空白。作者因此于1882年荣获汉学届最高荣誉"儒莲奖"（Prix Stanislas Julien）。本书也是"儒莲奖"获奖作品中少有的研究中国器物的著作。萨代尔在书中对中国不同时期的瓷器进行了一番细致的考察，详细阐述了瓷器烧造的技术细节，介绍了瓷器的种类和纹饰主题。更为重要的是作者还探究了东方瓷器在欧洲的传布历程以及欧洲人对东方瓷器的仿制历史。此外，书中还收录了欧洲数位著名收藏家的藏品图片及器物描述，可以说《中国瓷器考》在瓷器研究领域具有开创性的价值。

刘　婷

2020年10月于美国斯坦福大学

致读者

人类追逐美好事物的传统可谓源远流长。自古以来，艺术家创造出的作品从来不乏拥趸，人们喜爱被稀有又精美的物件环绕。然而这一可以让精神与眼睛双重满足的享受一直只是小部分特权阶级的专属。近年来，社会发展取得了极大的进步，尤其是美学教育在大众中普及开来，各阶层人民都被给予了欣赏美的机会，进而从中获得愉悦的情感体验。普通收藏爱好者的居所和富裕人士的沙龙一样，都在殷切盼望着大师画作和雕像的进驻。在这些人类天才最高等级的表达之外，还伴随着一些或许略低一等，但却同样引人注目的艺术品。它们装点着我们的家具，充盈着我们的玻璃展示橱。它们就是随处可见的利摩日（Limoges）彩陶、中世纪牙雕、文艺复兴錾刻、玻璃器皿和锡釉陶。最后一定不能忘记的是瓷器，瓷器的横空出世使得以上一众艺术品只能沦为它的陪衬，倒映在它耀目的彩色表面上。

以笔者为代表的这一人群，起初只是远东瓷器忠实、热情的爱慕者。我们首先收集了一些藏品，将它们精心布置在自己的居所，无所谓摆放的前后顺序，也并不在意它们的真实价值，仅仅拥有、欣赏它们就让我们快乐无比。但是，没过多久，在当今时代浪潮的影响下，我们不再满足于单纯享受，还希望了解更多，比如探索瓷器起源的秘密、烧造的奥义、生产年代的先后，这些都激发着我们的好奇心。

笔者在此一定要歌颂一下我们的时代精神！这是唯一引领我们逐步进入这一研究领域的因素吗？当然可以这么认为，至少这是主要原因。但是，在此也需要解释一二，明确表达清楚我们的心意，众多瓷器爱好者同仁大概也认同这一观点——最初迷恋上这种充满异域风情的脆弱杰作时，我们的鉴赏能力非常平平，收集的许多器物来自未经思索的偶得，或是纯粹的一见钟情。这些藏品令我们欢欣鼓舞，我们并无他求。

然而，在当下这一时代，科学蓬勃发展，但是蒙骗也横行于世。我们也必须要承认，作为收藏爱好者的我们亦曾经为此黯然神伤。

所有收藏爱好者大概都难以忘怀那个丧气的时刻，也就是第一次意识到自己被欺骗了的时候。可能他正在欣赏着自己的藏品，却突然发现其中混入了一个来源或价值经不起推敲的物件。这时，他唯一需要做的，就是缓慢地、悄无声息地将这件器物移出自己的房间，不对任何人透露任何信息。也许前一天，他还在向所有来访宾客炫耀着它的美貌，将其奉为真品，高声肯定着它的价值。曾经天真无邪的他，单纯乐观地认为全世界所有的瓷盖罐都货真价实、完美无缺，然而如今这一致命的发现迫使他幡然醒悟。

从此，对假冒伪劣产品的恐惧吞噬了他的愉悦感。怀疑的情绪幻化为幽灵笼罩着他，有时会从他的玻璃橱中冒出来，肆意地嘲笑着藏品的主人，它会在宝塔和佛像之间嬉戏，随意趴在最正宗的那个菩萨的肚子上，或者不怀好意地藏在黑色描金花瓶圆滚滚的瓶腹后面。不久后，收藏爱好者走过了这段疑虑重重，有如魔鬼附体般的自我嘲讽阶段，他开始否定一切。而这其实正是他作为收藏家的关键时刻。如果心中没有熊熊燃烧的火焰，他便会向现实屈服，他的品位逐渐消失，他感到沮丧，灰心丧气地一点点抛弃自己曾经的心头好。他也许会保留几件器物，却无非是那种适合插上几朵玫瑰摆放在茶几上的花瓶。

但是，如果他对藏品的热爱已经完全深入骨髓，他就会反抗、会采取行动。他明白，爱好一项事业，只有通过认真钻研才能收获恒久的快乐。因为上当受骗，他更加明确自己的确需要好好学习。所以，他希望可以尽快领悟其中的门道，他试图发问、研究、比较，逐渐将自己武装成专家，曾经的失算则一去不复返。原本的目的已经完全达成，他却愕然发现，自己打开了一扇新的视窗，研究瓷器竟然成为了新爱好，而这新爱好带来的乐趣，是过去那个单纯欣赏着自己收藏系列的他所始料未及的。

为了参透瓷器生产的秘密，他遨游于科学世界之中，这为他带来了前所未有的满足感。历史在这些器物上留下了诸多痕迹，如今却已经消散于时间的荒野之中，他必须要翻阅历史，沿着前人的足迹，追踪史实、敲定年份。通过这些瓷瓶瓷罐，他仿佛看到东方世界的面纱被掀开了一个小角，那些曾经只是让人眼前一亮的奇怪纹饰，现在突然变得有意义起来。原来这些人偶和菩萨都来源于陌生的哲学故事和神话传说，一切都显得那么异乎寻常。

读者们请悉知，笔者的研究起初只是一些零散的笔记，那是过去快乐鉴宝时偶然记录下来的细节。随着时间的推移，这些笔记逐渐积累增多，笔者又进行了一番整理，最后便成为了一本书。这本书只是无心插柳之作，如果有必要，这个成书的经过可以作为笔者的挡箭牌。而且，笔者也不是本书的"主谋",还有其他"同伙"。一直以来，笔者接受了来自各方的鼓励。汉学家们不厌其烦地为我们解释瓷器上的那些图章和款识，查阅、翻译图书馆中有关中国的典籍。陶瓷从业者也曾经多次提供帮助，为笔者澄清了许多常见的问题。

在此，笔者希望对所有给予帮助的人表示衷心的感谢，正是在你们的庇护下，笔者这样一位收藏爱好者才勇于将自己的研究展示于大众面前，同时也希望得到大家善意的点评。

那些即将读到这本书的人，以及这本书针对的特定人群，你们一定也曾体会过互帮互助的快乐。要知道，收藏家的最大乐趣就是将易碎的宝贝安全摆放在自己周围，但是他们却慷慨地将藏品提供给笔者研究使用，甚至有的人还允许我们复制瓷器上的纹饰。我们的确从中学到了太多宝贵的知识。在尽其所能地挖掘所有内容之后，笔者还是要说：中国瓷器这一研究包罗万象，我们也不敢自认对其了如指掌。我们的后来者定会发现新的研究领域并进行开垦，只希望到时他们会对给他们扫清道路的前辈采取宽容的态度。我们希望他们可以在东方陶瓷领域取得里程碑性质的研究成果，如果这本简短的漫谈可以为他们提供一些新的视角，笔者将会感到非常欣慰。

目　录

第一章　中国瓷器的起源

第二章　瓷器的烧制、纹饰与款识

第三章　中国瓷器在欧洲

第四章　瓷器描述与时代划分

Chapter

I

第一章

中国瓷器的起源

来自东方的瓷器在我们的生活中随处可见，在欧洲日常进口的商品中所占的比例也在逐年增加。瓷器被随意摆放在各类集市上以低价出售，逐渐占据了我们的居所，也对本国工厂烧制出的器物构成了不小的威胁。一些收藏人士对于人们这股莫名其妙的狂热感到难过，在他们眼中，这些来自日本或中国当代烧造的器物，通常带有拙劣的仿古纹饰，轮廓显得笨拙，总体而言不够高雅。本来很匀净的釉面被暗淡的蓝色、混沌的黄色或深粉色所掩盖，使得瓷器整体的色调苍白而又沉闷，更加无法补救的是其器型的呆板与俗气。

可能对于那些容易被时尚风潮左右的人而言，这股风潮自然带有的霸道气势会影响其理性的判断，因此掩盖住瓷器自身的魅力。因此，近期生产的东方瓷器虽不乏买家，实际上却缺少那些真正懂得欣赏它的人。东方瓷器让那些迷恋东方情调同时具有丰富想象力的人感受到了强烈的艺术冲击力，他们认为瓷器将绚丽的色彩、丰富的层次与奇异优雅的外形有机地结合起来。

在1878年世界博览会举办之时，我们可以轻松注意到，中国当代烧造的瓷器质量发生了滑坡，尤其是和中国古代瓷器所达到的较高水平相比，当前的颓势绝对是毋庸置疑的，这一情况不禁令人扼腕叹息。那些代表中国出席博览会的委托人也不得不公开承认了这一事实，尽管他们受到中国委任，应替瓷器发声，同时也当捍卫瓷器烧造所涉及的巨大产业链。博览会官方目录有关中国的部分也承认中国的瓷器产业正在全面退步。目录上给出的解释也完全出于商业上的考量："中国古典瓷器，无论是从其精细的工艺还是从其典雅的外观而言，都可完全超越当今生产的瓷器。为满足当前人们不断增长的需求，现如今的瓷器都需要快速烧成。此外，一些著名的颜色釉秘密配方已经无处可寻。并且，16世纪、17世纪的花瓶售价至少需要25000法郎，而现今那些最精美的器物几乎是所有阶层的人都可以承受得起的，甚至人们有时可以在穷苦家庭里看到较为大众化的瓷器。"

这样坦诚的说辞仍旧难以促使瓷器爱好者们下定决心将当代瓷器移出他们的玻璃展示橱。而本书则将当代瓷器搁置一边，仅仅关注乾隆时代（1796）之前生产的器物。多年来，正是那些古典器物，一直被收藏家追寻着、欣赏着。我们将它们划分为一大类，并将这一类瓷器命名为"古代瓷器"。

有时人们会说："这件瓷器出自当代，那一件来自古代。"在这些简单的论断之外，人们通常还会加入一些针对瓷器外形、装饰的总结性描述，并且相信列举这些细节便已经足够。有时，某件瓷器展现出一些古代的特征，令人有所怀疑，然而却没有人敢于断言。类似的情形还比如，一件瓷器看起来不怎么古老，但是人们却能断言它烧造的具体时代。对于这种本应使用科学纪年来表明的事情，却简化为如此泛泛的概述方法，请各位不要感到太可笑。要知道，对于业余人士而言，在烧造于中国的瓷器上找出一些能透露年代的痕迹实在是一件太困难的事情。要知道，中国古代瓷器烧制曾经走过漫长的岁月，创烧于很久很久以前，然后一直持续至上个世纪。所以，那些可怜的瓷器爱好者们便仿佛被置于一片混沌当中，在这关乎当代与古代的广阔鉴别世界中自由闯荡，但是混沌状态的好处是，爱好者们极少受到任何前人判断的干扰。

3　　在这些仅仅因为靠近真相的影子就感到很满足的快乐灵魂之外，还有一些人认为应该完全使用科学的精神来解决当今大众对烧造日期和时代划分的疑惑，但这显得有些过分苛求，实在不甚理性。我们拒绝承认自己全知全能，但是为了回答各类问题，也会尽力使用精准的数据。我们比第二类人更为谦虚，比第一类人更加雄心勃勃。我们无法忍受彻底的无知，也不会假装对一切完全了然。如果能掌握五分，就会感到比较满意了。我们将等待新的研究方法出现，可以方便人们开展下一步研究，对各类问题有更明确的理解。

硬质瓷器在中国的发明年代

对于所有对此研究感兴趣的业余瓷器爱好者而言，首先会遇到一些较为简单的问题，在本章中，笔者希望对这些问题发表一些自己的看法。

例如，瓷器行业诞生于何时？它的发展历程又是怎样的？它从哪里发端？它是在东方那片土地的几个地方同时出现还是在不同时间独立出现？还有，中国瓷器艺术的创造，的确始于那个有许多满大人和大宝塔的神秘国度吗？最后一个问题：我们所在的西方世界又是何时才得以见识到真正意义上的瓷器的呢？

通常，在寻找一门艺术、科学或者某种产品的未知源头的时候，历史学家可以从词语中找到一些可以指明方向的珍贵提示。在特定时期，某些语言中部分词语的出现可以被当成一种所谓的"出生证明"。这就是为何语言学家通过深度挖掘研究一些语汇的出现时间以及最新、最古老词根的混合过程，外加各种巧合的机遇，便可以厘清那些已被先人遗忘的早期人类迁移与融合的过程。现在，笔者完全相信，通过类似的研究，我们也可以找到一些答案，可以用于解决萦绕于众人心间的诸多问题。这一解决方案带来的答案可能和我们目前了解的一些信息有所出入，但是笔者非常相信我们的研究仍旧需要从这一角度出发，我们会坚持自己的想法，尽管与前辈的想法不甚相同。

若论见多识广，陶瓷学家中非儒莲[①]（Stanislas Julien）先生莫属，他曾经十分肯定地判断中国陶瓷艺术在公元前2255年即呈现朝阳初升之势。但是，他同时也认为，直到公元纪年初始之时，"甓器"才被发明出来，即陶制花瓶。自汉朝起，人们开始在新平县生产瓷器。他曾说道："我们同意中国陶瓷记录者的观点，将瓷器的发明时间确定在公元前185年到公元87年之间这一阶段。然而，在漫长的时光中，瓷器烧造技术的进步都显得非常缓慢，甚至可以说几乎陷于停滞。"

中国陶瓷学家曾介绍过中国瓷器在晋朝（265—420）便已创烧，但是却没有提及任何有名的窑口，亦没有描述过任

---

① 儒莲（1797—1873），法国汉学奠基人之一，法兰西学院教授。——译者注

何一件器物。儒莲先生翻译的一本著作曾涉及古代瓷器的考证。文中讲到那时的瓷器仅有黄色、褐色、黑色和青色，黄色瓷器不甚美观。然后书中还提到了古时一本有关茶的书，并判定褐色瓷器也不适用于盛放茶水。黄黑色瓷器更是会让茶色发黑，仅有青色瓷算是最合适的，因为"青而益茶，茶色绿"。

人们的关注点不应放在器型、颜色上。不论器物是茶杯还是茶碗，不论其颜色是否是青色。这里主要的问题是，这些器具透明度较差，器物内壁和外壁都覆盖着一层明亮的釉，不论是黄色、黑色、褐色还是青色，因此器中盛放的液体除去本身的颜色外，还映射了瓷器内壁的颜色。

隋朝（581—618）时期，瓷器烧制工艺似乎取得了切实的进步。中国陶瓷学家介绍了这段时间在越州生产的瓷器，他具体说道："越州瓷时而类玉，时而类冰。"这大概是瓷器第一次被比喻为玉石，显示出了用于烧造瓷器的黏土具有更优秀的玻璃化特质，也焙烧得更加充分，从而使得瓷器具有了透明的质感。但是我们仍旧可以瞥见瓷器本身的白色，以及胎体的痕迹。在陶瓷学家关于唐朝（618—907）在大邑烧造的陶瓷的描述中，一切便显得非常明朗了："这些瓷器色白，器型优雅，质地坚硬，胎体轻薄，釉面光洁莹润。"我们还了解到，唐朝之前大部分陶瓷都被称为"陶"，而自唐朝晚期开始，人们开始用"窑"来特指瓷器。

似乎一些汉学家错将古老的"陶"当作瓷器。实际上瓷器应被称为"窑"。古老的"陶"字还可以用来特指甓器，它比过渡时期的陶瓷器物略为高级，但不及唐朝在大邑烧制的白瓷那么透明、坚硬，并有清脆的敲击声。此外，为了进一步佐证使用硬质、白色黏土烧造瓷器的工艺发明于唐朝，中国陶瓷学家还将釉下彩这种装饰方法的发明时间定在了这一时期。因为只有在使用硬质白色黏土烧制出的瓷器之上，工匠们才能以釉下彩的方式进行装饰绘画。

釉下钴蓝纹饰的发明

　　笔者还从中国陶瓷学家那里了解到："公元907年钱镠当国之时，他命令工匠在越州生产一种仅供宫廷使用的瓷器。这种瓷器只可为当权者所用，被称为'秘色窑'，意为'秘密的瓷器'，秘色窑纯净闪耀。"我们只能试图阐释"纯净闪耀"的意思，大概指的是胎质洁白细腻、胎体轻薄、釉面莹润闪亮。这些特征都属于秘色瓷。中国陶瓷学家认为没有必要为秘色窑做过多说明。既然这种瓷器被命名为"秘色"，那么必然是因为它只可供皇帝在自己的宫殿中使用，其他闲杂人等绝对不可拥有，甚至都不能一睹其芳容，这便是此种瓷器得此命名的原因。

　　然而，这一颇具传奇性的解释和一些既定史实是互相矛盾的。如果这种瓷器仅在某些地点生产，并且又只能由皇帝使用。那么吴越国王钱镠是怎么获得它并且进献给朱梁皇帝的呢？

据历史记载，吴越王钱镠给朱梁皇帝进献了许多礼品来表达自己的感激之情。送出的礼物还附有物品清单，以便表明进献人的身份。礼单中曾经提到过光辉闪耀的珍贵金棱碗，还有名为"秘色窑"的瓷器。据称，秘色瓷具有青瓷的声响。

笔者与这位中国陶瓷学家看法一致，认为秘色窑实际特指一种在那一历史阶段非常受人青睐的瓷器品类。我们如若寻找"秘色窑"得名的其他原因，没有什么比"覆盖住的颜色"这种解释显得更为合理了，也就是说秘密藏在外部的釉层之下，即使用釉下彩工艺烧造的器物。在秘色窑出现之后的时代，专属名词"窑"便不再是瓷器的唯一命名了。儒莲翻译的那本中国瓷器研究书籍的作者在研究景德镇御窑厂烧造的最优质的瓷器时，注意到了壶公窑。壶公窑的烧造者名为壶公，他生活在明神宗万历年间（1573—1620）。作者说道："所有经壶公窑烧造出的瓷器都堪称精妙绝伦。四面八方的收藏爱好者竞相以高价购买。一些特定的窑厂还试图模仿壶公窑。其中就有江南的宜兴，那里的窑工专门模仿壶公窑的瓷器，但他们所使用的瓷土含沙量较多，且铁的成分也不低，烧造出的瓷器呈棕色。因此，他们生产出来的器物便不再被称为'窑'，而是获得了

'紫砂壶'的名字，字面意义为'棕色的沙子'。我们可以注意到，所有宜兴烧造的'壶'，都属于陶瓷这一品类，但是却和我们认知中的瓷器完全不同。"

笔者在此要说明的是，在"窑"这一词汇之外，还有另外一个专有名词，即"瓷"。长久以来，中国人在日常语言中使用这个字来特指普通瓷器。它可以用来指我们刚提到的紫砂器物，其涵盖的范围比"窑"更为广泛。但是在中国的唐朝（618—907）阶段，若需特指瓷器，"瓷"这个字远不如"窑"常用。在大邑瓷出现之前，有中国各代各类典籍中关于陶瓷的记录可以为证。

实际上，大约公元10世纪之时，那时是中国的宋朝时期，楷书开始逐渐被规范使用。中国字典中列出的各类字体——小篆、大篆，都包含有"陶"字的不同古老写法。如果从公元900年左右这一时间点再向前回溯，会发现中国最初的象形文字中也有"陶"这个字。然而我们刚才提到的两个字——"窑"和"瓷"，却只见小篆写法。中国文人认为，这两个字的发明应发生于瓷器创烧之后，在人们最初使用大篆的时候，真正的瓷器还没有问世。

这个后来出现的字被中国人接受，并被正式沿用至今。本书封面的那三个汉字便是小篆体的"中国磁"，我们在此用楷书再写一遍：中国磁①。

磁國中

在分析儒莲著作中提到的这些观点与引用后，笔者得出结论：中国人大概于公元9世纪末创烧了真正意义上的瓷器，也就是以高岭土作为胎土，烧制出胎体透明度佳的器物。在大约公元900年之际的越州，人们烧制出了施釉的青瓷。虽然当时的瓷器焙烧工艺很可能和后来使用的方法相迥异，但是得到的器物效果却和中国人使用现代工艺烧制出的产品颇为相似。

笔者希望那些博物学家与汉学家不会埋怨我们将他们曾经判定的中国瓷器发明时间向后推了800年到900年。出现这种分歧其实很容易理解，因为笔者只希望讨论与当今"瓷器"概念相符的器物，与我们所收藏的这些瓷器相一致的类型，而将那些原始的陶器放置一边不谈，或许儒莲先生会对原始陶器的起源有进一步的研究。那么笔者是否反对其他汉学家将瓷器的发明上溯到混沌的远古时期呢？我们同儒莲先生一起曾多次强

① 磁，是"瓷"的俗字。——译者注

调：这些汉学家不是最先，也不是最后，以如此轻率的态度讨论这一话题的人，他们这种混淆视听地使用同一个词来指不同器物的行为，难道会令我们感到陌生吗？在欧洲，代尔夫特、法国以及意大利的彩陶制造者们，尽管他们已经见识到远东瓷器的真正面目，却仍旧称自己为瓷器生产者。我们的陶瓷研究者，一直到18世纪末期还依旧不加分辨地使用彩陶、马约里卡锡釉陶（majolique）以及瓷器这三个词。

对词语的胡乱使用变得稀松平常，再加上这些从遥远国度进口的器物的确妙不可言，导致最杰出的权威学者都认为：从中国进口的这些瓷器应该已经在这个国家存在了很久，大概创烧于公元前2000年吧。这一论点的影响巨大，大家都对此毫不质疑，拥有最诚实品格的人都可以在世界各地找到有力的"证据"。

图1，瓷制小扁壶（中国鼻烟壶），有轧花状纹，施浅绿色釉，器物两面各有黑彩勾画出的开光，一侧开光写有古代字体的"礼"字，另一侧绘有折枝花卉。塞夫勒（Sèvres）博物馆藏，巴黎加斯诺（Gasnault）的收藏系列。

这件证物——来自中国的小型瓷制扁壶，是伊波利托·罗塞里尼①（Ippolito Rosellini）先生在一个法老时代的

---

① 伊波利托·罗塞里尼，意大利籍埃及学家，商博良（Champollion）的合作者。

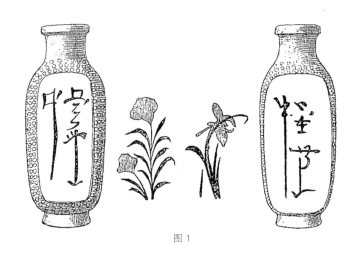

图 1

埃及坟墓中找到的，在他之前还没有人进过这座坟墓。在这次发现之后，中国瓷器的发明时代被立即确定为至少早于公元前1800年。不幸的是，这只在学术界搅动了风云的小瓷瓶并非独一无二。人们在其他场合还发现了类似的瓷瓶，上面也带有中国字，而据儒莲先生的辨识，同样也是"礼"字。其实，这个字是在汉元帝在位（前48—前33）时期发明的。其他瓷瓶还刻印有诗句，而这些诗句基本都出自于唐朝诗人，主要生活在唐玄宗年间（713年左右）。最终，1845年之际，更多类似的小瓷瓶在中国涌现，其中有一些是在同一家窑厂中被发现的。这些瓷瓶无一例外都出自当代，且都具有类似的器型，都是鼻烟壶，表面印有轧花，且均为对18世纪末流

8 行的满大人瓷器的模仿。

再举一个例证，这是近期发生的事情，却更能表现出一些人的幼稚与盲从。首先是在爱尔兰的考古发掘现场，继而是在英国的康尔奴雅（Cornouailles），人们均发现了中国白瓷制造的印玺。两者完全相同，均为 25 厘米长宽的方块，似乎是出自同一个模子。瓷器一面阴刻有图案，另一面以坐姿小狮子为钮。这些印玺，有一枚是在地面上被发现的，另一枚出现于泥泞的沼泽中。发现人宣称它们都已经在那里埋葬了很多个世纪。这两起事件吸引了诸多关注，导致许多论文被炮制出来。[1] 对它们的描述迅速增多，作者的心思各有不同，这个钮有时被描述为一只猴子，有时是一只面目奇异、半狗半猴的神兽。据那些对汉学有所研究的人称，印玺使用的文字很古老，且含义各有不同，或是一个人名，或是一句格言，其中一句格言的意思是说：要学会换位思考。[2]

图 2，是上文所介绍的其中一件印玺的图片，图片展示的大小与实际情况相符。印玺刻印有"天生我才"[3]四个字。

9 福春在他的论文结尾处提到，当他在中国旅行期间

---

[1] 翻译自马来亚（M. J. Marryat）的著作。
[2] 《爱尔兰发现的中国印玺考》，爱德蒙·盖蒂（Edmond Getty）著，伦敦，1850 年。
[3] 由中国驻巴黎大使馆第一秘书翻译，1879 年。

图2

（1855—1856），找到了四到五个类似的印玺。"这类印玺可能比较稀有珍贵，但是其古老性值得商榷。"而这些印玺在爱尔兰沼泽中出现的原因还有待查证。笔者对各类接近真相或者谬之千里的研究都持怀疑态度。据笔者观察，这些印玺使用了同一种白瓷，这种白瓷质地坚硬，洁白无瑕，釉色饱满光洁，让人联想到乾隆或者嘉庆（1796—1820）年间的中国德化白瓷。而那个位于印玺另一面、作为钮的小动物，不是什么猴子或者类似猴的神物，而是中国传统动物福狮，在各个时代的盖罐上都可以看到它的身影。

笔者还要补充一点，这些印玺上刻印的文字，无论是所使用的文字字体，还是字符排列组合的方式，抑或是展示的格言本身，都和嘉庆、咸丰年间生产的一些花瓶足底的款识相似。因此我们可以推断，这些文字可能是某个生产商为自己窑厂出产的器物所做的标识。

众人根据时间的先后顺序，略为天真地进行了一轮又一轮的不懈寻找，从康尔奴雅的沼泽一直找寻到了尼罗河畔。最后，人们幡然醒悟，决定不再继续挖掘墨西哥阿兹台克人的墓穴，或者秘鲁印加人的洞窟，以图再带回来一些烤熟的黏土制品，然后再次挑战一些人的敏感神经。在埃及学家之后，如果再有美洲学家步其后尘，这一话题就会无尽无休了。

如果把瓷器看成孩童，上文介绍的这些人想要把这个孩童的出生时间上推至遥远的古代，下面还有一些人想要无限扩大它摇篮的面积。不少人认为它同时在中国、朝鲜、日本甚至波斯降临人世。笔者感到有必要研究一下为何人们对瓷器这一美好艺术的发源地有如此之多的争论，却发现并没有太多可靠事实可以证实、解释这些说辞。笔者认为，应把最先发现瓷器制造方法的殊荣单独给予中国匠人，感谢他们发明出我们今天孜孜以求的瓷器。

日本瓷器的创烧

首先来说日本，笔者经过一番简单研究，就发现了一些研究人士所犯的错误，他们认为日本自公元元年起便已经掌握烧瓷技术。实际上，他们看到了古老陶器的命名，误认为其指的是瓷器。因为古老的词汇"烧"在日语中其实可以无差别地指各类陶瓷制品，比如如今我们说的"濑户烧"（Seto-mono），其实专指所有在濑户出产的器物，包括彩陶以及瓷器，器型可以是花瓶、碗盘①。

古代日本人就已经掌握了陶瓷艺术，这一点是毫无疑问的。但是却有人说日本人在公元前就已经发明了瓷器，如果读

① 根据赫本先生（M. Hepburn）的研究，应当将"mono"翻译为"器物"，"Seto"是一个地名，靠近尾张国，是日本的瓷器工业之都。所有在濑户烧制的瓷器都带有濑户二字。所以"濑户烧"专指所有瓷器、陶器以及餐具。英日词典，上海，1872年。

者感兴趣的话，可以参见霍夫曼博士（Dr Hoffmann）的著作。他写道："想了解日本人发明瓷器的过程，需要参考日本史学家留下的记录，日本瓷器工业的肇始要追溯到公元前27年。这一年，朝鲜王子来到了日本并且在日本创建了第一家瓷器公司。这家公司的分部散布到日本各县，却一直没有太大进展，后来随着中日贸易的增加，来自中国的瓷器不断被进口到日本，并且中国瓷器的质量总是优于日本本土瓷器。1211年，一位名为藤四郎景正的日本制瓷者前往中国学习了所有中国瓷器艺术的奥秘，待他回到日本后，便烧造出了光彩夺目的瓷器。"①

显然，霍夫曼博士误认为公元前27年至公元1211年间，日本所生产的"烧"是真正的瓷器。如果将从中国进口的瓷器放置一旁，而将从朝鲜进口的瓷器拿来仔细观察，我们便会有所怀疑，霍夫曼所说的瓷器，大概率只是粗陶或者土陶。

1878年，日本天皇委员会在世界博览会上官方回应了这个问题。他们介绍道："日本陶瓷的起源可以追溯至远古时代，公元前660年左右出版的历史书籍中就提到了陶瓷。在大约同一时期的大和町，人们便以手工制造的方法生产出了稀有的陶

---

① 参见《日本瓷器烧造之研究》。

器品种，呈红色和黑色两种颜色。公元前 27 年，朝鲜人来到日本的近江国，在那里烧造出了比之前更加坚硬的陶器品种。据史书记载，400 年后，先后在五个不同的地区有窑厂创建。在公元 720 年之时，工匠们发明了陶艺轮车。从这一时期开始，陶瓷艺术取得了飞跃式发展，烧瓷技术以飞快的速度日臻完善。我们使用了中国人和朝鲜人熟悉的方法，在肥前国和尾张国建立了窑厂。但是直到 1510 年左右，我们才烧造出了真正意义上的瓷器。史书中有载，正是这一时期，五良大浦前往中国，并在那里学习了瓷器烧造方法以及建造窑炉的技术。在他回到日本后，在肥前国的有田建立了窑厂，从而成为了日本第一位瓷器制造者，他是日本古染付瓷器的发明人。这种瓷器通常为白地，带有釉下彩纹饰。"

委员会的人士还告诉我们，大约 1590 年末，丰臣秀吉远征朝鲜，一位名为多久安顺的日本将军从朝鲜带回了李参平，并命令他在自己的领地烧造瓷器。李参平首先花费了很长时间寻找烧造瓷器所需的原料，但并没有什么收获。后来才在有田附近的泉山①找到了二氧化硅，从此（我们认为大概为 1600 年左右），这位朝鲜人才在日本烧制出了质量上乘的高级瓷器。

---

① 泉山位于有田附近，那里有丰富的高岭土矿藏。

　　李参平获得如此成果，引来大量工人来到有田，因此有田成为了制瓷工业的重要中心，最值得一提的是那里出产的白瓷以及带有釉下青花装饰的瓷器。因为五彩瓷器以及颜色釉瓷器的发明要推后到 1645 年。那时，一位名为酒井田喜三右卫门的日本人，在一位住在长崎的中国人的指导下，掌握了使用彩料装饰瓷器的技术。他在长期的实验后，还成功地将金粉和银粉固定于瓷器表面，逐步完善了肥前瓷器的样貌。后来他携带着他的瓷器回到了长崎，将瓷器卖给中国商人，而商人又将瓷器带出日本，这便是日本瓷器第一次成功走出国门的案例，发生于 1646 年。

　　日本天皇委员会还补充道："自从那时开始，这位生产商便与中国商人保持着商业互动。许多工人成为了陶瓷业的学徒，学习瓷器装饰艺术，瓷器工业逐渐繁荣起来。但是不久后，窑工们在瓷器烧制过程中就有些马虎大意，这一松懈导致了瓷器外销的放缓。

　　"最终，在大约 1720 年左右，长崎长官在天草市建立了瓷器生产工厂，在此烧造的瓷器均用于外销。为了创造烧制的最佳条件，他们将最娴熟的工匠和装饰画工汇聚于此，并且发布禁令禁止他们离开天草。"

　　这些措施本应促使新成果的出现，然而，我们却注意到，日本瓷器工业并未取得太多实际进步。长时间以来，并未有新鲜的釉色出现。自酒井田喜三右卫门在 1645 年创烧彩瓷之后，日本的制瓷技艺似乎便停滞不前，尤其是画工对彩料的使用，仿佛受到了一定局限。这大概能够解释为何在 1878 年的世界博览会上，日本的瓷器展品显得如此贫乏。天皇委员会给我们展示的古代瓷器仅有寥寥几种，且平淡无奇，这便是曾经大名鼎鼎的肥前瓷器如今的境况。遥想曾经，1650 年直至 18 世纪末期，日本的肥前瓷器一直源源不断地由荷兰公司进口至欧洲。

仔细观察这些肥前瓷器，无论是花瓶还是餐具，你都无法在其足底找到真实的款识，只能看到日本制造商放置架子的痕迹，这些架子在焙烧期间可以支撑瓷器。许多瓷器在出炉之时便已有破损，而且通常器型笨重、毫无美感，使用的黏土也属于较粗的陶土，透明度不佳。烧成的瓷器本身也只是接近于白色，釉色总体发灰，或是泛着一点绿色调。纹饰一般以釉下藏蓝彩描边，或是使用釉下五彩工艺，而其中的铁红彩与金彩是使用马弗炉二次烧制时固定上去的，结合着生坯时绘制的青花纹，仅此而已。只有在极其罕见的情况下，你会看到使用黑彩绘制的纹饰，更加罕见的是淡黄色以及淡绿色纹饰。同时，纹饰的主题和瓷器色料一样，种类不是很多，无非是竹子、松树或是大朵的花卉之类，随意垂悬在岩石边上的牡丹以及菊花，非写实性的动物、鸟、蝴蝶，或是看起来似乎漂浮在半空中的人物。一些背景纹饰奇怪地交织在一起，所有这些元素又或多或少和日式徽章交叠在一起。肥前瓷的纹饰列表中，一定不能落下的还有那些粗糙的雕花与简单的网状纹。在1799年的日本，这一类瓷器仍旧属于日本瓷器产业质量最好的品种。正是那一年，木村蒹葭堂[1]写道："不论瓷器[2]的种类有多少，其质量都无法与肥前生产的伊万里瓷器匹敌。"

此外，由乔治·奥德斯雷（George A. Audsley）和詹姆斯一世·博文思（James L. Bowes）撰写，不久前，在巴黎出版的以日本瓷器研究为主题的鸿篇巨制中，出现的古代日本瓷器也仅仅限于肥前瓷。他们认为肥前瓷的历史大约只可追溯至17世纪中叶。他们所描述的质量最佳、色泽最美的瓷器都可在德累斯顿博物馆的馆藏中找到。其器型、纹饰、总体特点和我们刚才所介绍的并无太大差别。

在此，似乎可以得出一个完美的结论：日本发明真正意义上的瓷器——使用高岭土，且胎质通透——时间至多为17世

---

[1] 出自1799年发表的著作，霍夫曼博士翻译了其中的一篇文章《伊万里烧》。

[2] 日本作者提到"烧"时，其实指代的是各类陶器与瓷器，霍夫曼博士在这里错误将其翻译为瓷器。

纪开端之际。而唯一被人提到的便是名为"肥前瓷"的瓷器，烧制于伊万里、尾张、天草或长崎。笔者无法解释的是：为何在没有任何证据的情况下，许多不同类型的古老瓷器都被认为是来自于日本的？其中包括著名的蛋壳瓷，其纹饰细致考究，为绘制其上的纹饰，18世纪下半叶的中国画工使出浑身解数，使用了他们能够把握的所有色料。

以出席不同世界博览会的日本天皇委员会为代表的一批日本陶瓷观察人，他们从未提到过日本烧造过美丽的粉彩瓷器，这一工艺似乎从未在任何时期出现于日本。怎么解释这一现象呢？如果粉彩瓷或者蛋壳瓷曾在日本出现过，而在日本当今出产的瓷器中，我们却完全找寻不到它们的印记，这难道不让人感到惊讶吗？但凡对中国瓷器史进行一番最肤浅的考察，并通过不断的对比，你便会发现，中国画工自康熙年（1662—1722）始，便默默地在各方面进行缓慢改进，因此得以在雍正时期（1723—1735）烧造出精美的蛋壳瓷。蛋壳瓷的产量一直受到控制，它的色泽类似于掐丝珐琅，而以粉色为主。最终瓷器工艺在乾隆时代（1736—1796）发展至巅峰，那一阶段烧造的瓷器，其器型与纹饰一直是当今中国瓷工的模仿样本。

笔者在前文提到过，釉下青花纹饰是肥前瓷的几大主要特色之一，几乎所有的古代肥前瓷器都点缀有釉下青花。仅仅有

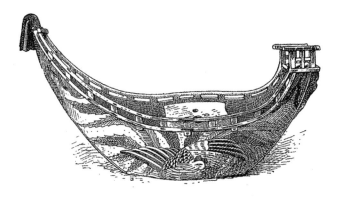

图3

釉上彩纹饰的中温釉瓷器极其罕见。

图3，施彩釉的肥前瓷器。萨代尔的收藏之一。

至此，笔者对日本瓷器的介绍就要告一段落了。17世纪末期从远东进口至欧洲的瓷器中有这样一些特定品种，一些人认为，如果它们并非来自于日本，那么有可能是来自于另一个国家。

被误认为来自朝鲜的日本瓷器

这些瓷器的瓷胎呈象牙白色，展现出无限的魅力。纹饰清晰舒朗，使用各色彩料，却唯独不见釉下青花的身影，除此之外都和肥前出产的瓷器相一致。陶瓷学家对这类瓷器的评价各有见解，较为两极分化。如果选择相信其中一些人的话，那么我们会认为它们基本和最早在中国出现的瓷器一样古老。一些人依旧认为它们来自于日本，还有人认为它们实际上是朝鲜瓷器。尽管他们并不认为朝鲜还烧造有其他类型的瓷器，意思是说朝鲜的工匠仅仅掌握一种瓷器的烧造技法，而且我们对于其烧造地点、时代都一无所知，更不要说是通过谁以什么方式出口至欧洲的了。

中国的藩属国——朝鲜曾被认定为瓷器的发源地。能得出这一结论，大概是因为很多人自然地认为，朝鲜半岛北部与中

14

国东北连接，绵延千里，南部又靠近日本的群岛。所以自然地，朝鲜在科学与艺术方面是连接中国与日本的桥梁。比如在6世纪的时候，这个半岛曾经是佛陀弟子经过的地方，他们在继续向东前行之前，在这里停留并传播他们的信仰。诚然，朝鲜这块土地，从很多方面来讲，的确是这两个大国的纽带，所以它的确可以因此而获得一些文明的馈赠，这是完全合理的。但是似乎他们并没有拦截住瓷器烧造与装饰技艺的传播，因此也并未截获烧瓷的秘密。倘若观察一下这种被部分人认为在朝鲜生产的瓷器，除了瓷土中含有高岭土这一点，其他方面皆与中国烧造的瓷器有所不同。这一点给了笔者更大的把握，可以推断朝鲜几乎没有任何可能曾是瓷器的发明者。总而言之，中国人才是探路者和真正的大师。

实际上，如将朝鲜的制瓷历史与日本相比较便可得出结论，朝鲜人的制瓷工艺并不比日本人先进。直到16世纪末期，他们仍旧只可以生产比较粗糙的陶器，纹饰也不甚讲究，和那位博学的日本收藏家在1878年巴黎博览会上展示的藏品一样，其中没有一件可以称得上是真正的瓷器。除去那些朝鲜艺术鼓吹者所著的文章之外，笔者仅有一次在一本由儒莲翻译的中国书籍中看到一些表明朝鲜曾经烧造过瓷器的论述。书籍作者在回顾各类来自于海外的瓷器时，提到了来自朝鲜的南瓜杯与狮子形盖罐。但是，比利金（Billiquin）先生在另一本研究中国瓷器的书籍中读到这两件器物实际为伪造。其次，有很多译者对"窑"这个词有错误的理解。类似的误用还出现于一些谈论阿拉伯铜胎施釉花瓶的文章中，一些作者以及译者将其称为"镶嵌瓷"。此外，还有一些人将法国的"佛郎器"当作瓷器，这类器物在中国被称为"鬼国窑"，可专指彩陶、利摩日陶或者瓷器。

似乎可以从奥古斯塔斯·沃拉斯顿·弗兰克[1]（Augustus Wollaston Franks）先生那里得到一些最为可靠的观点[2]，弗兰克是一位知识渊博的研究者，他曾试图阐述过这一问题。他说道："如果朝鲜人的确有能力生产出如此美丽的瓷器，而我们却从未见过任何一件确切属于这一类瓷器的藏品，这的确显得非常奇怪。而且，在人们谈论日本陶瓷史的时候，并不认为朝鲜曾对日本制瓷业产生过重大影响。"

这一引起如此多争议的瓷器种类，直到如今都是比较罕见的。我们所见的要么不符合对此类瓷器的描述，要么质量较差，

---

[1] 奥古斯塔斯·沃拉斯顿·弗兰克（1826—1879），英国收藏家，曾任大英博物馆管理人。——译者注

[2] 《东方瓷器和陶器收藏目录》第二十版，伦敦，1878年。

这类瓷器通常有古老的底座，有的底座还是镀金的银制品，证明这是一件18世纪的产物。这是我们欧洲的彩陶制作人首先模仿的品种，在彩陶人之后，法国、英国的制瓷者拿起了接力棒，继续对其进行模仿，尤其要提到的是萨克森的窑厂，他们生产的复制品是如此的完美，只有经验丰富的鉴赏家才能分辨出来。

这些据称产自朝鲜的瓷器最先由荷兰人从日本带入欧洲，但是似乎在17世纪末期就停止了进口的脚步，所以曾经一度很受藏家追捧，以"来自日本的高级传统赤绘瓷"之名在藏家们的展示橱窗中占有一席之地。如下是朱利奥（C.F. Julliot）1777年在郎铎·德·布瓦赛（Randon de Boisset）先生的东方瓷器系列出售时所写的注释：已故的布瓦赛先生具有不俗的艺术品位，对艺术品的筛选非常严格，曾经收藏有许多不同种类的珍品，尤其是古老的日本瓷，这类日本瓷被称为"高级赤绘瓷"。布瓦赛作为一名出色的收藏家，对日本高级赤绘瓷情有独钟。这种瓷器的生产工艺已经完全失传，它以其白色的瓷胎以及具有颗粒感的表面吸引着人们的眼球，其柔和而有磨砂感的红色釉面可谓光彩夺目，莹润的绿色与明亮的藏蓝色更是别具风韵。以上都是赤绘瓷最为被人称道之处。因此，不论过去还是如今，所有高级藏家的玻璃橱窗里都少不了它的身影，这也更加证实了其高贵。

在很多 18 世纪的藏品目录中，都可以找到针对此类器物的详细、具体的描述，而且当我们看到这些描述后，也可以在当今的收藏中找到与之相似的藏品。

笔者首先介绍一只大件盖罐（见图 4），现在它的盖子以及底座已经遗失。朱利奥曾经在目录中提到它，那时此藏品为一对盖罐。

这是两个圆形的花瓶，属于高级日本赤绘瓷，瓶身三面设白地开光，内绘山石人物图，其中一人手举阳伞，另外两人的间隔处绘植物花鸟。瓶身装饰有天蓝色小型卷叶纹，并围出了白地开光的形状。花瓶的口沿以及盖子也装饰有此类纹饰。将底座算在内，此花瓶高达 28 法寸。

第 208 号，布瓦赛先生 1777 年出售瓷器的目录序号。

图 4，高级日本传统赤绘瓷。约高 70 厘米。现为海尔芬

图 4

（A. Halphen）先生的收藏，巴黎。

下面要介绍的是两个人物塑像以及一个瓷碗。萨代尔的收藏。详见下图。

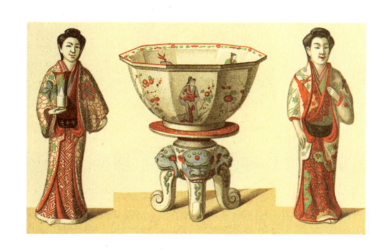

这两个人物塑像美观精巧，均展示了衣着华丽的女士，是高级日本传统赤绘瓷。高 14 法寸。

第 242 号，冯佩提斯子爵（vicomte de Fonspertuis）1747 年的出售目录，由雷米（P. Remy）负责制作。

两个精美无比的十方大碗。碗内壁绘两座宝塔与两只狮子，碗外壁描绘有两座宝塔与折枝花卉纹。碗口径为 8.6 法寸。

第 526 号，布瓦赛先生 1777 年出售的瓷器目录。由朱利奥制作。

此外还有一个盖罐（参见图 I），冯佩提斯子爵的玻璃橱中摆放有一对，后被德·朱利安[1]（Jean de Julienne）先生购得，再后来被布瓦赛先生收入囊中，最后成为了马扎林公爵夫人（Mme la duchesse de Mazarin）的藏品。

如下是朱利奥先生对其所做的描述。勒布朗（Le Brun）在整理公爵夫人 1781 年出售的奇珍目录时，曾对其稍加修改，它是名录中的第 35 号藏品。

两个高级日本传统赤绘瓷盖罐，罐有六面。其中三面绘折枝花卉，另外三面分别绘有鹳、鸟以及人物纹。盖罐的瓶身上部装饰有缠枝花卉纹，瓶身折角处设有开光，开光内绘红色羽

---

① 德·朱利安（1686—1766），法国著名实业家，以经营纺织业发家。——译者注

毛的飞鸟。瓶盖为红地饰绿色纹饰，同样在三个折角处设有飞鸟开光。下承青铜制成的亚光底座，底座镀金。

如今，卢浮宫藏有两个类似的盖罐，属于玛丽·安托瓦奈特（Marie-Antoinette）系列。

17

针对以上描述，我们需要进行一下补充说明，这只带有红色羽毛的鸟其实是一只凤凰，它的尾巴如同孔雀一样可以开屏，这是日本的吉祥之鸟，同时也是日本天皇的象征。

在这一盖罐旁边还另外展示有一个器型相似的盖罐，瓶身各面间隔绘白地折枝花卉纹及红地天蓝色卷叶纹。器物为博诺威尔（Bernoville）先生的收藏。（参见图 II）。

这类日本瓷器通常胎质细腻，亚光，呈象牙白，覆盖有一层不透明的薄釉。掌握了这些特点，我们便可以轻松辨认出日

II

本赤绘瓷器。无论是花瓶还是盖罐，通常瓶身都有多个面，配以较扁的盖子。碗和盏一般口沿外折，折沿凸起。花瓶的瓶身一般有棱，瓶棱明显。总而言之，几乎所有器型都具有比较尖利的棱，因此无法使用轮车进行塑形。我们还可以注意到，器物足底的制作都颇费心血，大部分是使用砂轮完成的。

谈到日本赤绘瓷器的纹饰，一般来讲常见的有卷叶、竹子以及呈对称式样的花卉纹。此外还可以辨识出鸢尾、菊花、石竹以及牡丹。还有一些较为少见的主题，比如具有象征意义的动物等，更加少见的要属人物纹。赤绘瓷口沿部分的装饰通常由希腊纹或狼牙纹构成。绘制的纹饰通常使用黑彩或者红彩勾边，再填充以色调寡淡的色料。柔和、宁静、和谐，总体而言让人愉悦。所使用的彩料并不多，首先是鲜艳明亮的铁红色，它几乎始终是主宰颜色；其次，工匠还会用彩料做出雕花效果，填入发青的浅绿彩、天蓝彩、浅黄彩以及黑彩，最后还不能忘记金彩。与其他来自远东的瓷器相比，赤绘瓷的特点便是通常带有非常浓重的金彩。

我们可以发现，在这些常用的彩料中，几乎寻不到釉下青花的身影。赤绘瓷的色料一般只是轻轻附着在瓷器表面，似乎是为了让人们更加方便领悟到瓷胎的洁白。仅仅在很偶然的情况下，我们会遇到局部为铁红地，上绘白色缠枝花卉或者卷叶纹，或有浅绿、浅蓝色装饰的器物。

以上便是对赤绘瓷的介绍，这种匠心独运的瓷器品种曾经吸引欧洲人竞相模仿烧制，但是在此笔者不得不再次重申，对于一些人坚持它来源于朝鲜的这一说法，我们充满了质疑。

18

如果源自朝鲜这一假设是正确的，那么笔者要在此发文：为什么我们经常在这些瓷器上看到日本皇室的纹章，甚至是代表天皇本人的桐纹徽章？为何这些纹饰中的人物都身着日式长袍？在这一问题上与我们意见相左的杰克马（Jacquemart）先生，表示自己曾看到一些瓷器上展示有光脚并且头发绾起的日本女性形象，有时还可以看到一些日本皇室的女性成员身着正式服装等候天皇的检阅。这又怎么解释呢？

他通过观察器物得出了一些论据。此外，他还有一个完全无法支撑结论的发现：在一些赤绘瓷上发现了中国艺术的影子，甚至还在部分器物足底发现了中国的年号①。

这一发现让我们更有理由相信这些瓷器烧造于中国或者日本，杰克马先生却生硬地发明出了一套说辞，认为朝鲜这第三个国家才是其真正发明者——朝鲜艺术家创造了它，还持续为它增光添彩。其他研究者的幻想似乎没有杰克马这么不着边

---

① 年号，是一种在中国用来标明瓷器生产年份的标志，参见第二章关于款识的介绍。

际，好像还有一些逻辑可言，他们认为这些重复出现、稀松平常的日本元素、衣着，或者与日本文化相关的符号，只能表明这部分瓷器是在肥前国的某家窑厂烧制的。如果宣称这些瓷器是在朝鲜烧制的，不论是从日本的角度还是从中国的角度来讲都是说不通的，因为我们无法解释：为何那些被中国如此看重的神话传说或者道德教化，都未曾出现在这些瓷器上。

至于年号的出现，笔者的假设是：这仅仅就是众所周知的瓷器商品史上一段插曲。欧洲没有发明伪造的瓷器，日本也没有。但是，日本希望通过模仿中国瓷器在外销瓷贸易中占据一席之地。于是他们便模仿了中国的款识，但是却不够用心，刻印出了一些虚假的年款，还有一些粗心的错误，比如书法错误以及明显的时代错误。这些错误使得收藏家们质疑瓷器的质量，产生了一种不信任感。日本其实也意识到这个问题了，这一点是毋庸置疑的。

笔者在成百上千件藏品中挑选出一个作为例证，如下（图5）是一件浅口盘，来自于肥前国。瓷盘通体绘纹饰，除了釉下青花之外，还使用了铁红彩、金彩，以及我们一直理所当然认为是朝鲜人专属的浅青绿色彩，这个浅口盘也可以被认为是一个水果盘，它的复制图曾出现于奥德斯雷先生和博文思先生创作的《日本瓷器》（参见《日本瓷器》彩图 H）一书中。书中是

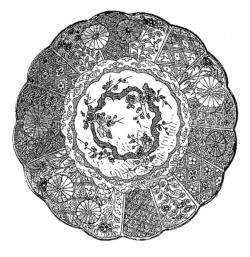

图 5

这样描述它的：

　　图 5，名为"日式瓷盏托"的碟，纹饰华丽繁缛。除了花卉纹和对称的图形纹之外，碟子上还不规则分布了七个盘状纹饰，盘子的内底装饰有折枝花卉，并组成了一个花环。瓷器美观精致，来历定不寻常。茶碟直径为 22.5 厘米。①

　　笔者拥有的这两件藏品足底均带有双线圈款识，线圈内的款识为中国字，以釉下青花书写。如果你有一点鉴定经验以及强烈的求知欲，便可以辨认出这几个字为"大明嘉靖年制"。

　　但是，如果将正确书写的中国字与足底的这几个字拿来仔细

---

① 书中为 225 厘米，应为谬误，疑似为 22.5 厘米。——译者注。

比对，我们就会注意到，器物上的字是错的，并且书写技法非常糟糕。于是便可知这个款识必然是伪造的。这难道不是进一步证明了这个款识是不可靠的，只是一个拙劣的谎言吗？

器物所署款识　　　　　　　款识的正确写法

如果读者需要更多的例子，笔者还可以在此介绍一个大盘（参见图6），一旦看到这个大盘的胎体，便会知道这又是一件高级日本传统赤绘瓷。瓷盘装饰有仿中式的釉下青花纹饰，器物足底有"大明成化年制"款识。其中的"年制"二字是这样

图6

书写的：<del>製年</del>，而正确的写法应为：<del>製年</del>。

除此之外还有另一个瓷盘，同样是釉下青花装饰，产于日本，而盘上的图案展现了1572年鹿特丹与西班牙人作战时英勇抵抗的情景。这件藏品的款识书写得更加糟糕，同样写有"成化"的年号。格拉斯（M. J. G. T. Graesse）在文集中曾对其进行过复制。这些明显源自日本的仿造年号可以说是屡见不鲜，但是却从来没有人在素三彩、粉彩瓷器上看到过类似的款识。笔者因此有了如下总结：肥前国的窑工只会在他们国家特有的瓷器上署伪造的中国年号。或者另一个结论看起来则更为合理：他们并不掌握其他烧瓷工艺。毕竟我们已经明确证明，他们仅仅能够在这些传统赤绘瓷上刻印款识。

我们似乎有些跑题了。总而言之，现在要回到我们讨论的话题上来，即赤绘瓷是否来自朝鲜这一问题。笔者认为，没有任何历史证据可以表明日本赤绘瓷来自朝鲜。非常合理的一种观点是：朝鲜生产的陶瓷产品可能仅仅局限于上釉的粗陶和彩陶。此外，前文介绍的这些被我们认定为来自日本的赤绘瓷，或许只是早期肥前国某家窑厂在一定时期内的特定产品，其样式或许是由那时拥有的原材料所决定的。这一时期我们能够基本确定为1650年左右。

将赤绘瓷的创烧功劳归还于日本，这并非是我们和那些创新力与想象力过于丰富人士的唯一分歧。他们还将许多种类的中国瓷器认定为是由日本人烧造的，轻松地将那些只是模仿日本纹饰实为中国人生产的瓷器，都归功于日本窑工。

笔者的态度比他们保守一些，并且和过去的收藏爱好者观点较为一致。我们认为只有这种高级赤绘瓷是产于日本的，此外还有各类名为"肥前烧"的器物，有些为釉下青花，有些带有五彩纹饰。日本还烧造过一些完全没有纹饰的光素器，名曰"日本白"，或许偶尔还会出现一些塞拉同色的器物，尽管我们不知道它们具体烧造于哪些窑厂，但是可以确定其比较古老。

被误认为来自印度、柬埔寨、波斯的中国瓷器

为了彻底帮助中国瓷器夺回应有的名分，为那些本来就是在中国烧造的瓷器正名，笔者需要进行一番从东方到西方的梳理，这项工作既艰难又琐碎。笔者希望通过回顾历史史实，证明上个世纪末的暹罗人、缅甸人、印度人都不足以烧造瓷器。这些国家的贵族与教士，通常用燕窝交换瓷器，再从中国带回。在中国，燕窝是一种非常珍贵稀罕的食品。他们有时还会拿出自己的水牛角以及象牙，广东的巧手工匠会使用同样的耐心，对其进行艺术性的雕琢。人们发现那些来自曼德勒或者柬埔寨的瓷器会装饰有佛教符号、白象或者是人鱼形象的佛陀，这更加展示了中国瓷器工业的灵活性，以及窑厂商业嗅觉的敏锐性。请看图 8，如果你认为这个瓷碗是由一位缅甸工匠绘制

的，并且碰巧刻印上了满洲人的款识，那就大错特错了。而图 9 中展示的瓷碗，上绘有暹罗或是柬埔寨的纹饰，也并非源自远古时代。此外读者应该认识到，中国人直到 18 世纪初期才发明了粉彩工艺。他们在那之后慢慢领略了优化彩料效果的技术，掌握了将彩料与亚锡或亚砷酸混合的工艺奥秘。

图 7，中国产盖罐，模仿日本肥前烧。

这件盖罐装饰有红地青花边，上配以白色与金色卷叶纹。瓶身中央绘有中国图腾，瓶颈处绘折枝花卉纹，树枝的枝干粗壮，使用亚光黑彩勾画，并点缀有金彩，枝干所靠近的怪石由不同色调的亮蓝彩绘成。花卉形态优美，装饰效果极佳，以红彩和金彩绘成。瓶盖上附有福狮形状钮。钮为素胎未上釉。此盖罐烧造于第四阶段末期。盖罐高 50 厘米，萨代尔的个人收藏。

图 8，烧造于 18 世纪的瓷碗。

粉彩白地瓷碗，上绘佛教主题符号，碗的边缘处间隔以"福"字和中国吉祥符为饰，带有款识。碗口径为 16 厘米。圣丹尼斯的艾尔维侯爵（Marquis d'Hervey de Saint-Denys）的收藏。

图 9，瓷碗，通体绘纹饰，瓷碗口沿处与近足处均绘有一周边饰，边饰为绿地与发棕色的铁红地相间，上点缀以白色和紫红色纹饰。瓷碗其余部位使用黑彩装饰，上设开光，内绘彩

图7

图9

图8

色佛教人物，人物均统一以黄彩与白彩绘成。器内壁为绿地，亦有边饰，碗内底有开光。此器物为雍正年烧制。碗口径为18厘米。萨代尔的收藏。

　　我们可以略过在交趾支那发现的中国瓷器不谈，但是却不能忽略那些由旅客和掮客从伊朗捎回的中国瓷器，其中包含有这个国家在古时烧造的最瑰丽的瓷器珍品。

一些人在研究这些瓷器的时候，采取了他们的一贯做法，仅根据瓷器的外部特征来进行判断。比如说，他们会根据纹饰来认定其烧造国家。一些瓷器上装饰有精心模仿的波斯艺术图案，比如波斯文字、波斯护身符等，他们便不假思索地判定这些瓷器一定是在波斯烧制的。人们又发现，这些瓷器有的为釉下青花、有的是素三彩、还有的使用了粉彩工艺，装饰有各类色料。于是一些人就像当初争论瓷器的原产国是中国还是日本时一样，也为沙阿（Shah）领导的帝国编纂出了完整的烧造、装饰硬质瓷器的历史。

我们真的无法分辨出这些瓷器到底是来自波斯还是来自远东吗？从外观来看，波斯风格瓷器与远东瓷器的胎釉成分相同，塑形和烧造工艺相似，也是使用相同的色料绘制纹饰，展现出的也是类似的颜色、雕花和蛤蜊光。波斯拥有自主烧瓷能力这种说法真的毫无逻辑吗？还是与事实基本接近？的确有必要进行一番合理的解释。

很多人承认中国人是瓷器的最早发明者，但是他们同时还认为，不久后中国工匠的技艺就被波斯工匠赶上，甚至超越。之后中国人便沦为波斯人的模仿者与追随者。对于那些认同这一说法的研究人士，他们一定是在一些确凿产自中国的瓷器上看到过波斯的符号以及装饰。同时，他们必然也在许多被他们

23

图 10

认为是波斯产的瓷器上看到了中国的款识、年号和中国风格图案。因为这两类产品的确有很多相似点以及重合的地方，所以如果观察得不够仔细，根本无法将它们区分开来。这里涉及各类形制的瓷器，包括大盘、盖罐、执壶以及水烟壶[①]等，有时施彩色釉，有时有堆塑或描金的花纹，或是配有万历年至雍正年间流行的素三彩或粉彩纹饰，再施一层透明玻璃釉。许多绘有中国人生活纹饰的圣水壶[②]，席纹地釉下青花纹饰的波斯酒壶[③]，都被人认为是波斯烧造的器物。波斯人一下子就被奉为陶瓷艺术大师。

图 10，做成青蛙形状的鼻烟壶，釉下青花纹饰，烧造于第四阶段。器物高 20 厘米。

[①] 带有出水口的长颈瓶，用于装水。

[②] 洒水器，有细颈，用来盛放香水，波斯文的字面意思是"散布着香味的水"。

[③] 装水或酒的长颈瓶。

图 11   图 12

图 11，圣水壶，瓶颈釉下青花纹饰下方绘制有一周白地装饰，上有细密的开片，并施紫金釉。器物烧造于第四阶段。高 16 厘米。萨代尔的收藏。

图 12，无曲柄的长颈壶，配以华丽繁缛的素三彩纹饰，第四阶段烧造。器物高 25 厘米。

我们并不希望冒犯伊朗陶工，但是笔者的确认为，不论他们的前辈是多么天赋异禀，都绝对不可能仅仅通过旅行者传递的指示，便自行领悟并且成功找到瓷土以及釉料的原材料，而后又掌握了正确的生产、烧造方法。这些方法都是其发明者经过多年的实践才总结而来，并且因此并无明确、精准的工艺指 24

南，烧造是否成功都依赖于窑工的巧手。

那些轻松自然地将这不可思议的制瓷能力给予波斯瓷工的人，你们是否忘记，整个现代欧洲可是经过了百年的钻研与不懈努力，循序渐进，最终才得以烧造出了和远东质地类似的瓷器，然后又经过一番努力才烧制出专家完全认可的瓷器，品质终于堪比这些所谓"由波斯烧造"的瓷器。

笔者可以颇有把握地断定，在波斯发现的硬质瓷器无一例外都是中国或是日本烧造的。那些向土耳其和阿拉伯贩卖瓷器的同一批商人也将它们贩卖至波斯。这其实是波斯人也非常认可的观点，从来都没有对其产生质疑，而且他们还对于我们欧洲人为其贴上的"窑工"标签感到有点惊讶。多个世纪以来，波斯文中的"tchini"（瓷器）这个词一直等同于"来自于中国"。而要解释为何很多器物器型为波斯风格，纹饰也展示有波斯元素，只需明白这都是因为波斯人将贵族们喜爱的器型和纹饰呈现于金属或者彩陶模板上，再寄至中国以便于工匠进行复制加工。在一些毫无疑问必定产自中国的瓷器上，我们有时可以看到波斯文的名字，或者是阿拉伯文的"Fermaïche"一词，意为"根据顺序"，同一些在波斯生产的彩陶一模一样。

波斯半透明彩陶

我们不希望为上文指出的一些人的错误找理由。但是，在波斯的彩陶制品中，的确有一小部分展示出了一点瓷器的影子。萨尔维塔（Salvetat）先生曾在他的作品《陶瓷课程》（Leçons de Céramique）中提及此事。他说："有些在波斯生产的陶器，其陶土似乎会呈现出瓷土的质感。在受热过程中，陶土加热到一定程度，其中含有的烧结料变软，便会表现出微微的透明度。"他将这类彩陶制品命名为"波斯瓷器"。但是，这种"波斯瓷器"除了略有透明（萨尔维塔先生认为这是瓷器的特点之一）这一特点之外，和使用高岭土烧制的坚硬、敲击有声的中国瓷器之间没有任何相似之处。半透明的波斯陶器使用的是一种烧结料黏土，此种黏土极其软，不仅不能抵抗酸性物质，还能轻易被刀子切割开来。其表面覆盖有一层光滑的膜，

25

形成一种偏硅碱性的釉，非常易熔。波斯工匠将这种发蓝色的釉再厚厚覆盖于陶器表面，希望可以模仿瓷器的外观。

单色或者彩色的纹饰可以较为轻松地附着于器物之上，因为釉的性质非常易熔。这种带有颜色的色料，即使只经低温烧制，都会不可避免地四处流动，甚至流至器物的下半部分，影响色料的状态和纹饰清晰度，并且纹饰线条还带有毛刺。至于纹饰内容，有时是真正意义的波斯风格，有时搭配着经伊朗画家笨拙模仿的中国画片，最后工匠还会漫不经心地为他们的彩陶添加上中国或者波斯的款识，然而款识的内容一般来讲几乎完全不可辨认。

笔者特意将这件半透明釉波斯彩陶大瓶（参见上图最右）放置于中国和日本外销西亚地区的釉下青花瓷器旁边。这件彩陶大瓶以钴蓝色的中国风格画片为饰，器物足底绘有吉祥符，以作为器物的款识。

　　如同许多在波斯生产的半透明釉陶器一样，这件陶器亦是被直接放置于石英砂床上进行烧制的，釉料玻璃化后流淌至器物下方的圈足部位，导致圈足沾上了一些沙子。这种情况在大量中国或者日本瓷器上也可见。于是就有人总结道：那些圈足沾有沙子的瓷器其实都是在波斯烧造的。而且据他们分析，在中国，所有瓷器在烧制时都会被放置于匣钵里或是烤盘上。的确，这种焙烧方法在远东是最常见的，但是的确也有很多例外。笔者研究了一定数量的瓷器，其中有较为古老的，也有当代烧制的，有"支钉瓷"，还有所谓的东印度公司瓷器。在这些瓷器中，有许多毫无疑问是被放置在砂床上烧制出来的。

　　有关波斯陶器，笔者在必须介绍的内容之外又额外补充了一些，主要是希望读者可以同意我们的想法，为这些可怜的中国工匠赢得一些公正评价。欧洲人对中国工匠的研究实在较少，如今我们对他们的了解可能还比不过我们的前辈。按照如今的发展趋势，过不了多久，中国人在瓷器方面的功劳可能就被完全抹掉了。最后人们对他们的评价可能仅仅是"瓷器的发明者，烧造过一些著名瓷器"，其他关于烧造技术的赞誉都不会再出现了。

　　笔者认为，这一系列对瓷器起源问题的讨论在这里可以告一段落了。似乎没有任何必要再去和米朗（Millin）交战一回合了。米朗在既没有缘由，也没有证据的情况下，就宣称瓷器烧造艺术其实起源于埃及。随后，这一技术又跨越了整个亚洲，传入中国。笔者也不会讨论萤石瓶的问题，似乎有的人认为通过它能找到安息国人在古代曾经发明瓷器的痕迹。仅仅举出普罗佩提乌斯（Properce）的一段晦涩诗句，是无法扭转人们对于这一问题的看法的，更无法使所有已知的证据和资料丧失意义。此外，德·拉博德（de Laborde）先生曾犹疑地借用中世纪旅行者那些让人无法相信的观点，来说明 16 世纪之前便有大量大件瓷器穿越亚洲抵达开罗，这自然是不能让人信服的。要知道，在普罗佩提乌斯之后一个世纪，小普林尼（Pline le Jeune）这位擅用精准、科学语言的古代拉丁作家，还曾说过萤石瓶是使用东方玛瑙制作而成的，然后他们又使用同样的材料制成了杯盏以及其他各种餐具。

　　当今的许多产业，在初始阶段仅有几项新的进展之时，就可以激起大众的热情，转眼间传播到天涯海角。中国瓷器走的路线并非如此，在其发明之初，并没有迅速地传播至世界各

26

地。而且，瓷器的创烧始于远古时代，并且在公元907年之前，其烧制方法都只是小部分人竭力保守的秘密。907年，钱镠下令工匠为其生产秘色窑，就是前文我们介绍的色泽神秘的瓷器。从这一时刻开始，大贵族、官宦以及中国的皇族成员，在进入皇宫时都被瓷器所倾倒，因此逐渐在他们领地附近培养工匠和艺术家，希望烧造出瓷器。

然而，尽管这些官僚、贵族们对瓷器十分渴望，那时的信息传播条件却不像如今，不足以让他们立即掌握制瓷的秘密。若干代人之后，那些地方贵族、低等级的官吏、富庶地区的大地主才得以拥有烧造瓷器的能力，他们觊觎瓷器的心得到了满足，窑工被给予了工业生产的自由，瓷器最终得以进入大众视野。

中国瓷器首次进入欧洲

瓷器生产商们用了将近三个世纪的时间来扩大生产规模，从而让瓷器逐步走入千万户寻常百姓家。只有在这个时期，西方的商人才得以购得瓷器销往海外。他们来到刺桐城[①]寻找那些在德化生产的上乘瓷器，远销至其他国家的人民手中。

那么，从东方向欧洲外销瓷器的风潮是什么时候开始兴起的呢？这其实是一个需要从语言学角度研究的问题。我们通过研究"瓷器"这个词的流变，探明它的来源、最初的词义，以及其本意缓慢发生转变的过程，应该可以摸清这种美妙又脆弱的珍宝第一次呈现在我们祖先眼前的时刻。他们当时一定认为窑工的妙手被赋予了大自然的神奇力量，可以像海浪一样强大，能够赐予蛤蜊七彩的光芒和通透质感。

---

① 此为泉州别名。

"瓷器"一词的起源

殷铎泽神父（R. P. d'Entrecolles）认为，法文中"porcelaine"（瓷器）一词是葡萄牙人在 1508 年将瓷器进口至欧洲时创造的名字，实际情况却并非如此。波尼亚（Brongnard）先生和德·拉博德先生在书中告诉我们，这个词语与东亚的透明器物发生自然的联系，是因为瓷器的外表和一种名为"porcelaine"的表面光滑的贝壳较为相似。德·拉博德先生说，古人将某种贝壳称为"porca"或者"porcella"。后来在中世纪的时候，人们就将这种光滑的贝壳统称为"porcelaine"，并且将所有使用珍珠母贝制成的物品都叫作"porcelaine"。随着时间的演变，贝壳上提取的珍珠质也被称为"porcelaine"。

自从 14 世纪起，我们便可以在珠宝从业者的目录中以及珠宝专家的报告中看到大量使用"porcelaine"制作的花瓶、餐具、宗教奉献画等。这一表达虽经历了一些细微的变化，但是直到 16 世纪都仍旧是专指同一件事物。从 16 世纪开始，它的意义有了分野，一方面保留了其旧有的含义，一方面又有了新的延伸，特指那些从海外进口的、泛着同样白色珠光的花瓶和餐具。最后，来自中国的带釉陶瓷最终霸占了这个词语，究其原因还是因为中国瓷器和珍珠母贝的颜色和纹理有些类似之处。

笔者同意德·拉博德先生关于 "porcelaine" 一词来源的观点，但也意识到他观点的局限性，比如以皇家、贵族珍宝的目录作为研究的出发点。我们暂且同意他所说的 "porcelaine" 于 16 世纪派生出新含义的观点。我们暂且将 16 世纪的皇室珍宝是否包含中国瓷器这一问题放置一边。如果我们还想找到其他确凿的证据来证明这个古老的拉丁 - 法语词的词义在早于这个日期之前分野，或者希望厘清是否在 13 世纪末期中国瓷器就已经从非洲大陆来到地中海沿岸的话，我们就需要更加深入地探究这个问题了。

笔者会将论据按时间顺序排列在读者面前。读者可以在见证中国向我们大陆出口瓷器这一历程的同时，看到单词由原始含义逐渐发展出两重含义的过渡。

28　　　笔者将首先引用索莱曼（Soleyman）的记录。他在 9 世纪中叶访问过中国。他说："在这个国家有一种非常细腻的黏土，人们用它制作出如同玻璃一样透明的花瓶，隔着花瓶都可以看到器内盛放的水"①。

笔者还要提到国立图书馆收藏的记录萨拉丁②（Saladin）生平和功勋的阿拉伯文手稿。我们可以从中得知，这位酋长在1171年曾经将40件瓷器带给努尔丁③（Nurredin）。

现在，笔者要转而谈论马可·波罗（Marco Polo）的游记④，书中他谈到了哈剌章（Carajan）的居民："我要告诉你们，他们使用一种白色的贝壳（porcelaine）作为货币，这种贝壳从海里来，有时候还会被拴在狗脖子上。80个贝壳大概等于一块银的价值，亦等于两个威尼斯银币。"

此外他还描述了另外一个受可汗管控国家的居民。他写道："他们有太多的黄金，一块黄金对应六块白银，他们还会用贝壳（porcelaine）作为货币，然而贝壳并不产于他们那里，

---

① 由雷诺（Reinaud）先生翻译，原书第 34 页。

② 萨拉丁（1137 或 1138—1193），埃及阿尤布王朝及叙利亚的第一位苏丹。——译者注

③ 努尔丁（1118—1174），赞吉王朝的君主。——译者注

④ 这本书根据 1298 年比萨的鲁斯蒂谦（Justinien de Pise）的记录整理而成。当法国骑士蒂博（Thiebault de Cepoy）应瓦卢瓦的查理（Charles de Valois）与其妻女王大人之命令前往威尼斯之际，马可·波罗曾经将游记赠送给他，时为 1307 年。瓦卢瓦的查理与君士坦丁堡的掌管者凯瑟琳（Catherine de Courtenay）结婚，以期获得他妻子拥有的领地。查理派他的心腹蒂博前往梦想征服的东方国家进行考察。蒂博首先于 1305 年抵达威尼斯。

而是来自于印度。"

他提到匝儿丹丹（Zardandan）的居民："他们使用金子作为货币，但是同时他们也使用贝壳（porcelaine）。"

最后，他描述了福建地区的景象。在1277年至1281年之间，福建地区政府机构设在泉州（而如今设在福州）。他主要讲述了他在泉州的所见所感："泉州附近还有一个城市，名为迪云州①（德化），在这里，人们可以生产出全世界最美丽的杯盏，它们是使用瓷（porcelaine）制造的，而世界上没有任何其他地方可以生产这种杯盏。用一个威尼斯银币，你可以换得三个杯盏。"

此外，他还写到爪哇（Java）附近的萨尔丹岛（Sardan）："在这个地方可以找到来自其他地区的瓷器（porcelaine）。"

毫无疑问的是，最先几处引用指的是海里的贝壳，叙述者使用了"porcelaine"这个词。同样可以肯定的是，在后面几个引用中，他使用了相同的词来特指瓷器。与此同时，马可·波罗确认了瓷器的中国血统。

接下来要介绍的是一位阿拉伯旅行者——伊本·白图泰（Ibn-Batoutah）的记录，他在1310年写道："在中国，除了在

---

① 根据中国当时地理位置，人们曾经在福建的首府附近生产白色瓷器。若其颜色非常纯净，没有瑕疵，便会备受追捧。

泉州和广州两座城市,其他地方并不烧造瓷器;制造瓷器的土需要从这些地区获得。这种土像煤炭一样容易被点燃。陶工在此基础之上再加入一种同样取自于这个地区的石料,将黏土用火烤三天,然后将水倒在上面,黏土便成为碎末,可以便于发酵。发酵一整月后,便可以制造出最好的瓷器。仅仅经过10天发酵的瓷器质量稍差。中国的瓷器在我们这里和陶器价值相当,甚至比陶器还便宜。中国瓷器可谓陶瓷界最为迷人的品种。人们将其远销至印度等地,甚至销往马格里布地区。"马格里布是阿拉伯人对埃及以西的整个北非区域的称呼。

基于笔者上文中的诸多引用,我们基本可以推断欧洲人首次了解到中国瓷器存在的大概时代。同时还可以试着猜测瓷器第一次由东方国家运至欧洲的时间,大概是在十字军东征不久之后,或者更加可能的情况是:瓷器是由威尼斯人带入欧洲的。13世纪后期,威尼斯人便已经和亚洲人开展了贸易关系。这一商贸关系在后来逐渐受到了更多人的重视。1471年,威尼斯派遣乔萨法特·巴尔巴罗(Josaphat Barbaro)以大使的身份出使德黑兰王朝。他在写给欧洲母国政府的信中,多次提到了瓷器。

埃及苏丹又于不久后的1487年派遣了一位大使至洛伦佐·美第奇(Lorenzo de' Médici)处,负责向美第奇进献动物以及各种宝物，其中就包括瓷制花瓶[1]。

此外，同一时期的巴塞罗那《海洋法案卷》罗列有自埃及进口的物品，也曾出现瓷器。

西班牙人和威尼斯人并不是欧洲唯一和东方开展商贸活动的人群。曾有一位名为雅克·科尔[2]（Jacques Coeur）的著名法国人，他具有出众的商业头脑，战胜了路程的遥远与艰辛，最终于 1432 年访问了黎凡特（Levant）地区。他走访了多地，值得一提的是大马士革（Damascus）。他与众多地区缔结了商贸关系，这种关系后来保持了许多年。此外，他还会定期向这些国家派遣熟练的代理人，帮他处理账务、以及和贵族们进行一番讨价还价。

曾有确凿的记录表明[3]，一个名叫让·维拉日（Jean de Village）的人——同时也是科尔的代理人之一，于 1440 年从大马士革归来，随身携带了三个中国瓷盏和一个瓷盘，这些是巴比伦苏丹（sultan de Babylonie）赠送给查理七世（Charles VII）的礼物。

----

① 《洛伦佐·美第奇遗孀——克拉丽丝·美第奇财产目录》，由佩德罗·比伯良纳（Pedro da Bibliena）撰写。

② 雅克·科尔，法国著名商人，查理七世的财政大臣。——译者注

③ 《法国百科》，第二卷。

有奇异的陶器从远东运来是法国宫廷的一件大事，引起了众人的好奇心，大家都兴奋异常。

再回到法国皇家珍藏目录中对"瓷器"一词的使用这个话题，笔者认为我们的读者愿意看到更多的例子。当然，下文中，我们不再致力于厘清前文中已经阐明的问题，而是力图展示我们前人留下的那些针对古老珍藏的有趣记录。他们对贝壳的热爱为其后来者——中国瓷器——的到来，铺平了道路。

德·拉博德先生先于我们对珍宝目录进行了一番研究。笔者不再驳斥德·拉博德先生对瓷器这个词语的解释。个中原因读者们可能也体悟到了：我们认为没有必要再对其观点进行更多的辩驳，以期证明瓷器比公认时间更早到达我们欧洲。笔者只希望摆明那些不可争辩的事实，而不是使用论证方法来进行争辩，无须争辩的引述可以表明一切。

让我们现在来设想下，自从中国产品销至欧洲以来，这些有地位、钱财充裕的收藏爱好者们竟然花费了如此漫长的时间才得以将瓷器捧在自己的手中，这实在太不能让人信服了。德·拉博德先生认为皇家藏品中有贝壳或珍珠母贝的身影，对此我们深信不疑，但是同时也绝对有理由相信，在这批编入目录的珍宝中，的的确确是有一定数量的瓷器的。

实际上，皇家珍品目录中罗列了许多大件的盘、壶、碗、盏，还有针对这些日常生活用品重量、尺寸、用途的描述。我们认为，只用一片贝壳或若干片贝壳来制成不漏水的容器，似乎是不现实的。再来看另一种思路，如果这些器物由金属制成，而珍珠母贝仅作为装饰物镶嵌于器物之上，那么当时的藏品专家为何不简单写下"这是一个带有装饰的银质大碗"呢？他们实际记录的是：这是一件配有银质装饰的"porcelaine"大碗。所以他们为何要强调器物使用了"porcelaine"这种材质呢？

诚然，需要向德·拉博德先生承认：的确有可能有一定数目的小件器物以珍珠母贝或贝壳为主要材料制成。大件器物的配件、手柄也都可以使用贝壳来制作。但是无法否认的是，器物的其他部位是绝对不可能只使用一片贝壳或是几片贝壳组合而成的。

还需对德·拉博德先生说，您的这套推理不适用于目录中的盛水钵，也不适用于小型盛水容器或是能够缓慢滴水的小瓶。也许适用于那些给皇室成员双手倾倒净水的水瓶，或者还有一个更为罕见的应用场景，即用于软化陈酿勃艮第和加斯科涅葡萄酒的高脚杯。

而关于器物手柄的这个话题，请允许我们借用一下爱打碎餐具的家庭主妇最喜欢的话："亲爱的德·拉博德先生，这件器物有银制的手柄！"阅读所有器物的描述，笔者发现只有一件器物明确标明带有金属手柄，而其他所有的水壶都是"porcelaine"制成的。而对于这一件，我们的反对者应该清楚记得，回想几个世纪前的诸多藏品，甚至看看当今我们自己的藏品，可以发现有许多器物因手柄或者其他凸出的部分破碎，便被配以金子或者银制配件，用于遮挡或者修补破损。为什么不能认为这件"例外之器"也经历了同样的事情呢？也许，某个笨手笨脚的仆人在某个走廊里小步奔跑的时候将其从高处摔下，又有某个熟练的修理工对其进行了一番类似的修补。

图13，带有手柄的中国瓷水壶，釉下青花纹饰，下承古老的铜制基座。产自路易十四时期。

图14，同图13类似的水壶，手柄打碎后，被安置了一

图13

图 14

个亮闪闪的铜制手柄，其古老的基座也使用了同一种材质。
产自路易十四时期。两件器物均属于巴黎博德雷先生（M.
Beurdeley）的收藏。

14—15 世纪王室和贵族的藏品清单
（涉及中国瓷器）

32

安茹公爵（Duc d'Anjou）藏品目录（完成于 1360—1368 年期间）

一种名为"瓷"的石头制成的带盖的盘子，装饰有闪亮的银边饰，绘有纹饰。瓷盘为海蓝色地，画片中的人物有的在唱歌，有的在做游戏。盘的边缘画有三个带有绶带的纹章。盘有盖，盖上配有银质钮。

诺曼底公爵（Duc de Normandie）藏品目录（1363 年）

方形陶瓷画，由若干部分组成。图画的中央是圣母像，画的边缘镶嵌银边，这件物品来自异域。

两个大盘、四个带盖的盘子、四个调料瓶，均为瓷制。

陶瓷画，展示的是站立的圣乔治画像，瓷画的边缘镶嵌有十三颗珍珠、四颗蓝宝石、四颗晶石，总重量等于 3 盎司金子。

雅娜·埃夫勒王后（Royne Jeanne d'Evreux）遗产清单（1372 年）

一个使用"瓷"这种石头制成的盛水罐，罐子配有银制盖，边缘镶银边。价格为 13 法国金币。

法兰西查理五世（Charles V）藏品目录（1380 年）

方形陶瓷画，一面绘圣母像等一系列画像，蓝色地。另外一面绘有圣保罗像，旁边装饰有许多珍珠。

方形陶瓷画，一面绘圣母像，另一面有若干画像，并被十二颗巨大的珍珠、六颗祖母绿和五颗红宝石环绕。

小型方形陶瓷画，镶嵌有金边，上有小型圣母像。

小型方形瓷制画，展示有钉在十字架上的基督、圣母和圣让（Saint Jean）的画像，无装饰。

贝里公爵（Duc de Berry）藏品清单（1416 年）

银质盒子，上有瓷画，绘有法国埃夫勒（Evreux）的徽章。

敞口陶瓷水壶，器物的足、壶盖以及壶流都是由银制成的。

33

陶瓷水壶，壶柄是白银制成的，壶盖镶嵌有白银装饰，壶盖上施釉。

一个陶瓷小罐，有镀金装饰，上方是一个镀金的银质玫瑰。

两个小型瓷盘。

一幅大型木制画，中间是圣母的瓷画，周围绘有若干上帝和圣母的画像，画像的一边镶嵌银边。这是一件来自大马士革的艺术品。

奥地利的玛格丽特（Marguerite d'Autriche）的第一份藏品清单（1516 年）

镶嵌有银的画作，上有两片陶瓷树叶以及罗伊·唐·飞利浦国王（Roy don Philippe）和他的妻子雷恩·唐恩·珍妮·雅娜王后（Reyne donne-Jeanne）的画像。

奥地利的玛格丽特的第二份藏品清单（1524 年）

蓝色陶瓷大罐，有银质手柄。

两个陶瓷小罐。

六件各种类型的陶瓷餐具，有碗、碟还有盐罐。

没有盖子的陶瓷罐子，精致美丽，略呈灰色。

一个灰色的瓷碗，带有纹饰，碗的盖子、足部都有描金。

两个类似的蓝色陶瓷碗，碗的盖子上有镶嵌的银质装饰。

白瓷平底大口杯，杯盖上绘制有一周人物纹样，有男人亦有女人。

神圣罗马帝国的查理五世（Charles Quint）的藏品清单（1536 年）

一个有盖的银质杯子，内外都有镀金装饰，上绘 32 个彩色陶瓷装饰，纹饰展示的是人物、花鸟。此外还有查理五世与其夫人的徽章，搭配有雏菊花环。器物重达 7 马克 7 盎司。

陶瓷天神报喜圣母像，有镀金装饰，另一边绘有黑色的圣玛格丽特像。

依据时间先后顺序，笔者最后要引用皮埃尔·贝隆先生（Pierre Bélon）1553 年留下的记录："我曾在开罗看到公开售卖的瓷器，这些器物胎质透明，在开罗售价不菲。有人说是从印度来的，但在我看来这不太可能。因为器物数量众多，有的器型还颇大，很难从这么远的地方运来。水壶、罐子等各类容器，无论器型多么小巧，运输都还是要花费很多钱的；如果是那些大件花瓶，运费将会更为昂贵。

"而当我看到他们使用'porcelaine'这个现代词汇来为这

些器物命名，我便研究了这个词的法语词源，这个词语本来专指一种贝壳。总而言之，我仅仅在法语范围内研究这一词语的来源。我知道希腊人将在欧洲售卖的类似器物叫作'萤石瓶'，而现在被称为'porcelaine'的这些器物并不带有古希腊人的痕迹。此外，意大利最优秀的工匠烧造出的器物亦无法与其相比。他们虽将自己出售的东西也称为'porcelaine'，但是和我所见的这些并非使用了同一种原材料。"

所以，从贝隆先生这里我们可知，"porcelaine"这一词语在他的时代依旧特指一种海洋贝壳以及贝壳中的珍珠，同时，也可以指他在开罗看到的东方瓷器。这种瓷器和意大利彩陶有些相似。

Chapter

II

第二章

瓷器的烧制、纹饰与款识

瓷土的成分

　　笔者在上一章中为读者讲述了瓷器那并不神秘的古老历史，并阐明了中国才是瓷器的发明国，日本、韩国或者波斯，都不能霸占甚至分享这份殊荣。笔者在本章中会让读者对这一迷人的器物有更为深入的了解。

　　在下面的章节中，笔者将介绍瓷器的不同分类。我们的讲述将从工人手中那团不成型的材料开始，再到材料被塑造出优雅的外形，一直讲到画工用毛笔为其装扮上靓丽的外衣。

　　笔者还会尝试揭开遮盖于中国艺术审美之上的神秘面纱。
在第二章的结尾，笔者会介绍近年来关于款识的研究，会展示中国瓷器上常常包含的神话传说。如果收藏爱好者对这些瓷器款识与纹饰有一定的认知，便可以对瓷器的烧造年代有更为精准的判断。

陶艺或陶瓷科学，是一门研究泥土的学科，涉及多个生产步骤：将不同类型的泥土压碎、打湿、整合为固定形状，最终在火的助力下成型。定型后的素坯保留了火烤前柔软状态的形状。火烤后的瓷器，通常会被施以一层名为"釉料"的物质。根据釉料的构成与施釉手法的不同，又被冠以不同的名称：清釉、彩釉和透明釉。

陶瓷的种类可谓数不胜数，想要全面了解陶瓷，必然需要花费大量的时间与精力。

本书并不旨在详细介绍瓷器的分类，然而所有事情都遵循类似的模式——彼此相连，环环相扣。为了对中国瓷器艺术有更深入的了解，我们必须要对陶瓷科学有总体的认知，然后才能更加深刻地理解中国瓷器的卓尔不群之处。

陶瓷陶土之所以有这样的性状，完全取决于其成分。陶土的基本成分主要为不同性质的黏土，根据其可塑性与耐火性等性质，黏土又可被分为不同种类。

最优质的制瓷黏土被称为"高岭土"，"高岭"其实特指景德镇附近的山丘。景德镇是中国古瓷业中心，汇聚了众多窑厂。

高岭土含有长石岩石分解产生的硅酸铝，其耐火性较高。并且，它的颜色虽然并非总呈现白色，但在火焰作用下，其所包含的其他颜色几乎都会慢慢消失。

高岭土中所含有的物质除了黏土（使陶土具有延展性的必要物质）之外，还包含其他惰性物质，这些惰性物质使高岭土具有可熔性与黏合性。

如果将仅使用纯黏土制成的土坯放入火中炙烤，无论形状如何，土坯都会变得坚硬、结实，但所烧成的器物会较为松垮、易碎。并且，由于土坯的分子在干燥时会收缩，所以最后的成品几乎完全走形。

笔者前文提到的高岭土中的惰性物质，其聚结效力弥补了黏土易碎的这个缺点，同时它不易与水产生反应，却可熔于火。其主要成分是石英、二氧化硅、石灰石、伟晶岩、长石、石蜡及一些已烧结的物质，人们将这些物质进行简单的物理混合，继而研磨成细密粉末状态。

所选用的材料以及各材料占有比例的多寡会造成迥异的结果，所烧制出的产品也可以被分为若干类。亚历山大·布罗尼亚（Alexandre Brongnart）先生将其主要分为三类，每类又分三组。要注意，此处不包括以粉末、黏土为原料，简单晒干、溶水制成的原始陶器。在世界各地，这种原始陶器的出现都早于经火焙烧而变坚硬的那种真正意义上的陶器，然而原始陶器的确切起源时间却已迷失于漫长的时间长河中。

37

笔者在此引用最常见的说法，将制陶所用材料分为两个主要品种：软质陶土和硬质陶土。第一种是可熔的，需要大约800℃以上的温度才会软化变形。而第二种陶土被置于1500℃甚至更高的温度中，性状都难以发生改变。软质陶土天然存在于自然界中，有时仅需人工添加钙质土或碱性物质，比如磷酸盐或灰泥、白垩等物质。此类物质的添加可以提升黏土的耐火性。如纯硅质黏土中缺乏这些材料，可将延展性较好的黏土与细砂岩混合，所得材料便可在高温下保持坚固，最终形成的便是硬质陶土。

上一段列举的是主要的分类，在此分类基础上，还有其他值得注意的区别。这些区别中的一个便是瓷胎上所覆盖的釉料，最原始的要数由砖石、秸秆等材料制成的无釉陶器，后来，又有伊特鲁里亚人、古阿拉伯人、波斯人以及美洲原住民使用的光面陶器，上面覆盖有比较原始的薄釉。时代继续发展，德国人和意大利人在13世纪发明了真正意义的施釉陶器，这种陶器上的釉以铅矿为基础，材质类似于透明玻璃。此种釉料的使用曾在烧造于公元1世纪、9世纪和12世纪的陶器上被发现，即便是当今，乡村地区日常所见的花瓶仍然带有这种釉料。

时间的车轮转动到了15世纪，意大利人跟随西班牙的摩尔人（les Maures）发现了白色瓷釉，这其实是一种铅和锡盐的混合物，具有不透明的特性，可以遮盖陶土的本来颜色。这种被一层厚厚的釉覆盖的陶器通过佛罗伦萨的卢卡·德拉·罗比亚（Lucca délia Robbia）与佩萨罗的奥拉齐奥·丰塔纳（Orazio Fontana）两人的双手获得了不朽。同属于这一类别的还有马约里卡锡釉陶、法恩扎陶（les faenza）、纽伦堡陶（les faïences de Nuremberg）、贝尔纳·帕林思（Bernard Palissy）陶器，以及于纳维尔（Nevers）和鲁昂（Rouen）等地出产的陶器，这些陶器有些较为古老，有些比较现代。

笔者在本章开篇便曾提到：最优质、最纯净的堪称完美的陶土，必是白色氧化铝硅酸盐，即所谓的"高岭土"。这种黏土细腻、致密、结构紧凑，它可与硅酸盐或碱性碳酸盐混合，表现出半透明的特性。18世纪之前，欧洲尚不知高岭土为何物，而它其实是中国瓷器冠绝天下的秘密，所烧成的器物色白、透明，敲击有声。最初，仅有国王和王子得以将瓷器收为私藏，后来欧洲逐渐增加了对中国瓷器的进口，最终，大约在1650年左右瓷器传播到了欧洲各地。

38

软质瓷土在法国的发现

中国瓷器质量卓越，纹饰明艳多姿、题材丰富。在欧洲瓷器爱好者和艺术家的眼中，西方世界烧造的陶器、彩陶以及粗陶立即沦为了不入流的产品。

在王室贵族四处尽力搜寻制瓷材料的同时，陶器从业者、彩陶制作人以及众多的知识分子都对探索陌生材料以及复制这种无与伦比的器物倾注了极大热情，倾尽了自己的才学。他们坚持不懈的研究最终得来回报，为我们陶瓷制造业的进步起到了推动作用。虽然我们没有在短时间内烧造出可与中国瓷器相媲美的器物，但是却的的确确推出了新产品，比如1695年法国人烧成的人造软瓷，采用白垩与泥灰岩制作而成。同时，人们进行了大量的探索，例如，1580年在佛罗伦萨进行的多次试验，遗憾的是众多尝试都没有创造出可以真正用于工业生产的成果。后来的 1664 年以及 1673 年，又有人在巴黎和鲁昂进行初期试验，然而这些尝试所烧造出的成品始终不甚成熟，与先前的试验品相比，的确有所进步，但是仍旧远远比不上震慑人心的东方瓷器。其主要问题是器物表面较软，禁不住硬物刮划，并且对火几乎没有任何耐受能力。

经过多次尝试无果后，人们逐渐感到绝望。出于对掌握这一让人恼怒的秘密的渴望，人们只好向居住于中国的耶稣会士们求助，请求他们深入中国窑厂一线，获取解决这一问题的方案。遗憾的是，早期殷铎泽神父寄回的书信（第一封于 1712 年寄出，第二封于 1727 年寄出）都未能提供足够的信息。中国窑工与画家介绍了一些元素的中国命名、烧瓷技术用语以及窑厂的惯用术语，并由这位好心神父传达至欧洲，但是这些内容却让人感到无法理解，有些不知所云。窑工们大概不希望将瓷器的秘密透露给蛮族人，所以仅仅给神父展示了一些实则无足轻重的内容。他们也许并非想要故意误导这位口无遮拦的耶稣会士。

于是，人们想到应该购买各种可供投入生产的原材料。但是邮寄而来的生产材料却几乎是完全制备好了的，原始的材料都已被打磨成粉末混合在一起，并经历过多重工业处理，所以我们已经无法从中看出矿材的本来面目了。

39

如同许多发明创造的发现过程一样，瓷器在欧洲的创烧也是一个非常偶然的事件。熟练工人已经将高岭土和长石掌握在自己手中，他们急切地用它们进行试验，但却并不知道这其实就是那真正的秘方。他们全然不知手中的这些黏土即是各工厂和实验室长期搜寻无果的那个胎料。窑工们仅仅是被这种黏土质白、质优等特点吸引，他们对其化学结构一无所知，更意识不到它与东方瓷器所用矿材之间的关联。总之，欧洲窑工们就是这样毫无意识地突然发现了中国瓷器胎料的配方。

欧洲高岭土的发现

　　第一位撞上此等好运的发现人是约翰·弗里德里希·伯特格 ① (Johann Friedrich Böttger)，他于 1718 年在萨克森地区发现了丰厚的黏土矿藏，所含黏土质地洁白、可塑性极强。他使用这个矿藏中的黏土首次在欧洲烧成硬质瓷器。

　　萨克森选侯国一心想要将这一发现保留给自己，于是便采取了严厉的措施来保守瓷器配方的秘密，禁止将这一珍贵的泥土出口至国外。

　　矿藏的发现地被严密护卫起来，几乎完全无法接近。矿藏的采集次数也被严格控制，人们使用密封箱将黏土运输至工厂，路上交通都有军队护送。生产瓷器的阿尔布莱希特

---

① 约翰·弗里德里希·伯特格（1682—1719），德国炼金术士，曾在奥古斯特二世的囚禁下专门研发瓷器烧制工艺。德国梅森瓷的发明人。——译者注

（Albrechtsburg）已经完全成为了一座堡垒，其通向外界的吊桥只在需要的时候才会放下来。

窑厂员工都受到了监视并且必须遵守特殊的规定，他们需要进行最严厉的宣誓，并在符合各类条件后才可以被录用。

伯特格还被类似于中国长城的防御工事包围，用以确保长时间内他在萨克森地区可以保持绝对孤立的状态。但是，随着时间的流逝，誓言被打破，秘密被泄露，工艺配方流入了维也纳和圣彼得堡，尽管萨克森人使用了密封箱子，也没能阻止高岭土几乎在同一时间抵达了这两地。

不久后的 1765 年，古塔尔德（Guettard）在法国的阿朗松（Alençon）发现了高岭土。三年后，马盖特（Macquet）又在圣伊里耶（Saint-Yrieix）发现了其他地方所无法比肩的矿层。

为了避免离题太远，笔者务必在此简单介绍一下瓷器的生产过程，并且证实一下：中国人使用的烧造方法和我们并没有太大区别。

欧洲和中国硬质瓷器烧制方法概览

在自然界中，高岭土通常和许多未知的物质混合在一起，需要经过一次又一次的提炼才可以得到制作胎土所要求的细密度和坚韧度。在这一点上，高岭土和白垩的特性相似。

至于其他制备胎料的物质，则必须通过机械研磨以呈现极其细密的粉末状态，再经过数次清洗后，按照所规定的比例进行混合，然后再被置于大桶中。最后将所有物质在水中混合并搅拌，以使混合物尽可能紧密地融合。

各元素在混合物中所占的比例直接影响瓷器的质量，同时还决定了焙烧所需的温度以及最后所烧成瓷器的精细程度。

在欧洲，普通商用瓷器所包含的可熔物质要多于塞夫勒、萨克森、维也纳等地区生产的优质瓷器。中国通常采用的配方中可熔物质的比例介于商用瓷和优质瓷之间。我们从中国的书籍中得知：中国的窑工特别注意在烧制粗质瓷器时，需要提升石蜡的比例；而对于精细瓷器，需要提升高岭土的比例。

在初次的混合操作之后，本来呈液态的混合土或通过压缩或通过与多孔物质的接触，使多余的水分被吸收，呈现出足够浓稠的状态。随后，工匠会对混合的黏土进行多次整形、揉捏，从而使其混合得更加均匀。最后，工匠会将其放置一段时间，让其自行调整，为下一步的制备做好准备。

中国人非常了解黏土的特性，据说，他们有时习惯将黏土放置若干年，待其发酵。在中国甚至有这样的传说——部分举世无双的古老瓷器，是由放置并发酵了一个世纪的胎土制成的。

在这段相对而言较长时间的放置、调整后，黏土被切割为若干块，在桌上延展开来。工人重新对其进行揉捏，并且使劲敲打黏土，以便消除气泡。至此，胎料的制备基本完成，可以准备进入下一步工序。

如果是一件表面圆弧状的瓷器，就可以在轮车上拉坯来完成塑形。窑工将与计划烧造的器型相匹配分量的胎土置于拉坯机之上。首先将其塑造成凸透镜的形状，再置于手中对其进行粗加工，让其保持足够的厚度。接下来，需要将土坯静置，使其缓慢晾干，直到达到用刀切时不会碎也不会粘连在刀上的状态。最后进行拉坯，即根据模板或者草图的样子旋转轮车。

如果一件器物的器里如同外壁一样也需要示人，那么其内壁也需要进行拉坯操作。如果器里不需示人，那么一般来讲就保持原始状态，表面看起来像仅仅经过了粗加工。

另一种情况，如果所需烧造的瓷器因器型的缘故不能在轮车上旋转而得，就需要使用模具来塑造瓷胎形状。将黏土置于模子之中用力按压，使其完全贴合于模子，完美体现所有的凹陷与凸起等小细节。根据瓷胎轮廓，以及所需达到精细程度的不同，也要采用具有不同可塑性、干湿度的黏土，因此操作中分为两类：干黏土铸模和湿黏土铸模。

图 15，花瓶，塑形工作需要使用模具完成，器型模仿了在岩石上跳动的鲤鱼。瓷器先经焙烧，制成素器，再取灰彩和淡黄彩进行装饰，模仿自然中鱼和岩石的样子。

图 15

还有一种更为简单、巧妙的铸模工艺，以此获得的各形状器物，胎体厚度可如蛋壳般纤细精巧，器型也可以极其硕大。使用这种工艺，首先需要采用液态状的黏土，将其倒入非常干燥的石膏模具中。这种石膏会吸收一部分多余的水分，与石膏直接接触的表层在数分钟内变干，因此紧密地契合在模具表面之上。通过反转模具，或使用任何其他方法快速排干剩余的液态黏土，最后仅需要保留固定住的部分，固定部分的厚度取决于石膏的吸收能力以及黏土停留在模具中的时长。

这种被命名为"铸烧"的工艺，据我们所知，还未曾被中国人掌握。我们需要赞叹中国工人极端娴熟的制瓷手艺，而我们却只有通过机械生产才能达到他们手工生产的瓷器标准。看看他们手工烧制的"蛋壳瓷"花瓶、瓷碗、瓷盘，如此的精工细作，似乎吹一口气都能将其打碎。42

笔者在此列举两件"蛋壳瓷"器物（见图 16、图 17），从瓷器的外形来看，可以排除轮车的使用，然而瓷瓶的胎体薄如蝉翼，几乎不足同样器型、胎体相对轻薄的瓷瓶重量的三分之一。

图 16，蛋壳瓷花瓶，采用釉下青花绘五爪皇家龙纹，龙被焰火环绕。瓷器烧制于乾隆末期。高 22 厘米，重达 400 克。海军副司令若莱斯（Jaurès）的个人收藏。

图 16　　　　　　　　　　　　　　　图 17

图 17，卵圆形蛋壳瓷花瓶，绘有亚光金彩卷草纹，瓶身设有开光，开光内以粉彩绘满大人生活纹饰。花瓶高 37.5 厘米，重达 480 克。萨代尔的个人收藏。

人们反复探究如何在不损坏坯体的情况下进行加工和利坯，尤其是在入窑之前，黏土仍然比较干燥，极度易碎。

花瓶上凸出的部分，比如壶曲柄、壶弯流或者其他装饰性部件，需要分别模制并精修，然后使用灰浆固定于器物之上。为制备灰浆，需将黏土稀释，再加入少量黏合剂，所使用的方法同加工琢器以及大件器物相同。需要分别加工瓷器的不同部件，最后再整合在一起。

最后的成品需经仔细检查，扫除小毛刺以及常见的各种瑕疵。这番操作后坯体会被再次放置于轮车之上，但是是以倒置的方向固定。工人可以完成器底各部位的制作，并且通过转动轮车来修整器物内里。最后素坯将会被静置，慢慢晾干。工人会采取一些策略使这个过程变得相对缓慢，从而防止因变干速度过快而引发的裂口和裂纹。

接下来的操作工序是上釉。上釉发生在入窑之前。工人会在生坯上涂可熔层，这一可熔层在高温玻璃化之后几乎呈透明状态，器物表面因此变得光洁明亮。如果我们希望烧制素器，就可以免掉这道工序。素器露出白色瓷胎，呈亚光状态，也被称为"未上釉的瓷器"。

中国人的施釉方法与我们有所不同。他们一般使用草木灰、石蜡、石灰，以及大量的氧化铅来制作瓷釉。这些原料经过研磨、过筛、溶水一系列操作，变为乳白色的液体，立即被施于器表之上，手法有喷涂、使用毛笔刷涂，或"浸釉"——即将器物完全浸入乳白液体中。

在欧洲，制作釉料的方法有时是将白垩黏土与沙子混合，有时是在焙烧过的纯伟晶石中加入少量高岭土。此种混合物只可用于经历初次入窑焙烧后的素坯，它不足以使黏土中的易熔成分开始其玻璃化过程，但是可以让黏土变得足够坚硬从而不易溶于水。因此，即使是胎体最轻薄的器物，也可以避免在将器物浸于釉水的过程中发生变软、变形。这种操作工艺被称作

43

"回热"，其优点是极大增强了黏土的吸附能力，更多釉料得以附着在素坯表面，从而使得釉面变得更加光洁厚润。

日本人似乎从一开始就遵循了其邻国的操作规程，他们烧制出的瓷器釉料透明度欠佳，且厚度也不够。日本早期产出的几乎所有瓷器都具有这一特征。

然而，自18世纪以来，他们烧造的瓷器釉面却突然变得丰润又透亮起来。笔者推测：日本窑工大概是开始采用了这种"回热"的操作方法。此外，在霍夫曼博士翻译、并于1799年出版关于日本制瓷工艺的书籍中，笔者找到了对于这一工艺流程的具体描述。

将瓷胎放入窑中焙烧这一操作，表面上看起来似乎非常简单，但其实这是一项很讲究的工艺，工匠需要细心布置许多预防措施。在我们的欧洲工厂中，最重要的措施之一是小心地去除沉积在器物下方的釉料，使器物与窑炉底部或支撑物接触；否则，熔化的釉料会变成黏合剂，烧成的器物无法被取出，并承受可能破损的风险。

然而这种操作在中国似乎不太常见，因为通常来讲，中国工匠会在瓷器通体上釉后再去修饰器物足底部位，继而再给瓷器内里不规则地随意涂上釉。釉水基本不会覆盖到器物内部的边边角角，但是我们注意到他们似乎也找到了可行的办法。过多的釉料在器物近足部位堆积成透亮的水珠，这种水珠在花瓶足底则更为常见。不论是花瓶的内部还是外部，靠近器底几毫米以内通常都是没有釉料覆盖的。当人们遇到一些纹饰华丽的上乘瓷器时，往往会发现其足底是露出瓷胎的。

在瓷器被使用之时，我们找到了这一疏忽大意之举的合理解释。在中国，通常来讲人们会将瓷器——尤其是器型较大的花瓶——摆放于硬木或是漆器制成的支架之上，以体现瓷器的华贵。而瓷器的近足部位一般会被这些支架挡住几毫米。

笔者最后要讲一下款识，工匠需要在器物未施釉前将款识书写或刻印于足底生坯之上，同样操作方法也适用于那些图章式样的款识，图章款是在指定部位的黏土稍微软化之时刻印上去的。在窑炉中，这些瓷器会被摆放于粗石英砂床上，这一砂床更常见的替代物是预先烧制的耐火黏土垫饼，或者是也很常见的起到同样作用的匣钵，瓷器会被封闭于匣钵之中，以免受烟灰和烟尘的侵扰。同时，将这些匣钵上下叠放，还可以填充窑炉内的全部空间。最后，窑炉的盖子落下，工匠点火，然后仔细把控炉温，使炉温逐渐缓慢地达到焙烧所必须的特定温度。

所需达到的温度取决于黏土以及釉料的耐火性。在塞夫勒，硬质黏土具有高岭土的诸多特性，所需温度超过 1800℃。

44

而在中国，炉温大概在1500℃到1600℃之间。在欧洲的一些生产普通瓷器的窑厂，炉温则需要在1300℃到1400℃之间。

焙烧所用时间大概为30~36小时，窑工需要注意：炉温必须达到烧瓷所需温度，但是又不能超过这一温度。因此窑工需要用钳子将预先放置于炉中的小块黏土从特地为此需求开设的小口中取出来进行观察，从而来判定温度情况。一旦所需温度达到，我们便立即关掉炉火并小心地关闭所有开口，让炉温缓慢自动降低。烧成后，工匠至少需要等待四天或者五天时间才可以打开窑炉，取出瓷器。入窑前带釉的，烧成的便是白瓷器；入窑前无釉的，便是素坯。

无论是白瓷器还是素坯，毫无疑问，都已然是陶瓷界的精妙绝伦之品。其胎体之透明洁白，其釉面之匀净润泽为它赢得了崇高的地位。一番对比，其他陶瓷产品都黯然失色。但是，工匠还是需要为它们装扮上靓丽的外衣。只有两类瓷器不需要装饰：日用的劣质物品，以及那些质感超群的器物，任何装饰技法都只能被视为画蛇添足。其他大部分时候，瓷器都不会以原始素净状态示人。

这很容易让人理解，哪里还有比瓷器光滑透亮的表面更适合艺术家画笔尽情挥舞的地方呢？光影的反射会制造出意想不到的效果，斑斓明快的彩料得以展现出更细腻的浓淡深浅。

中国艺术服从了这一无声的号召，于是，瓷器装饰这个艺术门类便诞生了。瓷器纹饰可以取悦普通瓷器爱好者，同时，它还可以为认真钻研瓷器的研究人士揭示这一迷人器物的起源、年份以及经历。

45

有两种为瓷器上色的方法，这两种方法截然不同，但都可以明显为瓷器外观增色。这两种方法均会导致所施彩釉发生变化，于是人们根据彩釉变化的区别，将两种方法笼统概括为高温釉彩与低温釉彩。

第一种，为瓷器装点上色这道工序在瓷器初次焙烧之前完成，所使用的着色材料必须能够承受焙烧所需温度。而另外一种，画工在已经焙烧后的素胎或白釉器上进行绘画，则所施彩料只需要能够安全地在瓷器二次入窑时承受住相对较低的温度即可。

在第二种情况下，为了取得良好效果，我们需要将彩料同一种名为"熔剂"的玻璃质助熔剂混合，彩料便会在马弗炉的炉火中呈现玻璃状，同时强力附着在器表之上。而根据彩料耐火性的不同，又可分为中温釉彩与低温釉彩。

高温釉瓷器

能够根据温度产生变化且耐高温的唯一一种着色剂就是金属氧化物，金属氧化物的种类非常有限，但通过组成化合物，可以获得几乎所有颜色的色料。

二氧化铜会产生绿色、蓝绿色，以及松石绿色。而同样是铜金属，其次氧化物还能产生深棕甚至鲜红等色调。根据纯净程度的不同，氧化钴会产生蓝色，氧化锑会产生黄色，氧化铁会产生棕色和朱红色，氧化锰产生紫色或黑色。砷酸或锡酸可得白色。粉色、胭脂色这一色系由氯化金得来，还有一系列绿色可以由氧化铬而来。

着色剂若与胎土直接接触（显然，我们在此所讲只涉及使用高温釉上色的瓷器）通常不会产生良好的效果，因为在这样操作下所形成的釉面不能保证无色，也不够透明，釉料也无法匀净地覆盖于胎体表面，便无法遮盖胎土的颜色。

然而，若将着色剂与釉混合在一起，便会在焙烧时产生一些特殊的变化，釉面发色润泽统一、光芒四射，令人折服。比如知名的"国王蓝"，即是塞夫勒窑厂烧造的众多艺术瑰宝之一。

此类颜色釉瓷器在中国备受青睐，中国工匠也的确技高一筹。他们不但创烧了大量的颜色釉品种，并且，他们懂得如何混合着色剂，熟练掌控烧造规程，从而得以创造出无限可能，收获令人意想不到的奇异效果。也许这些结果并非总是通过提前调配筹划而得，而仅仅是幸福的意外。但是，不论如何，烧成的瓷器可谓妙不可言、巧夺天工。还有什么比斑斑点点好似豹子皮、闪闪发亮好似美玉的釉色更迷人的呢？这些明艳多姿、对比强烈的釉色却并不晃眼，因为它们会逐渐引导着人们的视线向暗淡一些的位置而去，比如你会看到发灰发绿的部分，可能是模仿铜锈的斑点，皮革的粗糙表面或者大理石剔透的纹路。最引人注目的莫过于同一色系釉料优雅的渐变，尽显温润，比如那和谐均一的"塞拉同"色瓷器，瓷器生坯上提前刻印出的沟壑里堆积了更多的釉料，浓淡间使得瓷器更具风韵；还有那些在入窑前由画工使用蘸有瓷泥的画笔绘制的花卉，以及在白釉器上都会显得光彩夺目的雕花。

图 18

　　图 18，喇叭形状的花瓶，纹饰装饰于白瓷胎之上，通体施紫金釉。烧造于第四阶段。花瓶高 35 厘米，萨代尔的个人收藏。

　　最后要介绍的是几种比较奇特的颜色釉瓷器。之所以可称奇特，是由于中国人所采取的特殊施釉方式。第一种为器物上釉的方式名叫"吹釉"：取一竹管，在其末端固定一块薄纱，使用毛笔将其沾上事先备好的釉料，或者将薄纱浸入盛放釉料的缸中。将竹管一端准确对准器表，窑工在竹管的另一端用力吹气。保留在织物上的釉料受到气流冲击，变为无限细小的水滴喷洒投射至素胎表面。吹釉工作逐块进行，多层喷涂，最终可以让釉料覆盖整个花瓶，并且釉料喷涂得均匀完美。在准备釉料的过程中，工匠不会仅仅制备一种颜色的釉料，而是分别准备不同颜色的釉料，并使用不同颜色或者同一颜色的不同色阶调制出斑点状效果。有时，因为采用这种方法所施釉层更为厚重，且包含一定比例的高岭土，最后烧成的瓷器表面会呈斑驳凹凸状，有如橘子的外皮，中国人称其为"橘皮纹"。

可以肯定的是，在中国吹釉法通常用于普通的白釉瓷器，或者大件器物。但是在欧洲，我们通常采用这一工艺来遮盖生产中的瑕疵。有时，工人在使用上文提到的更加简便快捷的上釉方式时，会产生一些没有被釉水覆盖的空隙，可以使用吹釉法来填补这些空隙。

那些釉面晶莹深邃的器物，依然还是被归类为高温釉瓷器。这一类瓷器有时发朦胧白，有时泛着青绿、蓝色或者褐色。在它慢慢冷却的时候，因成分所致，釉面会向各个方向开裂，形成相对紧凑的网状表面，工人会使用适当的方法将瓷器浸入加热的带颜色的液体中，液体渗透到裂缝中并附着其上，在最后的成品表面清晰可见。

这类瓷器被命名为"冰裂纹瓷"，总体来讲此类瓷器风格较为庄重，表面的裂纹没有被釉覆盖，会被含铁的近黑色黏土填充，因此显得更为朴素。

为了证明冰裂纹釉并非生产事故所致，而窑工们又可以随

图 19　　　　　　　　　　　　　图 20

心所欲控制这些裂纹形状，中国人有时会在单色、白色或者花
色的瓷器釉面上变换裂纹的样式。

图 19，瓷瓶，敞口，瓶上部配有双鼓腹。瓶下腹施紫金
釉，下腹上方装饰有一周白色冰裂纹。瓷瓶的其余部位均饰青
花釉下彩纹饰。瓷瓶烧造于第三阶段后期。高 27 厘米。萨代
尔的个人收藏。

图 20，葫芦形花瓶，青花釉下彩装饰，饰"福"与"寿"
字纹。瓶下腹与上腹上方均饰有冰裂纹。瓶署"大明成化年
制"款识，然而此葫芦瓶实际烧造于第四阶段。器物高 25 厘
米，萨代尔的个人收藏。

笔者已经展示过，釉料中加入着色剂并不一定会使得花瓶

的表面均匀统一。然而，有时候窑工因担心瓷器表面仅使用同一种颜色会显得过于单调，他们会先在器身的某些部位用高温烧成颜色釉，覆盖一层普通的透明玻璃釉。然后，他们会在花瓶底色基础之上开辟出来一些区域制成"开光"。有时，这些开光部分会先作为留白，稍后入马弗炉二次焙烧前再绘制纹饰。

中国人在器身上开辟各种形状的开光，有时形状奇特，有时互为对称，有时模仿树叶剪影的形状，有时是一朵花、一个水果，或者动物、人物的轮廓。

开光所需要的工艺也是非常简单的。中国工匠用纸剪出所需要的形状，在上彩色釉之前，将剪纸贴在生坯之上，出窑后再将剪纸撕掉，所遮盖的部分即成留白。有意思的是，我们发现，多件瓷器开光边缘部位的形状都是一样的，都是剪刀在剪纸时不小心造成的瑕疵。这些边缘并不与开光内的纹饰形状契合。

我们一直在说颜色釉有多么端庄优雅，要知道，这是工业生产的结果，要感谢卓越的生产工艺以及化合物的神奇变化，再搭配上用毛笔精心绘制的纹饰，我们距离真正的艺术又近了一步。我们可以窥见画工个人装饰技法上的天赋，同时也可以看出在各个时代人们展现出的不同品位。

在各类高温釉瓷器的操作中，最简单、最快捷的自然是在生坯上绘画，绘画后再施釉，这层釉会让瓷器看起来格外温润，并保护其胎体免受损坏。在中国，这一工艺自古代起就开始采用。可惜的是用于绘制纹饰的彩料种类非常有限，这些彩料需要能够经受瓷器烧制所需温度的火烤，并且能够稳定显现预想的颜色，尤其是在绘制多重颜色的纹饰时，彩料的稳定性就更显重要。塞夫勒的工人在大量研究、辛勤测试之后，才终于在他们的窑厂中烧造出令人满意的作品。

在未入窑的生坯上绘制纹饰，东方人仅仅懂得运用两种彩料：钴蓝以及铜红。后者的使用并不常见，因为铜红并不总能带给我们期盼中的效果。根据彩料燃烧程度的不同，有时可以呈现瑰丽的绯红，有时情况却没那么理想，颜色会比较暗淡，甚至出现灰暗的褐色。

铜金属中因含有丙醇盐或氧化铜，因此在与焙烧时产生的氧化剂密切接触时，性质极易改变。有时，采取如下办法可以对抗其性质的改变：将铜红料先与一定的瓷釉混合，再将彩料施于器物之上，此时花瓶已经有了一层透明玻璃釉保护了。然后，再为花瓶施一层薄釉，并在绘有纹饰的位置加厚涂抹。这种添加保护性釉层的操作也被中国工匠们发现。在他们烧造的大部分带有铜红纹饰的传统瓷器上，都有些许隆起的部位，用

49

手触摸即可轻易感受到。

我们在此需要补充的是，这种含铜的高温彩瓷，不久后就在欧洲出现了。

中国艺术家的非凡技巧不仅体现在可以从为数不多的可供高温瓷使用的彩料中挑选出合适的颜色，还体现在他们对于蓝彩的熟练应用，为我们提供了蓝色深浅变化的无限可能。

笔者在前文提到，在生坯上进行釉下彩绘画是比较方便快捷的，但是前提是不能对器物的种类与质量有太多的要求。花里胡哨的装饰、工坊粗制滥造的纹饰，这些都容易实现。若想要完成一件优秀的釉下彩瓷器，哪怕纹饰线条看起来非常简单，实际操作上却是难上加难。生黏土在晾干和延展后，具有很强的吸水性，因此画工需要下笔极轻。在下笔的那一刻，他需要已经构思好纹饰，不可能再去进行修饰工作。任何微小的笔下犹疑都会使得纹饰线条变得粗糙，所有回笔都会造成不可遮盖的斑点。因此，想成功掌握釉下彩技术，必须要经过长期的练习，此外还需搭配十足的信心与无敌的手感。画工除了必须具备绘画的天赋，还需要拥有果决大胆的性格。因为在中国的窑厂里，在瓷器上使用提前画好的印花描摹是不太常见的，甚至是会被鄙视的，所以技能、信心、性格等就显得更加必不可少了。任何常见的纹饰主题，哪怕已经在瓷器上重复出现了无数遍，当它被画至瓷器上时都会体现个人的风格，这种个人特色很大程度上弥补了对称与重复所带来的审美疲劳。

最优秀的中国艺术家沉迷于这种单一的蓝色釉下彩装饰，青花一直以来也被中国人视若珍宝。在欧洲人拥有的上乘瓷器中，我们也可以看到一些精美大气、无可挑剔的精品青花器。

50

在生坯上施蓝色釉为窑工们带来了不小的困难，最后，他们的耐心获得了回报。工匠们一点点地将彩料叠加，以使釉面非常平滑，如同宝石一般匀净细腻。有时候画工会在干净的背景上使用最细的画笔绘制出不规则的网状纹饰来模仿花岗岩或者鹅卵石的纹路。有时工匠会打造一个开光，其中布满缠枝桃花或山楂花纹饰，有时会在开光内描绘单色的青花纹饰。有时吹釉技法也被运用，蓝色釉料在层层叠加之后，表面便形成了玉石的效果，最后吹于器表的釉颜色较深，深蓝与浅蓝分布其上，有一种蓝宝石的质感。一个世纪之后，我们称这种珍贵的瓷器为"仿青金石洒蓝釉"。这种类型的瓷器，为保持釉色的均匀统一，便不能烧造大件器。在中国，洒蓝釉也是颇受人们青睐的，在欧洲更是一件难求。尤其是笔者提到的带有开光的洒蓝器则更为珍贵，开光中通常有青花釉下彩纹饰。还有开光中釉上彩绘绿色系纹饰的，这种洒蓝釉瓷亦是更加珍稀。

图 21

图 21，大钵，配有福狮形状钮，釉下青花装饰，钵腹周围装饰有一周八仙人物凸雕，两人为一组，均无釉。第三阶段末期烧造。大钵高 17 厘米。莫兰（Morren）的个人收藏，布鲁塞尔。

当然，当我们介绍高温釉瓷器时，除了要提及不同的色彩，还不能忘记那些装饰性的纹路，比如使用模子在器物表面模印而成的雕花，还有使用刻刀在生坯上雕刻出的花纹。刻刀的利刃可以展现出最细致的纹理，工匠可以继续在器表进行切割，最后制造出一种网状纹路。中国人熟练掌握处理雕凿部位的方法，会将厚实的带有高岭土的釉料覆盖其上，此种釉料会填补空隙。当器物烧制成后，釉料透明度较好，如果我们在光线下观察它，雕花部分也会显得更加明显。这类器物被我们称为"米粒瓷"。

51

至此为止，笔者简明扼要地介绍了高温釉瓷器的诸多工艺技巧。我们还要说明的是，尽管提及的工艺众多，却也只不过是冰山一角，窑工的创意是无穷无尽的。那些对于更多工艺感到好奇的人们还有太多的领域需要去探索。这种说法可能会让读者们感到震惊，但是，我们距离了解中国瓷器工艺的全部，真的还有很长的路要走。

　　图22，茶杯，釉下青花基础之上覆盖有一层网状的粉彩纹饰。烧造于第五阶段。萨代尔的个人收藏。

　　图23，花瓶，瓶腹覆盖一层蓝色釉，瓶颈处绘釉下青花边饰以及花卉纹。瓶颈和瓶腹中间以深褐色宽弦纹作为间隔。款识为（参见款识列表第95号）一片树叶。花瓶于第五阶段烧造。高22厘米。萨代尔的个人收藏。

图24

图24，葫芦瓶，瓶腹部饰雕花，刻于生坯之上，并覆盖紫金釉。葫芦瓶配有双上腹，均为釉下青花装饰。瓶上腹有一小型开光，开光内绘有一只兔子作为款识（参见款识列表第85号）。此瓶烧造于第三阶段。器物高23厘米。泰斯塔（Testart）的收藏，巴黎。

让我们心中怀有愿景吧，希望未来的一天人们长期耐心的研究可以获得回报，收获一些惊为天人的器物。我们期待着发现古代旅行者曾经提到的带有神话色彩的瓷器，比如所谓"青花纹饰绘于两层薄胎之间的瓷器"，传说中这种瓷器胎体极其轻薄，一般为杯或者碗。工匠首先在器内覆盖厚厚一层蓝彩纹饰，通常绘鱼纹以及水生植物纹。完成纹饰绘制后，工匠会在器物的内部添加一层湿润的黏土，并覆盖上透明釉。瓷器定型

图 25

并晾干后被放回轮车之上，瓷器的外层胎土被削薄仅剩内壁，因此蓝色的纹饰从外面隐约可见。中国人将这种工艺称为"夹青"。据说，当瓷器盛满水的时候，纹饰才得以显见。

图 25，纯白色细瓷碗，表面的米粒纹仅在碗中装满带颜色的水时才会显现。碗直径 13 厘米。萨代尔的个人收藏。

殷铎泽神父是最先留意到这一工艺的人，但是他并非亲眼所见。笔者认为这类瓷器从未到过欧洲，但这并不排除中国人过去曾经烧造出此类瓷器的可能。我们曾亲眼见过上文所述的"米粒瓷"，那是一只精致的白瓷茶杯，以瓷土在器表做出凸雕，器里的装饰为米粒状。这类纹饰肉眼几乎不可见，但是却可以通过透明物看到，比如茶杯装满茶水或其他有色液体时，纹饰就会显现出来。

笔者前文已经强调过，在烧制过程接近尾声时务必要加倍小心谨慎，然而彻头彻尾的失败却是无论如何都难以避免的，工匠体味失望之情这种经历是在所难免的。瓷器冷却后，工匠将其从封闭的窑炉中取出，器型端庄典雅，釉质平润光滑，透明釉的釉层肥厚，再配上巧夺天工的纹饰，展示了画工高超的技艺与奇巧的构思。然而实际上，不知道有多少次，窑工所见到的只是变形、裂开、破损的成品。还有可能是瓷釉玻璃化的过程不甚理想；或者所施之釉不够黏稠，向下流淌而覆盖住了器物的足底，器物上部却露出了胎体。还有很多时候，瓷釉发生热析，意思是说釉被黏土吸收了。还有时，彩料并没有呈现出预想的颜色；或者火焰燃烧过旺，在还原焰气氛中，彩料又回到了金属状态。有千万种可能的事故原因需要被考虑到，不论哪个都会威胁到这一倾注大量心血的工程的成功。

53

这些工匠、画工都必须要承受失败的打击。在这脆弱的器物中，画工融入了他的构想，每件作品都体现着个性与创意。即便器物经受住了火烧的考验，战胜了所有诱使其毁灭的因子，但是画工笔下的那些人物本来精巧灵动的边角线条却可能无法避免变沉闷、模糊、灰暗的命运；图画还可能融化至瓷土中从此消失不见；这些精心调制出的颜色很可能就在这可怕的高温环境中被彻底毁于一旦。

中高温釉瓷器

这些棘手的问题随着新型彩料的发现迎刃而解，这种彩料含有玻璃状助熔剂，在比烧制瓷器低许多的温度下，就能成功附着于透明釉之上。

因此，瓷器的烧成质量便有了一定保障。画工倾注心血装点的器物不易变软、变形，瓷器焙烧时部件掉落发生的几率也会变小。

这些新型特殊彩料在马弗炉火中发生反应的方式不尽相同，其充分上色所需的必要温度也各不相同：有些已经过分燃烧，而另一些却才刚刚开始上色。因此，我们必须清楚了解每一种彩料的特性，以找到适合它们的工艺规程，以便各彩料能够同一时间发生反应。就算无法保证同时发生反应，也至少根据反应先后将其分为不同组，每组囊括尽可能多的彩料。

根据以上研究结论，人们将进入马弗炉的彩料分为两类：一类适应中高温环境，名为中高温色料，这类彩料要在较高的炉温下才可以定型；另一类彩料适应低温环境，名为低温色料，使用这类彩料的瓷器通常发色柔润，焙烧中较少的热量便足以使彩料熔化。

在欧洲，这两种不同的色料都在被使用。但是需要中高炉温的色料不足以支撑更复杂的纹饰，而那些适应低温的色料才使画工在瓷器上创作真正意义的画片成为可能。

在中国，情况却截然不同。那里的画家似乎并不重视研究，也不采用低温色料。低温色料大约在 18 世纪后期才逐渐被人采用。在此之前，他们仅仅使用中高温色料为瓷器上色。这一类彩料的数量少之又少，彼此之间也不会发生反应，不足以满足大众需求。使用这些彩料上色的瓷器通常发色明亮，釉质莹润剔透，一般会使用于胎体足够厚重的瓷器上，通常搭配雕花。

上文主要介绍了在东方瓷器上常常见到的纹饰种类，均为瓷器起到装点作用。不论是人物、花卉，还是动物，多少有些重复，一般而言画工使用红色或者黑色线条来勾勒轮廓，没有透视也不注重光影，色调无深浅过渡。画工最多会将某些重点部位颜色加深，或使用描黑、描金工艺来点睛。笔者在上文已

54

经提到了几乎所有可供使用的颜色。它们包含：通过氯化金获得的粉红色；取自氧化钴的蓝色；取自氧化铜的绿色；取自氧化锑的黄色；取自锰的紫色；取自砷酸或锡酸的白色；通过混合某些氧化物形成的黑色；不纯的氧化锰混合得到的朱红、铁红、黑色。最后两个与前面一众色料的展现能力并不在同一个等级：光泽度差很多，且从来无法达到令人满意的厚度。

萨尔维塔先生曾讲道：当我们考虑到中国瓷器彩料的厚度，以及其较小的强度时，我们便意识到这些彩料仅包含少量着色剂，且易熔化于助熔剂中。此外，彩料还包含不同比例的铅、氧化硅，以及相对较多的强碱。这类彩料和玻璃状色料较为相似。我们因此总结，此类中国彩料可以被归为高温色料。

我们从这位博学的陶瓷手艺人那里得知，纹饰绘制于白瓷胎之上的中国瓷器被称为"釉上彩"；此外还有一种上色工艺，直到18世纪末还由远东艺术家独家把持的瓷器。18世纪，人们见证了满大人瓷器以及东印度公司瓷器的诞生，这些瓷器胎体粗糙、多呈绿色、透明度差，其表面的纹饰有时绘制于中国，有时绘制于欧洲，却都无一例外了无生趣，所用彩料一般属于低温一类。

中国与日本的部分彩绘瓷器具有一个引人注目的特点：其器表通常闪耀着明显的类似于蛤蜊一样的光泽，比如绿色、紫灰、黄色、棕色，以及黑色等各种颜色都具有这种蛤蜊光。这一现象在古董瓷器装饰上较为普遍，自成化至万历年间（1465—1620），普通白釉瓷器上也可见蛤蜊光。

55

那么，蛤蜊光究竟是燃烧气氛造成的呢，还是特殊元素互相作用的结果呢？两种假设都有其合理性。第一种假设产生于我们在瓷器生产时的日常观察；而我们仅仅在中国陶瓷研究者的笔下看到过第二种假设。中国人曾经严肃认真地记录过将人类骨骼加入制瓷原料中的故事。这个传说的确让我们想到羊骨煅烧钙化后产生的石灰磷酸盐，它会使得玻璃呈半透明状并显现七彩效果。因此我们怀疑，石灰磷酸盐可能正是颜色釉发出蛤蜊光的真正原因。

如若事实真是如此，那么要肯定磷酸盐的析出对蛤蜊光的贡献，它在一定程度上还具备穿透釉面纹饰的能力，因此，具有类似装饰的大部分古老瓷器都环绕着这种多彩的光晕。

还有第三个假设：焙烧色料时因所需温度过高，在一些特殊场景下，蛤蜊光便会出现。这一论断将中国瓷器特有的效果归结为生产事故，显得有些站不住脚。如果这些多彩的光晕不是由石灰磷酸盐导致的，那必然是因为着色剂或者釉中有铅元素的存在。

彩色地瓷器

尽管中国彩色瓷器色料选择总体相对贫乏，但是自其创烧至今，工匠不断发掘新色料，所见颜色已经不再单调。15世纪至16世纪那一阶段，彩色瓷仅仅可以表现蓝色、铁红色、绿色、暗藕荷色以及棕黄色。因此，那一时期的纹饰发色必须协调统一，比如说钴蓝色，如烧制手法不当，便会在焙烧过程中发色异常，烧成后颜色暗淡。红彩料的深浅度比较稳定，但却不是一种适合绘制纹饰的颜色。那时的画家并未冷落这两种颜色，但是他们显然对绿色更加情有独钟，绿色更适合表现深浅浓淡，能够生动形象地表现自然景物，因此，在那一时期的瓷器纹饰中，绿彩占据主流位置。

17世纪时，新彩料的发明改变了这种单调的状况。之前亘古不变的朱红、棕黄或者藕荷色的花朵，现在被胭脂红色的石竹花、玫瑰花以及亮黄色的小花环绕。遗憾的是，这些曾经意在使瓷器外观更加多姿多彩的新色料，却逐渐地成为了纹饰装饰的最常见选择。甚至，其中的一个颜色冲出重围，战胜了曾经占据绝对主流的绿色。

画家们为氯化金带来的靓丽胭脂红而神魂颠倒。他们探索着将一切涂成粉红——花卉、房屋、家具甚至动物，步调统一的粉红成功取代了曾经独霸一时的绿色。56

图 26

图 26，使用粉彩工艺装饰的公鸡雕像，纹饰绘于素坯之上。鸡冠施铁红彩，鸡背装饰黄彩，鸡翅膀使用青花、绿彩和黄彩装点，鸡尾巴施黑彩，鸡颈部和整个腹部施粉彩。器物烧造于第五阶段。高 34 厘米。萨达尔的个人收藏。

每个时代自有当时最流行的装饰工艺，因此，杰克马先生将其分为两组，并命名为"绿色家族瓷器"以及"粉色家族瓷器"（分别对应中国人的"素三彩"和"粉彩"）。

笔者会在后文中频繁提到这两个"家族"，此二者的命名非常形象，且基本已经被大众广泛接受。我们需要说明的是：在粉彩工艺发明之后，中国画家并没有不顾一切地将其滥用。他们中的绝大多数自然是对粉彩一见倾心，但是仍然有很多工匠依旧延续着传统，保持着对绿色家族的耿耿忠心。因此，如果我们判定粉彩瓷器均烧造于康熙统治后期——即1700年左右，并不假思索地将所有素三彩瓷器都归为1700年之前烧成，这便是大错特错了。哪怕是那些风格极其典型的素三彩瓷器，都不可轻易判定必烧造于1700年之前。

对于色料，中国人并不仅仅使用它在瓷器表面绘制纹饰，在他们学会于烧成的白瓷上绘画之前，就懂得如何将色料作为底色，均匀覆盖于生坯之上。这是一种格外特殊的上色方式，并且非常受大众欢迎。

一些色料的调配方法与使用方法在中国似乎已经消失了将近一世纪。萨尔维塔先生在1856年塞夫勒窑厂惯用的色料中没有找到类似的。它们同时属于中高温色料，即可以在生瓷胎上直接使用、再被放进窑炉烧造，还属于高温色料，即只有在较高温度下才可以产生反应并完成玻璃化的过程。它们中的大部分都需要配合添加高比例的氧化铅作为助熔剂。这些彩料的常见颜色有：纯蓝、紫色、黄色、绿色和松石绿色。它可以从橄榄绿逐渐过渡到亮蓝，色彩的强度也可以降低，直至呈现出天蓝色。

素胎绘制纹饰

承载色料的素瓷胎通常带有刻刀留下的剔花，配以雕刻或者堆塑作为装饰。我们要知道，尽管釉可以均匀覆盖瓷器表面，但当它在低于软化瓷土所需要的温度下进行玻璃化时，是无法渗入瓷器雕花的沟壑内的。它仅会在沟壑上流动，或在沟壑中堆积，因此釉的厚度增加，釉色加深。而那些凸起的部分则几乎未覆盖上任何色料，因此颜色显得略浅，这反而造成了别具一格的珍贵效果。

一些生坯上釉的颜色釉瓷器，比如釉层较厚的松石绿色以及纯绿色，有时会呈现出一种独特的效果，人们将此类效果命名为"鳟鱼釉"。如同我们曾经提到的开片瓷器一样，"鳟鱼釉"表面也会形成小裂纹，看起来像规则排列的多边形，状如鱼网，让人们想到鳟鱼身上的鱼鳞，这便是其命名的由来。

还有一种属性相似的瓷器，其烧制所需温度介于高温炉和马弗炉的炉温之间，工匠需在素坯上绘制纹饰，而可供选择的色料非常有限，比如绿色、黄色、棕色、灰紫，这些颜色通常用于底色。另有几种彩料对以上颜色进行了补充，包含有铁红色、黑色以及非常特殊的蓝色。使用这种彩料绘制纹饰的瓷器，在釉上彩发明之前便已在中国流行开来，一般都是一些形制较为奇怪的器物，这些瓷器并非供日常使用，比如椭圆形、边缘外撇的花瓶，模仿某种动物或者一段竹子的茶壶，器型怪异的大盘，带有活动隔间并且当隔间合起之时变为一朵莲花或一个几何图形的盒子，面目狰狞的怪兽，头或手无釉的奇形怪状的人物。这些器物的釉色都泛着蛤蜊光，闪烁灰紫色、黄色或者浅绿色。器身开光通常绘动物、花卉或者颜色特殊的各种物件。

尽管有色料覆盖器表，素胎上色瓷器的外观有时还是会显得略为毛糙甚至粗糙，可能会让人们错误地认为它是二等品。但是恰恰相反，釉上彩瓷其实最值得颂扬。一方面因为其胎体细致密实，虽然发色暗淡，但是形制优美、做工精细、纹饰和谐恬淡。同时，尽管它曾一度遭受到不公平的待遇，但不久后便确立了较高地位，受到藏家认可，成为远东瓷器艺术中珍贵的精品。这些我们介绍的在素器上进行装饰的瓷器，有时也会被称为"塞拉同器"或者"带有塞拉同纹饰的瓷器"。但是笔者认为应当将"塞拉同"这个名词保留给不同水绿色地的瓷器以及素三彩器。既然说到作为"绿色家族"一员的素三彩，笔者还要讨论一下填白瓷。填白瓷有时也被归类为"绿色家族瓷器"，这种在素器上装饰的瓷器发明时间早于"五彩"瓷器，"五彩"是一种在烧制成的白瓷釉上绘制纹饰的工艺。

图 27

图 27，大型糖果盒，带有 13 个活动的分隔盒。将所有分隔盒合起，可组成一朵莲花的形状。其素三彩纹饰绘制于素器之上。烧造时间为第四阶段。最长边长 60 厘米。萨代尔的个人收藏。

瓷器上贵重金属的使用

除使用金属氧化物为色料原料之外，一些处于自然状态的贵金属也会被应用。在此一定要提到黄金，金彩在瓷器装饰艺术中起着举足轻重的作用。自远古时代起，远在使用白银之前，中国人就开始使用黄金，用法讲究且克制。当然，最后他们还是难于逃脱过度使用黄金的命运，尤其在当今，描金的瓷器几乎随处可见，艺术风格也显得轻浮、缺乏节制。

为器物描金的方法却是非常原始的，结果也并非总是那么的让人满意。工匠为瓷器上色并完成烧制后，会在所需部位涂抹一种特殊的媒染剂，再在媒染剂上略微撒上金粉。最后将瓷器送入马弗炉，以极低的温度焙烧。此道工序并非是在给一种已在高温环境烧成的瓷器做无用功，而是为使瓷器完全干透，使釉和金粉可以完美贴合于胎体表面。

59

从这种操作方式我们可以得出结论：黄金性质并不牢靠，不适合打磨，而且通常过于轻薄。而且无论厚薄，黄金的光泽度都比较一般，很少以暖色调出现，反而更加接近于铜粉的淡黄色调。

欧洲的制瓷工艺可以使瓷器的玻璃釉具有完美的附着力。工匠将金属与玛瑙或赤铁矿等硬物质进行摩擦，以此对金属进行抛光处理。经过沉淀和研磨，金属会缩小、分解，再将其与一种以苯丁胺脂肪香精为基础的焊剂混合。经过这一流程后，再将瓷器放入马弗炉中复烧，釉的附着力会变得非常不错。生产过程中减少的金属光泽也可以成功恢复。

最后，笔者想要补充一点，众所周知，所有来自东方的瓷器都以高岭土作为瓷土，其坚硬度高于钢材。市面上有一些看起来像是使用软性瓷泥烧成的瓷器，其中一类名叫"中国白瓷"，其得名"白瓷"的原因是它几乎从来不带任何纹饰。而彩瓷或单色瓷相对比较罕见。我们看到这类瓷器可能会去假设：在古代中国，人们对我们欧洲人已有所了解，他们模仿我们陶器的器型而且还采用了软性黏土？请读者参看图28中的花瓶，可能就会选择相信这一假设。

图 28

　　图 28，这个花瓶模仿了古代青铜器的样式，并仅以凸起的弦纹为饰。观察瓷泥的外观，像是使用了软性黏土。此外，在器物的足底，模糊地刻印着这几个字：测试易熔黏土。司谢尔（Sichel）先生的收藏，巴黎。

半软质中国瓷器、"中国白"

中国白瓷数量众多，毫无疑问，其烧造历史亦非常悠久。其实，中国白看起来不那么像硬质瓷，主要是因为其拥有柔和且晶莹的釉面，并且瓷胎如牛奶般柔润。中国白的瓷泥主要由易熔元素组成。笔者还是要再次重复，中国白使用的是高岭土，强度高于钢材。

中国白中最常见的器物有：神仙鬼怪以及各种动物的塑像、茶壶、茶杯、带有明显浮雕或雕花的花瓶。带有纹饰的器物极其罕见。如果有纹饰的话，可以轻易看出色料在釉面的附着形态与软性黏土的呈现方式是不一样的。

笔者对硬质瓷器的介绍并未包含过多技术细节，但在此也需要告一段落了。笔者以特殊视角出发，相信也很有必要对塞夫勒的软质瓷器做一介绍，笔者将以塞夫勒陶瓷为例。

60

法国软质瓷土

我们已经知道，法国软质人造瓷的瓷土是由泥灰和白垩混合而成的，而混合后的瓷泥可塑性较一般，因此浇铸是最常见、最可靠的成型方法。

塞夫勒瓷玻璃釉是由沙子、铅丹、钾盐和小苏打组成的，混合后放置于高温中进行熔化，继而碾碎并掺水调配为浓稠的浆糊状。工匠只需将器物浸入浆糊中，便可为其上釉。上釉后晾干，再入窑烧制，直到釉面呈现完全透明的状态。

笔者前文提到过，焙烧硬质瓷器都是非常容易出现事故的，因此我们需要明白操作软性黏土更需要格外小心谨慎，因为瓷土基本上完全由易燃元素构成。软性黏土易变软、变形的特性使得雕刻、塑造雕像等流程变得非常困难，充满了不确定性。

接下来需要使用马弗炉为瓷器上色，并且马弗炉的温度是足够可以将器物表面玻璃化的，色料也可以完全地附着，成品的光泽度、鲜艳度都非常不错。同时，色料之间轻微混合有助于软瓷泥上的纹饰表现出特殊的柔润效果。

软质瓷器的背景色通常很明亮并且颜色强度较高。在此需要再多介绍一下它的上色工艺。彩料被融合后转化为晶体，再被研磨成粉末，然后置于细网筛上。只需将筛子轻轻晃动一二，粉末便会洒落在需要装饰的瓷器上。工匠再涂抹上描金工艺时所使用的媒染剂，彩色粉末会被媒染剂固定在器表上，经过火的焙烧，最终转化为均匀统一的清釉。这一上色流程可以重复进行二到三次。要么是为了修补空隙，要么是为增加亮度。有时，不同颜色的色料呈斑点状，或者具有渐变效果，这种现象叫作"扑粉"。

除了普通的装饰彩料外，还可以使用贵金属进行装饰。有时，工匠们会使用珍珠和其他闪闪发亮的物质。这些装饰材料需要单独制备，最后器物需覆盖上非常易熔的清釉，在高温焙烧中将纹饰固定。

61　　我们必须注意到塞夫勒软瓷的粉末彩料与雍正、乾隆年间中国硬瓷色料之间的相似性，否则的话，笔者关于法国软瓷的这段介绍就会有点离题了。塞夫勒窑厂生产的典型瓷器颜色有：蓬巴杜（Madame de Pompadour）粉①、深胭脂色（也被称为金红）、波斯绿、土耳其蓝等。多层色料厚厚叠加，仍然显得通透均匀。

---

① 蓬巴杜夫人（1721—1764），路易十五的情妇。塞夫勒窑厂在 1757 年发明了一种柔和的粉色瓷器，并以蓬巴杜夫人之名为其命名。

中国绘画的特点

　　笔者在上文中简单介绍了瓷器的烧造过程以及绘制纹饰所需色料的调制过程和使用方法，这些都是远东人民的发明创造。然而，以上那些介绍性文字还是远远不够的，仅算是开了个头。我们了解了生产规程，还需要进一步了解画家的手法，深入理解瓷器艺术充满异域风情的审美标准。东方艺术风格让欧洲人感到震撼，仿佛从此打开一扇新视窗，从中可以窥视与欧洲本土文化背景截然不同的艺术世界，东方人的社会秩序、风俗习俗，和我们都有不同。更为重要的是，远东人从不同的视角观察世界，通过他们的艺术阐释，展现出了另外一种自然风情与教化方式。在中国及其他东亚国家，那些普通的日常用瓷器型优美、轮廓雅致、颜色耀目、纹饰精美，使得瓷器成为了当之无愧的艺术珍品，可以用来装点居室、宫殿、庙堂，人们都竞相欣赏着它的华美。

瓷器的纹饰，起初仍旧比较原始、朴素，装饰艺术经历了一段时间的停滞不前。后来中国画工大幅度提升了艺术水准，绘制出了宏大、新颖的作品。他们在这易碎的底板上，一点点为我们讲述着他们的宗教信仰、社会风俗、历史故事、民间游戏，甚至是哲学思想。瓷器上绘制的这些纹饰，大致为我们展现了东方的文明。

中国画工从描摹自然景观、动物和人物开始他们的艺术征程。后来，根据花瓶的用途或是设定的使用场景，他们又加入了一些图腾和符号。画工的妙笔展现出了力量、荣耀、智慧与美好。如果可以展开这样一项略为复杂的研究——通过对比中西方那些原始、抽象的图腾，来探寻远东艺术和西方早期绘画之间的联系，那一定会得到一些有趣的结论。然而，这并非本书所涉及的范畴，笔者也不打算展开讨论这个话题。似乎，东西方的艺术，不论是哥特艺术抑或是中国艺术，都来源于人类的某种原始灵感，也许真的可以从中国画家笔下的山水画和西方风景画中找到某些关联？此外，在社会发展的历史进程中，是哪些事件导致了一个民族的腾飞，而又是什么原因导致另一个民族停止了追求理想与创新的步伐呢？是否可以把中华民族的发展归因于他们民风、信仰以及政治制度的恒久性？也许吧。总而言之，我们可以通过他们烧造的瓷器，见微知著，了

62

解他们的社会情况以及风俗习惯。

而我们这些欧洲的旁观者常常因为无限的好奇而忍不住揣测：为何中国人喜欢将自然景物扭曲，将宏大的场景缩小到小人国般大小？这些山石、河流、溪谷、森林，看起来似乎像从玩具箱中取出来的一样，然后又经过孩童的小手被摆放了出来。

对于这一指摘，如果让艺术家在这里为自己辩护的话，他或许会对我们说：我的毛笔描绘的景观之所以如玩具般大小，这是因为我所服务、取悦的富人们并不认为这些景观很袖珍。的确，中国人不太喜欢四处游荡。大部分时间他们深居简出，双腿盘坐在巨大的椅子中任思绪飞扬，身旁的茶壶香气四溢、茶水满盈。他们仅有的活动就是围绕自家院落走上几步，然后再回到贵妃榻舒适的怀抱中继续享用芬芳馥郁的饮品。

图 29，素三彩瓷盘，纹饰展现了一个中国家庭在花园中

图29

的场景。器物烧造于第四阶段。长24厘米，高16厘米。萨代尔的个人收藏。

只有这样，那些裹小脚的夫人们才可以跟随主人在花园里走动，同时照看那些做游戏的孩子。在中国这样公路不甚发达的国家，骑马出行是比较罕见的，因此想要经常出行也并不现实。必需出行时，主要方式是乘坐封闭的轿子或者是使用非常不便利的人力推车。所以，如果有了观赏风景的意图，干脆就在自家花园这方寸之间满足自己渴望探寻美景的心情吧。一家之主会在庭院里布置假山奇石、小桥流水，在他视线所及之处打造自己熟悉的风景。他也愿意让这些景观出现在宅邸墙面华美的挂画中，或是体现于箱柜中的花瓶之上。艺术家们只得根据现实情况自行调整，所以选择放弃描绘那些宏大场景，比如深邃的树林，潮湿昏暗的灌木丛，或者夜色下蜿蜒的山路指向深蓝天空的尽头。所有被画出来的，都是改造过的、缩小变形的，只有这样，才能适应瓷器买家的审美需求，或许他们对这些画笔下的景观有另外的解读。

上文解释了中国画缺乏透视效果的原因，当我们的读者再次看到这些歪歪扭扭的树木，缺乏平衡而又奇形怪状的石头，或者是石头上野蛮生长挂满花朵果实的植物，可能就不会那么惊讶了吧。这毕竟就是中国画家展现自然景观时的传统习惯与

63

图 30   图 31

特定方式。

图 30 与图 31，方形瓶，纹饰展示的内容来源于戏剧和小

说，使用了釉下青花工艺。器物上的款识是缠有丝带的叶子

（详见款识列表第 95 号）。烧造于第四阶段。高 34 厘米。萨代

尔的个人收藏。

一般而言，瓷器上的人物纹主题通常来自于小说或戏剧中

的场景，而这些场景可以以无数个角度来进行展示。同时，纹

饰也可以来源于古典文学、当代文学或者传说故事。中国人有

丰富的神话传说资源可供选取，这些故事讲述着或悲惨或缠绵

64

的内容。在中国瓷器上还可以看到坊间流传的诸多荒诞不经、错综复杂的迷信说法；一些与信仰沾边却并非真正是信仰的历史习俗；以及宣扬置身事外的实用主义哲学传统。中国人光辉的天才之处在于，他们并不妄图矫揉造作地通过纹饰来复制现实的世界，不论是活物还是静物。于是，当画家不再在意绘画的精准度，无视一切透视法，将自己的身心投入到对色彩呈现单纯的钻研，关注那些繁冗奇异的花卉、引人入胜的神兽、任性随意的线条之时，逻辑思维就让位于对纯粹感觉的追求，因此，一些意想不到的神奇效果便产生了。似乎，这个极其奉行实用主义而又非常脚踏实地的民族，他们对于艺术的理解是：眼睛的愉悦并非艺术的出发点，而是艺术的终极目的，艺术并不是为激发灵魂而服务。

图32

图32，笔筒，釉下青花纹饰，描绘了皇帝访问他的一位老侍从。侍从在自己的家中向他的主人表示欢迎。侍从家是九世同堂，因此皇帝面前站立了各个年龄段的人。此器物于第四阶段烧造。高18厘米，萨代尔的个人收藏。

有时，在一些器物上，人们会看到一些具有纪念意义的主题，正如图32的这只笔筒，结合图中人物服饰与流传下来的故事，我们不难推测，此笔筒纹饰展示了一个受到极大恩典的家庭，他们有幸接待天子。我们欧洲文化喜欢过度强调分门别类的重要性，有时这种偏执使我们容易犯下极大的错误。我们总是试图通过一件中国瓷器的外形和纹饰中透露的有效信息来判断瓷器的用途，甚至妄图解开瓷器的一系列谜题，比如它是为谁烧造的，主人的职业、习惯，等等。我们经常妄下结论：这只花瓶一定是为皇帝烧造的，那一件器物肯定是为一位武夫烧制的，还有一件是送给官员的。我们"鉴定"的范围涉及瓷碗、瓷杯、瓷壶，甚至包括一些具有象征意义的用于宗教仪式的神圣瓷盘。为了展示这一有些幼稚的鉴定方式，笔者只能微笑着在我们自己身边寻找例证。在曾经的欧洲，类似的操作常常发生，并且直至今日仍然屡见不鲜。塞夫勒窑厂装饰的瓷器在18世纪欧洲大受欢迎之时，那些备受青睐、颜色粉嫩的软性瓷器并非全部径直送至蓬巴杜夫人手中。塞夫勒烧造的带有胜利徽章的花瓶，也并非专为莫里斯·萨克森（Maurice de Saxe）或者勒沃代尔（Lowendal）而制。带有天平纹饰的瓷盘，也可能从来都不是阿格索（D'Aguesseau）的财产。那些装饰着花卉、水果、田园野趣的水杯，大概从来都没有盛放过特里亚农宫山羊产出的高级牛奶。

图 33

图 33，此图是图 32 笔筒上纹饰展开后的全貌。

中国的艺术家也并没有比我们欧洲的工匠更专一。为了纹饰的创作，他们绞尽脑汁，跟随着自己的心意与创作时刹那间的灵感，对各类主题都进行过尝试。

图像展示

　　我们的读者在阅读本书的过程中将有机会看到众多瓷器，可以借此感受瓷器纹饰的多样性。为了让读者更好理解纹饰的含义，笔者将在下面的篇幅中对一些常见的符号与图样进行一番介绍。如果读者希望对大部分纹饰奥义有所理解，就必须对这些图样有基本的认知。

　　有许多纹饰主题与宗教训诫有关。首先就是于9世纪时由阿拉伯商人传入中国的伊斯兰教。此外还有关于佛教的内容，佛教传入中国的时间为公元65年，汉明帝在梦中遇见了这位西方圣人——佛陀，他遂派遣使团一行人至印度探寻此事，随使团归来的印度僧人将佛教传播至中国。除伊斯兰教、佛教之外，中国瓷器常见纹饰还会涉及一些中国特有的民间宗教信仰。

　　瓷器上绘伊斯兰教纹饰的情况较为罕见，并且此类纹饰也

图 34

不易辨识，一般仅出现于专为外销波斯及其他伊斯兰国家的瓷器之上。

图 34，波斯蓝地瓷碗，外壁饰有网格状纹，每个网格里都绘有金色的新月形状。碗上方边缘绘有一周纹饰，上下分别以两道黑色和绿色的弦纹作为边界。碗周有三块开光，内书以阿拉伯文字写就的神话，并做描金处理。此碗烧造于第五阶段。萨代尔的个人收藏。

至于涉及佛教主题的瓷器，一般主要以小型瓷雕的形式呈现，瓷雕的形态各异。有时会展示释迦牟尼佛智者思考着有关智慧与科学的终极问题的沉着状态。他的腿交叉盘坐，手伸向膝盖，他的坐椅是一朵巨大的莲花。有时他的形象与梵天（Brahma）相结合，于是佛像便有了许多组胳膊，每个胳膊的手掌都刻印着象征上天与人间馈赠的佛教标志。

66

图 35

图35，佛陀像，粉彩装饰，烧造于第五阶段。高16厘米。
莫兰的个人收藏，布鲁塞尔。

四位最高神灵

其他佛教概念常常和中国民间不同宗教混合，因为时间久远，人们对这些宗教的起源知之甚少。我们可以将这些信仰归为同一类型：某一超自然、不可见的力量，掌控、管理着全世界的所有元素，"上帝"是这一切的最高精神统治者。中国人祭拜的最高神灵共有四位，其中便包括上帝。上帝的表现形式是一只神奇的动物，它法力无边、外形非常恐怖，可居住在天上、地上，或是海底深处。

上帝的表现形式名叫"龙"，它的灵性笼罩着一年四季。龙的身体被巨大的鳞片覆盖，四只脚都长有五爪，游动时可见它身上弯弯曲曲的褶皱。龙的头显得强劲有力，头顶上长有两个犄角，面部有长长的触角。外表如此彪悍的它，在秋冬两季居住在深海底。在春季来临的时候，它便离开自己潮湿的栖息

图 36

地，同时它的名字也会发生变化。它会飞翔至高山的顶端，在那里短暂歇息以便继续翱翔、抵达天庭。这时，它才变成真正的"龙"，直到夏季结尾，它便再次潜回它的海洋栖息地。

图 36，代表皇家的龙。

龙还是尘间俗世中权力的象征。因此，龙纹饰常被缝制于皇帝的服饰与旗子上，它就如同皇帝的徽章。在皇宫中，龙纹饰可谓无处不在，那些皇家专用的器物上也装饰有龙。在某些场合，需要严格遵守繁文缛节，皇帝的儿子与兄弟也穿戴龙纹。

体形瘦小且仅长有四爪的龙，是次等王爷的特殊象征。而仅有三爪、体形更加小巧甚至有些类似于蛇的动物，通常指向更低等的皇亲、高官。

凤凰在神兽排行榜中位列第二。它是一种永生的鸟，象征着力与美。它的形象由一半鹰和一半孔雀组成。它生活在高空中，除了在需要向人类通报喜讯之时，它几乎从来不会靠近地面。凤凰曾经是天堂中最高权力的象征，因此，当龙被天子们选择为自己的图腾后，凤凰就成了皇后以及武将的标志。

图 37

　　图 37，瓷盘，纹饰繁缛华丽，素三彩装饰。盘子的边饰展示了生动的风景图，其中有凤凰与麒麟的身影。瓷盘烧造于第四阶段末期。直径 27 厘米。萨代尔的个人收藏。

　　排行榜中位列凤凰之后的便是麒麟，这是一种神奇的动物，代表了吉祥如意与幸福美满。它的头部看起来有些恐怖，长有许多触角，并且和龙相似，它还有长长的须。它的身体体态比龙更为优美，让人联想到梅花鹿。麒麟也长满了鳞片，身体的上部还长有一排尖刺。它的腿细长且可以展开得很宽，腿的末端是分叉的蹄。麒麟常常出现于宫殿与庙宇之中，尽管身躯巨大，却能以令人晕眩的速度飞驰，往来于世界的各个角落，所过之处不留一丝痕迹，并且，在它移动的过程中，还会避免踩到任何活物。

福狮，是瑞兽系列中的最后一位，在欧洲，它也被人们称作"中国狮"或者"神狮"。它可出现于各种场合，或坐或趴，或是站立着，高昂着它强劲有力、体积硕大的头颅。它的眼睛从眼眶中凸出，它那半张开的嘴中展露着气势汹汹的獠牙。沿着它的脊柱顶端，可以看到一串尖尖的鳞片，鳞片到福狮尾部逐渐过渡为狮鬣。它尾巴上有很多硬毛，看起来就像插满了飞镖。它张开的利爪露出四个长长的尖甲，为其吓人的模样做了最后的补充。

福狮是和平、宁静、幸福安乐的象征。它还是寺庙和宅邸的自然守护神，佛祖像的必然伴侣。在几乎所有场景中，被置于基座上的福狮都会以供奉的形式出现在佛祖身旁。它的身上扛着一个小管，里面用来放置安息香，这个散发香味的小管以神灵的名义日复一日地燃烧。

图 38

图 39

图 40

图 38，福狮，素胎上施松石绿釉，立于紫罗兰色基座之上。雕像烧造于第四阶段。高 17 厘米。萨代尔的个人收藏。

图 39 和图 40，福狮，素胎上绘山茶花叶纹，狮鬣和尾巴都为紫灰色，一个立于树叶之上，另一个立于镂空基座之上。烧造于第四阶段。高 13 厘米。萨代尔的个人收藏。

瓷器用途广泛，因此种类也是无穷无尽。对于穷人而言，他们会使用纹饰简单的器物，官员会使用更加奢华的瓷器来装饰宅邸。那些纹饰繁缛华美的器物通常用来装饰宫殿中的祭祀场所以及庙宇。

通常，这种带有小管子的装饰代表着幸福与长寿，它有时也会出现在动物的前方（参见上图）。

地位稍低的七大神仙，人间福祉的传布者

除了以上四位代表了上天最高旨意的神灵，中国人同印度人一样，还创造了七位低一等级的神灵，但是他们所受到的崇拜丝毫不逊于前文的四个瑞兽。因为这七位神仙负责分配现世生活中的所有富贵福泽。追求现世安稳是中国人的唯一目标，他们并不怎么刻意追求打造更加美好的未来。

画家和雕塑家们为这些神仙创造了多重形象。他们所代表的人间幸福元素有：长寿、豁达、荣耀、富足、爱、学识与才能。

掌管长寿的神仙名叫"寿老"，他同时也掌管科学。他的形象通常是一个有白胡子、白头发的小老头，额头有些凸出，显得不太协调。寿老的形象其实是由哲学家老子演化而来的，老子生活在公元前6世纪，他的理论玄妙且艰涩，是道教

的基础。在这位大师去世之后，他的信徒们迅速投身于迷信与神秘科学的实践中。老子首先是这些道教信徒心目中的完美符号（或者说是完美"祭品"）。对于信徒而言，老子是一个超自然的存在，也有人说他是龙的儿子，还有传说称一位身体欠佳的妇女身怀老子将近一个世纪才将其生下，因此老子一出生就有老者之相，眉毛、胡子和头发都是花白的，所以人们唤他为"老子"（老孩子）。老子出生后，他又在人世间生活了几百年，在此期间他练习冥想，并且研习这为他带来长生不老之躯的玄之又玄的科学，因此老子又被命名为"寿老"，"寿"代表长寿。并且，只有拥有如此巨大的头颅，才能够装下如此多的学识。

注意不要将老子与伟大的中国哲学家孔子混淆。在欧洲，孔子也被称为"孔夫子"（Confucius），他的生活年代大约比老子晚20~30年。孔子致力于将淳朴的风俗与恒久不变的理教带给他的国家，但是，不论是他本人，还是他那些被称为"儒教徒"的弟子们，都没能阻止理教的日渐衰落以及人们对享乐的崇尚与追求。孔夫子的理论仅仅被一些大儒采用，最终只是哲学家和文人的专属。

图41，无釉小雕像，传统素三彩纹饰。雕像展示的是寿老，他是一位长寿之神。雕像呈坐姿，手捧一种名为蟠桃的神

图 41

奇果实，能够让人长生不老。他身着绿色长袍，袍子上面有仿刺绣的纹饰，还绘有用黑彩勾边、内填紫罗兰彩和黄彩的寿桃和仙鹤。雕像的头部和手部均未使用彩料装饰。此雕像烧造于第三阶段。高 25 厘米。萨代尔的个人收藏。

让我们再回来继续讨论寿老以及以它为蓝本的成千上万种陶瓷制品。这位中国神话人物手中所持物品，有时是蟠桃，有时是神龟，有时是文人的经卷或者代表力量的权杖。因此有时人们会无法分清谁是寿老，谁是上帝。

图 42，身骑白鹿的寿老，手持权杖。这是巴黎赛努奇

图 42

（Cernuschi）系列收藏中的一尊青铜雕像。

在绘画中较为常见的是寿老与代表着温柔的白鹿或者梅花鹿相伴，或是有寿命同样较长的白鹤伴其左右，又或是被一种神奇的蘑菇——灵芝所环绕，灵芝这种植物有助于延年益寿。此外，寿老的服饰上还常常重复出现"寿"字，以作为一种点缀。

长寿的女性化体现是"西王母"，这是一位高贵、纤细的女士，手持一个灵芝或是一根长满水果的树枝，她通常藏身于树下，身旁伴有白鹿或梅花鹿。她是永恒青春的高雅象征。

71

图 43

图 43，粉彩大盘，盘的边缘饰有对称的折枝花卉。盘中央绘西王母，手持灵芝立身于一棵开花的桃树下。她身边还绘有一位孩童，这位孩童是青春的化身。为西王母递来寿桃的梅花鹿则预示着极致的高雅。此大盘的足底有机械刻印的德累斯顿博物馆的编号。器物烧造于第五阶段。直径 37 厘米。萨代尔的个人收藏。

"布袋和尚"是喜乐之神。他的形象通常是坐在地上的，

图44

图45

倚靠着一个布袋。从他那张舒展的笑脸上，我们可以断定他那布袋里装的东西一定可以带来持久的满足感。他以肥胖的身躯驰名欧洲，可谓家喻户晓，人们称他"菩萨"。

图44，布袋和尚像，传统的青灰色瓷，有开片。烧造于第三阶段。萨代尔的个人收藏。

图45，布袋和尚像，釉下青花纹饰。烧造于第五阶段。赛努奇的个人收藏，巴黎。

荣耀之神"毗沙门"，通常身着华丽服饰。有时身披铠甲，头戴闪闪发光的头盔，有时穿着长袍，长袍布满多彩的小方块，形状似乎是方形或菱形，所有方块又被连缀在一起。他的衣服总让人联想到滑稽戏演员的装束。在古时，这种类型的服装被称为

72

"万姓衣"，因为服饰上的不同色块代表了社会的不同阶级。百姓们会向他们尊敬的官员献上这位荣耀之神（参见图Ⅰ）。

财富之神"大黑天"，身穿华冠丽服，头戴象征着荣耀的帽子，身后跟随着无数仆人。在陶瓷作品中，这个神较少出现。中国人若想表现繁荣富有，通常会描画一位风度翩翩的人物，许多孩童环绕其左右，这样便能同时表现出多子多孙与繁荣兴旺，中国人认为二者是相伴相生的（参见图Ⅱ）。

相比较那些示人的、外部的、张扬的财富之外，中国人更加重视无形的、私人的、不必示人的财富。隐藏的财富同样也可以给人以欢乐，因此也有其相对应的神灵。然而这位神灵的形象却

III

是一只丑陋的蟾蜍，它生活在石缝或洞穴之中。所以，它既是财富的象征，也是吝啬的象征，同时还是节俭的象征（参见图 III）。

爱情女神"弁财天女"，是一位装束优雅的年轻女子，有种既慵懒又轻浮的魅力。她手持一件乐器，似乎永远在弹奏一首关于春天的乐曲。大部分时候，她坐在一个湖旁边，望着两只鸳鸯戏水。鸳鸯是夫妻爱情的象征。有时，她以东方人的方式蹲坐，观察小水池中一对红鱼的戏耍，这是一幅非常和谐的家居图景。

才学女神"吉祥天女"，通常为站姿，她那半张开的双手中不断有珍珠飞出。珍珠会落在那些凡间的幸运儿头上，对于他们而言，每颗珍珠都代表着智慧、科学或者才能。

博学多知的文人大臣"文圣"象征了科学、文学方面的才华。这位文圣生活在宋朝，他的形象是一位老者，头戴昭示荣耀的官帽，手持笏板，有时他的身旁绘有玉圭、砚台、毛笔或是诗人常用的古琴。

最后是灵感与启迪的象征——一匹神圣的马，毛为简单的杂色。通常，它会与一位智者同时出现，这位智者致力于通过文字记录思想，他在对知识的探索过程中，最先发明了大篆字体。

图 46

图 46，花盆，敞口，呈六方形，六面中的五面饰有骏马浮雕，毛色各异，带有奇怪的斑点。第六面描绘了一位人物，坐在树下，头戴高贵的官帽，手握文人的经卷。他所呈现出的

冥想状态让我们认为，画工所展现的是篆体字的创始人，并且通过圣马的变化来暗示他在探索文字时所经历的心路历程。这些纹饰的造型是如此的完美，器物通体使用素三彩工艺，花盆的口、足边描青铜边饰。此花瓶烧造于第三阶段末期。高23厘米，直径36厘米。莱昂·富德（Léon Fould）的个人收藏，巴黎。

观音女神

在这一系列中的四只神兽以及七位神仙之外，还有其他的拟人化形象，第一位要提及的就是"观音"女神。观音像的数量真是数不胜数，要么是传统的白瓷像，要么是带有纹饰的。观音是一位头戴面纱的优雅女性，目光低垂，显得很谨慎。

73

她有时站立在浪潮之巅，有时席地而坐，或者如同佛陀一样坐在一朵莲花里。她的脖子上挂着一个非常华丽的项链，搭配有吊坠。有时项链坠是一个十字架，所以我们欧洲人便猜测：中国人可能早已对圣母有所认识，并且所展示的雕像正是圣母。这个十字架有时会被印度的"卍"代替，这个记号代表着万物之灵，也是佛教创始人的标志，主宰万物，中文称其为"万字"。

观音通常独自出现，身旁没有弟子。但是有时她会被一些孩童环绕，或者是仙鹤、梅花鹿、凤凰。有时，她手持挂有蟠桃的树枝。

在不同场景中，她有时属于佛教神灵，有时则代表了其他中国教派，被比喻为科学之神、长寿之神以及力量之神。人们也称她为"南海观音"，将其奉为渔夫的守护神和水域之神，此时她的身后一般跟随着一只金色的鱼，那是一种中国美食家长期追寻的鲤鱼。

图47，中国白瓷观音像，烧造于第五阶段。高25厘米。萨代尔的个人收藏。

图 47

八位不老仙人

在中国人的精神世界中，对于长命百岁甚至长生不老的执念占有重要地位，我们可以在许多地方见证这种执念。而这种理想又一次在一组光彩夺目的人物身上得到了体现。这组人物经常经由工匠的画笔出现在不同类型的瓷器上，值得我们做一个细致而全面的介绍，尤其值得注意的是他们的独创性：每个人都是那么的独树一帜，我们能够在许多瓷器上认出相对应的人物。对这组人物没有预先了解的业余爱好者大概无法对这些普通的小丑人物像提起足够的重视，会认为他们也许源于一些不重要的神话传说，或仅是一些常人而已。

图 48，小瓷盘，纹饰展示的是八仙站于云端，青花釉下彩，足底署"大明宣德年制"款识。然而这件瓷器应是于康熙年间烧造的，大概 1677 年左右。瓷盘直径 27 厘米。萨代尔的

图 48

个人收藏。

　　这组人物由八位长生不老的仙人组成，因此被命名为"八仙"，代表八位智者或八位圣人。有时他们独自出现，有时会以集体形象出现，并扮演首领寿老的护卫队角色。如想了解他们的命名与象征意义，请参见下文：

　　1. **汉钟离**，又名钟离权，他的形象是一位老头，肚子巨大，明显到连他的衣服都遮蔽不住。他手持芭蕉扇，可以用它来召唤那些曾是他手下败将的长生不老之人。

　　2. **吕洞宾**，他是汉钟离的徒弟，其肩头所背着的剑是他的法器，并且昭示着他具有驱散猛兽、怪物和瘟疫的能力。这把剑也是对他能成功战胜魔障、承受考验的奖励。

3. **铁拐李**，这位神仙的传说颇为有意思：每当他需要穿越云层去寻找他的师父老子时，通常只需派遣他的精神前往，在此期间，他的躯体则由一位对他忠心耿耿的徒弟保管。

然而，意想不到的事情发生了。一天，当铁拐李携魂魄归来之时，惊讶地发现他的徒弟以及他的躯体都消失不见了。这一情况迫使这位可怜人找寻了另一具不属于他的身体，这样，虽然挪用了其他人的"财产"，但至少让他可以满足最基本的需求，将魂魄附着在一具并无太大意义的躯体之上。于是，他借用了一位可怜瘸腿乞丐的身躯。为了纪念这位乞丐，铁拐李始终手持属于乞丐的拐棍以及一个葫芦，日后，二者都成了他的法器。

图 49，粉彩纹饰大盘。盘子的边缘绘有八位仙人，他们骑着各自的座驾，穿云破雾。盘子中部画有荷花盛开的池塘，

图 49

其中有一对鸳鸯在戏水，鸳鸯是爱情的象征。此瓷盘烧造于第五阶段。

4. **曹国舅**，一位军事领袖的儿子，亦是皇后的弟弟。他身着宫廷风格服饰，手持笏板。

5. **蓝采和**，她的法器是一个花篮。通常来讲，这位神仙是一位女性。然而有时也会以男人的形象出现。

6. **张果老**，这是一位快乐的魔术师，拥有一只可以驮着他长途远行的白色毛驴。这只驴有一个神奇之处，在主人不需要它的时候，可以被折叠起来，夹在主人胳膊下。张果老还拥有一件乐器，大概是竹子制作的鼓，演奏时需用两支鼓槌敲击。

7. **韩湘子**，他的形象是一位吹洞箫的乐手。吕洞宾曾向他传授科学知识，而他运动时躯体的灵活性似乎比不上他所拥有的神秘哲学才能。据传说，吕洞宾曾让他的学生韩湘子攀爬一棵神奇的桃树，韩湘子从树上摔落，因此获得了长生不老之身。

8. **何仙姑**，是一位家乡位于广东附近的女孩，她常在乡间路上一边散步、一边食用云母粉。这种奇特的食物似乎让她显得非常虚弱。但是却正是这云母粉使她获得了长生不老之身。皇宫中的女皇曾经传唤过她，于是她奉命前往，但是却从未抵达，也没有再次出现过。她的标志是肩上扛着一朵荷花。

如想列举所有在中国人眼中代表长寿的事物，这将会是一个无休无止且非常无聊的清单。比如，必须提到的有野兔、月亮、松树、桃树、桃花以及桃子。此外，还有一种名为灵芝的神奇蘑菇。这种蘑菇的颈部非常直挺，蘑菇盖呈凹陷状，它属于木本植物，非常坚硬，所以能够保存很久不会腐坏。也许这就是它成为长寿象征的原因。同时，这种蘑菇还是可以挽救人命的药品中的一味。为了使这些神仙妙药充分发挥功效，巫师们还以一种叫作佛手的香枸橼作为摆设，佛手被认为可以降魔除妖、召唤益气。这种奇异的果实有纤细的尖端，呈不规则的卷曲状，让人有种似乎准备抓东西的感觉。巫师们用佛手去触碰他们制备的长生不老药汤需要用到的一些药品。因此，佛手也是笔者刚刚列举的长寿代表中的一位，同时，它还代表福气与好兆头。石榴同佛手一样有些类似的吉祥含义，成熟的石榴种子从半开的果壳中露出头，明确代表了繁荣昌盛。

　　一年中的十二个月份也可以有拟人化的体现。以中国月份的顺序来讲，一年中的第一个月（中国人使用同一个词语来表示"月亮"与"月份"）是三月，代表形象是龙，因为龙逢三月离开大海升空。其他月份的代表分别为：蛇代表四月，马代表五月，羊代表六月，猴代表七月，鸡代表八月，狗代表九月，猪代表十月，鼠代表十一月，牛代表十二月，虎代表一月，兔代表二月。

这些生肖动物很少出现在瓷器纹饰中，但是却常常出现于青铜器、家具或象牙匾额之上。它们像星座一样排成一行。有时我们还会发现这些生肖动物以战士的形象出现，它们各自身着不同的军服，头部便是他们所代表的动物形象。

图 50

图 50，青铜大盘，明刻有篆体字、生肖以及八卦的图案。此图来自于法国国家博物馆中一本中文著作的拓本，原书名为《博古通——古代花瓶鉴赏》（Po-Kou-Tong, Descriptions des vase antiques）。

蝙　蝠

在这一清单中，我们一定勿忘添加前文提到的蝙蝠，它经常出现于各类瓷器纹饰之中，尤其是 18 世纪出品的瓷器。有时蝙蝠以本来面目出现，有时装扮出千奇百怪的模样。它的中文名字"蝙蝠"，或简写的"蝠"，和幸福的"福"发音相同。因为这一谐音的缘故，蝙蝠便成为了吉祥象征，广受大众欢迎。一般而言，蝙蝠纹会在同一器物上重复出现，一般重复三至五次。我们从弗兰克先生那里得知，当看到蝙蝠在器物上重复出现时，意味着每一只蝙蝠都代表着这世上不同类型的幸福：长寿、富足、美满、仁德、善终。

78

笔者无论如何也无法将中国人复杂的神话符号全部涵盖。中华民族重视物质且较为迷信，对于那些未知现象，他们便以超自然的因素来阐释，并将所有解释不通的事情归结为某

种神秘力量。

图 51，天蓝地大盘，点缀有描金的雕花，盘的边缘处绘有一周开光，开光中或是素三彩风景纹，或是素三彩折枝花卉纹。盘子的内底有一较大开光，所用色彩同其他小开光一样，展示有小说中的场景：一对情侣在花园中幽会，被人无意撞见，那人感到脸红的同时着实被所见之情景惊到。器物烧造于第四阶段。直径 40 厘米。萨代尔的个人收藏。

在上文所介绍的符号之外，我们还不能忘记添加上那些历史场景、传说故事、政治事件以及通俗小说中的情节。解释清楚每一个场景，似乎都能写成一本书。一般而言，这些场景很少作为瓷器纹饰的唯一主题出现，通常伴随各类缠枝花卉纹或者某些远东特有的花卉品种，尤为常见的是牡丹、菊花或者石竹花。画师们匠心独运，总是试图将花卉纹饰的形状设计得更具有观赏性或者呈对称状。

有一种特别的植物值得单独介绍一下，这便是荷花（或称莲花），它是各个时期瓷器纹饰中的常见主题。莲花品种繁多，形态大方，花色艳丽，它巨大圆形叶子的装饰效果甚佳。每逢皇帝们秋天祭祀之时，莲花的果实往往都会被用作祭品，因为莲花是丰收的象征。此外，莲花花开绚丽且气味芬芳，当春天到来，采摘这种婀娜的花卉可以成为中国妇女组织庆典与私密聚会的好借口。这种聚会并不带有宗教色彩，根据野史记载，进入秋季之时，天子组织的采莲狂欢会上时常有风流韵事发生。

79

图 52

图 52，蓝色卷叶纹盖罐，点缀有铁红色菊花纹。在此背景之上嵌有四个较大开光，开光以蓝彩绘边框，开光内展示的画片笔触细腻，均为绿色调。其一展示的是皇帝坐于水榭中欣赏莲花采摘。瓶颈处的纹饰是普通的风景图，瓶盖处有相配的风景图作为背景，上描绘婴戏纹。盖罐的青花纹均绘于上釉前的生坯之上。盖罐高 58 厘米。勒鲁瓦（Leroy）夫人的个人收藏，布鲁塞尔。

"寿""福"

　　笔者尚未提及中国人对一些标识和字符的特殊兴趣，而这些字符在瓷器纹饰中非常普遍。比如下图所示的这一花纹，内部被许多弦纹分割，总体呈对称之态，它是代表幸福的"福"字篆体的变形[①]。

　　相同类型的字符还有"寿"字，也很常见，通常点缀于花瓶纹饰之中，有时重复出现多次，有时作为边饰，有时直接覆

[①] 此处为谬误，此图应是"寿"的变形字。——译者注

盖器物的一半甚至全部。这个字也会以不同字体展现于瓷器之上。在众多复杂笔画构成的"寿"中，笔者找到了如下三个比较主要的，或者说是最为普遍的，分别为楷书、连体的大篆和小篆（参见下图）。

有时"福"和"寿"会合并成一个字符，或者以简化的写法组合起来，比如下图这一纹饰，它出现于一件古老的瓷器上。

其原本应写为：

这几个字的字面意思是：祝福您拥有幸福和长寿。在一些仿品上（或者准确来讲，在一些日本仿烧的赝品上），我们还会看到"真"与"福"二字以下面这种龙飞凤舞的形式出现。

Tchin

Fô

八　卦

　　除这些纯粹的字符以外，笔者还见到过一些奇怪的图形，这些图形的意义连中国人自己都不甚明了。不论在哪个时代，这些图形始终都是中国大儒与哲学家们写就的长篇大论中不断出现的主题。

　　笔者将列举此类图形中的两个，第一个图形出现于遥远的上古时期，大概在公元前 2500 年甚至更早。首先由神龙将其传授给伏羲，伏羲是传说中中华王朝的创立者。他第一次刻印出的图腾和我们今天所见的几乎一模一样，这个图腾被命名为"八卦"，其实就是八组悬空的线。所有线的长度一致，有时是完整的一条，有时线中间是断开的，每组内的线彼此平行，总体构成了八个不同的组合。

　　这些组合有时会整体出现在同一画面中，但更为常见的是两两出现于琮式瓶、四方瓶的各个面上。

　　众人公认八卦囊括了宇宙的所有秘密，千百年来，哲学家
与术士们坚持不懈地解读它，试图从中得到关于自然奥秘与世
界起源的答案。

图 53　　　　　　　　　　　　　　图 54

　　图 53，瓷盘，釉面仿青铜效果，上点缀有青灰色的斑点。
瓷盘表面有雕花，边缘装饰有一周希腊回纹。瓷盘边缘以内有
一圆环，圆环由一周八卦图构成。瓷盘的中心为一圆形图案，
内由阴阳组合在一起。瓷盘的款识"大清雍正年制"暗刻于瓷
胎中。器物直径 40 厘米。萨代尔的个人收藏。

　　图 54，四方瓶，素坯上施紫色釉、瓷瓶的四面均明刻有
八卦图，两组八卦图被类似于阴阳图的圆形纹饰分隔开。此瓶

图 55

烧造于第四阶段。瓶高 30 厘米。萨代尔的个人收藏。

图 55，同图 54 四方瓶的器型类似，然而更偏向于菱形，表面覆盖有紫红色的釉，紫红中又融合有白色窑变效果，有整齐的开片。瓷瓶烧造于第四阶段。瓶高 30 厘米。萨代尔的个人收藏。

阴 阳

另一个图形看起来就比八卦图要简单得多，这是一个圆形的符号，一条弯曲的线连接圆周两边，并将圆分成了等面积的两半。总体来看就好像一个圆形被两个紧挨的眼睛状图形全部占据，两部分的颜色是相异的。这个符号象征创造力的聚集整合。阳与阴，一个代表正、阳性、高尚；另一个代表负、阴性、柔软。

文字、公正、才华、音乐、权力的象征

为了不遗漏任何一个易于理解的象征性符号，笔者还会在下文继续介绍一些常见的纹饰符号。

文字与书画通常使用毛笔、画卷、研磨墨与颜料的石头来表示，这几样物品会被捆绑成一束（如下图）。

司法公正由圭来代表，圭是一种会发出声响的器物，通常由玉石或者瓷器制成。它有各种形状，但最常见的是菱形状。圭一般会被缎带缠绕，以用于悬挂法庭之上。告状的人在到达

法庭之时会敲击圭，同时亦表示自己对法官的判罚采取绝对服从的态度（如下图 I）。

才华学识的象征是吉祥天女手中掉落的珍珠（如下图 II）。

音乐的象征是一组乐器。最后要提到的是，和欧洲一样，在中国权力与命令的代表亦是权杖（参见下图 III）。

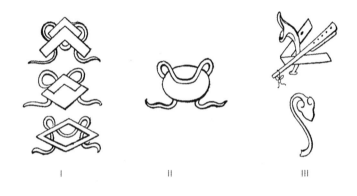

I   II   III

对中国符号这番浮光掠影的介绍足够让我们反驳一些轻视中国审美的偏颇之辞。1750 年，一位妒火中烧的意大利马约里卡锡釉陶爱好者曾有点激动地控诉了人们对新样式的执迷不悟，抒发了他心中的悲苦。他认为新样式使得佩萨罗（Pesaro）、乌尔比诺（Urbino）和法恩扎等地的彩陶遭受了不公，并且严重影响了卢卡·德拉·罗比亚等人的创作。

他说道："这些引进的外来瓷器给我们的生产商带来了沉重的打击，人们欣赏外来瓷的透明与精细，外来瓷丰富迷人的色彩亦让人浮想联翩。然而那些瓷器上不过就是描画着粗糙且毫无含义的中国竹子，便吸引了人类中这些不怎么有品位的群体的目光，并使其折服。我在猜测，如今，甚至从今以后的数年，我们的上流社会可能只会沉湎于这些印度产品，蔑视我们的意大利锡釉陶，会觉得锡釉陶代表了不入流的审美观，并且只适合普通老百姓使用。"

像帕塞里（Passeri）这样，但凡遇到和自己所好相异的人，比如那些喜欢东方瓷器的官宦人士，就将他们归为无知、没有品位，这是一种非常外行的行为。独尊自己爱好的事物，对其他事物采取独断排他的态度，这是应该被讨伐的。但是，同时要批判的，还有他对中国瓷器纹饰中出现的"毫无意义的竹子"所下的论断。

如果帕塞里对东方文化有稍多的了解，他或许可以透过这些中国神话中怪异的人物和奇特的神兽，看到异域人民对自己精神世界的抒发。可以参考下我们希腊神话与罗马神话，其中也包含许多形似人形的神，只不过中国人并未将所有神灵都赋予人形而已。在驳斥帕塞里的言论时，笔者有了一个有趣的想法：如果邀请一位中国官员观赏一组马约里卡陶器，他同样也会对那些拟人化的神像一无所知，感到一头雾水。然而对于我们而言，这些神话传说中的人物却是智慧与创新的非凡表现。

笔者很好奇这位中国官员会在自己的异域游记中记录些什么。这位探索异域的人士可能会描绘那些长有羊角和羊蹄的森林之神，沉迷于神鹅抚摸的勒达（Léda），在灌木丛中窥探且长有鹿头的阿克特翁（Actéon），把头发束成月牙状的戴安娜（Diane）。

请尊重各个民族的创意吧，不要贬低任何形式的对人文精神的展现。希望帕塞里不会再苛责中国人笔下诡异的神兽，也许中国官员也会试着欣赏艺术家乌尔比诺以及法恩扎创作的勒达之鹅、欧罗巴（Europe）之牛、潘神（Pan）之笛、安菲特里忒（Amphitrite）之随从。

除以上关涉到原则的宣言之外，笔者还想着重强调：切忌将自己禁锢于固有的想法。我们生活在当今这个时代，生活在欧洲大陆，所以欧洲的马约里卡陶器自然而然表达的是我们自己的创造思维，却无法展示中国人所熟悉的主题。我们始终被文艺复兴时代备受追捧的充满人文精神的优美神话影响，我们因此便理所当然认为欧洲瓷器展现的纹饰与体现的思想毋庸置疑是比中国高出一等的。但我们还至少要意识到，中国人拥有真正的绘画才能，可以用粗线条灵活表现出事物的精神内核。比如，人物的长衫可以展现出一种罕见的灵活性。有时，中国画家的笔触可以描绘出让人愉悦的神韵，透露出其思想之自由与手法之巧妙。中国人没有绘画裸体像的传统，不懂得明暗透视或运用中间色调。但是他们会将明亮色彩恰当搭配，以映射出和谐的气韵。在我们的观念里，即使不能将他们列为合格的画家，也至少要承认他们是出类拔萃且难于模仿的装饰艺术家。

上文介绍的知识已足够帮助读者理解并欣赏中国纹饰了。然而，我们却还是无法搞清器物的烧造年代，因为同样的标志以及那些涉及宗教、神话、历史的符号被无限反复地使用，贯穿了历史的各个时期。一代又一代的画师似乎只是志在反复重复他们的前辈。所幸的是，创意的缺少并没有妨碍中国艺术家对自身的看重。虽然在创作时缺乏创新精神，但是他们会在自己创作的最满意的器物上仔细签上名字来表明原创身份。如果收藏者可以在瓷器上发现其他指明瓷器烧造年代的痕迹的话，这些签名对于收藏者来讲意义就不大了。中国的陶瓷工艺都是非常有辨识度的，并不需要任何形式的标注，但是这些签名可以帮助我们明确敲定瓷器的生产时间，还是非常有价值的。

笔者曾经介绍过，工匠们在将器物放置于窑炉之前，会将瓷器的款识标记于瓷器足底，即瓷器的确切烧造时间。但是，要么就是窑工偶尔遗漏了这道程序，要么就是他们希望可以保留确认瓷器烧成后完美无缺的权力，因此有时需要由画工负责添加款识、刻印生产日期，以及标明烧造者的名字。画工并不将款识藏在足底，而是将签名放置于器表明显位置，使其与纹饰融为一体。它或许以小故事的形式出现于纹饰附近，或是占据边饰或一整个开光。还有的款识模仿了某件物品、某个图腾或符号的形状；有时也可能随意附着在一片叶子、一个圆圈上；或是伪装成装饰花样，出现在边饰的背景中。

款识不论被放置于什么位置，对其正确的解读都能体现出收藏者对中国瓷器生产史和艺术史的了解。当然，这是建立在器物的生产细节都可知悉，与此同时我们还能够对这些细节有绝对信心的前提之上的。不幸的是，许多指明瓷器烧造年代的款识可信度并不甚高。此外，我们距离能够完全判定所有器物的真实价值与生产契机还相差很远。对一些伪造瓷器的研究是最能引起我们兴趣的，笔者会在后文中专门介绍我们对这类瓷器的认识。

款识总体分为两大类，二者之间区别较大。第一类指明瓷器烧造的年代；而第二类被称为窑厂专属款识，由窑工发挥个人想象力创制，在各类器型中都有出现，此类款识的特点是较为多样，并无普遍相似点可总结。

表明瓷器烧造日期的款识

让我们首先来介绍第一类。我们首先要了解的是，这类款识的目的是以文字形式记载瓷器烧造之时统治者的信息。中国人将这类信息称为"年号"。在汉语中，年号不但用于专指一位皇帝当政的那段年月，而且相应的年号亦是在位皇帝的名字。这一双重含义的意思是：中国的最高统领在执政时期并不使用自己真实的名字。当一位天子登基，他会选择一个名称来特指他自己，这一名称同时还代表他在位的所有时日或一段时日。如果他愿意的话，可以在当权期间将年号更换数次。

皇帝去世，最高内阁的大臣们会选择一个名字来专指刚刚结束的先皇统治时期，这一名字会被记录在祖先的宗祠中，名为"庙号"。但是这一历史性的名字从不会出现在瓷器上，因此我们只需要了解第一种，即"年号"。

"康熙"这一年号（康熙的意思是"平静喜乐"）特指从1662年至1722年在位的帝王，同时，还代表这61年的漫长时光。

　　年号"乾隆"（乾隆的意思是"上天佑护"）特指1736年到1796年这段时间，以及此间当政的皇帝。而年号"咸丰"（咸丰的意思是"万物丰饶"）指1851年至1861，以及这位1851年登基的帝王。咸丰皇帝当初选择这一年号大概是为了图一个吉祥的兆头。但是这位年轻皇帝的心愿未能达成，因为美满繁荣并不是这段时间的主题。这段短暂的时期彻底被最残酷的战争、最可怕的暴动与灾祸所填满。

　　咸丰皇帝去世后，接任权力的摄政王选取了"同治"（"共同统治或摄政"之意）这一年号。同治皇帝去世于1875年，当今的皇帝采取了"光绪"（"继续荣耀"之意）这一年号。如果他没有意愿改变的话，"光绪"即成为他当政全部年月的代号。如今的皇帝都无意在执政期间改变他们的年号，一般来讲一个年号会使用终生。更换年号的传统一般要追溯到元朝，即明朝之前的那个朝代。那时候的皇帝会将自己的统治时期分成若干段。最后一位以"顺帝"为庙号进驻宗祠的皇帝，他统治期间的年号先后为：

元统（1333—1335）

至元（1335—1341）

至正（1341—1368）

宋真宗皇帝曾以"景德"（1004—1007）为年号。在景德时期，他命人在江西省昌南镇建立了瓷器生产厂，他下令所有在昌南镇烧造的瓷器，均需于足底刻印四字款识："景德年制"。

昌南镇自此便更名为"景德镇"，这一命名被保留至今。景德镇具有特殊的地理位置，一方面靠近长石山，方便工匠取用高岭土；另一方面毗邻江河，保证了城市快速、繁荣的发展。众多烧窑工人在御窑厂附近建立了自己的窑厂。没过多久，景德镇就发展为瓷器生产重镇，而提供给皇家的御用瓷器几乎都出自这里。

景德镇的创建者宋真宗去世后，后世生产的瓷器就刻印上继任者的年号。年复一年，时光荏苒，历史的车轮转到了康熙十六年的1677年，当时景德镇的县令张齐仲突然下令禁止窑工、画匠在瓷器上书写年号或模仿历史人物字迹。其理由是：如果瓷器被打碎，将会是对所书年号的皇帝或历史圣贤的冒犯，甚至是对他们的亵渎。

瓷器足底的年号款识并无固定的规律可循，字符常常以不同形式整合排列。但是，不管字符被放置在什么位置，都需要绝对遵守中国语言的阅读顺序。瓷器上所有汉字都需要遵循从上到下、从右边第一列开始逐渐向左的顺序来进行阅读。笔者会在后文中介绍汉语与我们文字在构成上的一些区别。为了将中文翻译为法语，我们需要注意调换单词的顺序。

年号中最常见的组合如下所示：

87 根据中国人的阅读规律，需要从右向左阅读。即，一、永乐年制；二、大明宣德制；三、大明成化年制。

以下是逐字翻译：

一、烧制于永乐（1403—1424）年间。

二、烧制于大明朝宣德（1426—1435）年间。

三、烧制于大明朝成化（1465—1487）年间。

A	B	C
製 年 樂 永	製 德 宣 明 大	製 年 化 成 明 大
4 3 2 1	5 4 3 2 1	6 5 4 3 2 1
tchi - nien - lo - Yong	tchi - te - Siouen - Ming - ta	tchi - nien - hoa - Tch'ing - Ming - ta.

四、烧制于大明朝（1368—1644）。

五、烧制于大明朝正德（1506—1521）年间。

六、烧制于嘉靖（1522—1566）年间。

D	E	F
年大 製明	年正大 製德明	年嘉 製靖
ta-Ming-nien-tchi	ta-Ming-Tching-te-nien-tchi	Kia-tsing-nien-tchi

七、烧制于大明朝万历（1573—1620）年间。

八、烧制于大清朝（自1636年起）。

九、烧制于大清朝康熙（1662—1722）年间。

G	H	
曆大 年明 製萬	年大 製清	熙大 年清 製康
ta-Ming-Wan-li-nien-tchi	ta-Thsing-nien-tchi	ta-Thsing-Khang-hy-nien-tchi

以上这些例子着重告诉我们的是：年号中总是包含这两个汉字——"年制"，一般"年制"二字会伴随着朝代的名字或皇帝的名字，这些信息将瓷器烧造的具体时间范围缩小。有时，皇帝的名字与他所属朝代的名字会同时出现于年款中。

让我们来继续前文对款识的回顾。刚才我们讲到疯狂而又迷信的景德镇县令禁止窑工们在他们生产的易碎物品上刻印皇帝年号以及圣贤名字，这一让人恼火的命令必然是经过了天子的批准的。因为，在其后康熙皇帝当朝的四十年间，在瓷器上

88

书写年款这一传统似乎完全被废止了。

中国瓷器学者们曾提到过这一事件，但是却未曾告诉我们当年款突然被官方禁绝后，窑工们用什么来替代。难道窑工和画工们就不再在他们烧造的瓷器上书写款识了吗？或许更可能的一种情况是，他们转而使用了传统的标注款识的方式——在瓷器上刻印他们自己的名字或者窑厂的名字。

在我们日常遇到的产于那一阶段的瓷器上，常常可以看到窑厂款识，不论是那些明显为适应中国人使用习惯生产的中国样式瓷器，还是那些毋庸置疑专为欧洲人烧造的款式。似乎有理由认为，大量的窑厂款识是在那四十年间进入市场的。以下两个事实进一步证明了我们的猜想：恰好是在 1677 年至 1723 年间的这段时间里，大批商船从中国驶往西方；此外，窑厂款识似乎在 1723 年开始的下一历史阶段初期就废弃不用了。在 1723 年至 1736 年间，花样繁多的瓷器继续源源不断被运到欧洲，其中就包括粉彩工艺瓷器。我们在粉彩瓷上不再能寻找到窑厂款识了，却发现上面再一次出现了皇帝的年号。

在雍正当朝时期（1723—1735），相较于不久前新颁布的禁令，景德镇的部分窑工还是更愿意忠诚于古老的传统。因此，他们又重拾了书写皇帝年号的传统。大部分窑工采取了中立的态度，既要保证对老皇帝康熙禁令的尊重，也要表达对回归传统做法的渴望，毕竟这一传统已经沿袭了六个世纪。于是，他们使用小篆体将年款精心刻印在方形印章上，这些印章工艺精巧，看起来就像刻印于宋朝或明朝早期一样。而这种形式的刻章手艺几乎失传，只有专家才能辨伪。于是，这种违抗禁令的方式就显得没有那么明目张胆，抗命的罪责也就轻了很多。

笔者在此举两件花瓶为例，它们都带有这一过渡时期的痕迹，足底皆署"雍正年制"款识，一个为楷书，另一个为小篆，均以图章形式出现。

89

图 56

图 56，瓷花瓶，纹饰绘于素器之上，使用了钴蓝彩和铜红彩。纹饰展示了一位巫师，站立于海边的岩石之上。他正在

施魔法，而这无疑是美好的预兆，因为在他身边泛起的迷雾中出现了两只蝙蝠，蝙蝠是幸福的象征。署楷体"雍正年制"四字款。器物还带有另一完全相同的年款，以图章形式出现。花瓶高 24 厘米。

曾经的规定一旦恢复，古老的传统便又迅速推广开来，并逐渐成为了唯一惯例。不仅在雍正年间，甚至在其后乾隆（1736—1796）当朝的漫长岁月里，这一传统都在延续，在其后继任的数位皇帝统治时期都是如此，一直持续到如今。

部分图章形式的款识采用釉下青花描画，部分使用了釉上红彩。但是，最常见的做法还是在上釉之前将图章刻印于瓷泥中，造成雕刻的效果。

笔者仅需举三四个例子，就足够让读者轻松掌握辨识普通楷书款年号的技能。

A   B   C   D

一、烧制于大清朝（自 1636 年起执政至今的朝代）。

二、烧制于大清朝雍正（1723—1735）年间。

90

三、烧制于大清朝乾隆（1736—1796）年间。笔者将用此款识作为示例，按照中文规则将字符横向排列（如下图所示）。

6 . . . 5 . . . 4 . . . 3 . . 2 . . . 1
tchi . . . nien . . . long . . . Kien . . Thsing . . . ta.

四、烧制于大清朝嘉庆（1796—1820）年间。

类似形制的使用小篆或篆体的图章款，有时其书写内容展示的是窑厂标志或是神话传说。从下面笔者列举的例子来看，这类款识总体而言并不会提供过多有意义的信息，并且还甚为罕见，且极其难于辨识，仅仅出现于18世纪末烧造的甚至是当代烧造的瓷器之上。

上文的阐述只可以帮助读者们辨认那些标明瓷器烧造时皇帝年号的款识，不论其字体是楷体还是篆体。

我们需要探究年号列表中那两个不断变动的汉字的意思。这两字同时亦是中国皇帝的名字。中国人为拥有精准的时代纪年方式而感到骄傲。他们的历代年谱中记录了22个不同的朝代，第一个朝代最早可追溯至公元前2200年。

在这一段漫长的岁月中，不同政权不断地更迭，对于中国人而言，这些政权将历史划分成了若干阶段。而对于我们而言，仅仅需要关心瓷器创烧后，尤其是瓷器以年号作为款识之后的历史，即自景德时代（1004—1007）起的历史。此外，我们比较肯定的是，欧洲人所拥有的最古老瓷器的烧造年代大概可以追溯到明朝早期的几位皇帝统治时期。为了让我们的读者储备充足的知识，笔者会从一个特别的角度来介绍王朝的年代更替，希望这可以教会读者判断所有瓷器年号的时间。为达到这一目的，笔者需要在下文中列出公元6世纪末期之后出现的所有朝代，以及最后两个朝代所有皇帝的名字，这两个朝代是1368年后的明朝以及清朝，而清朝则是由鞑靼人统治的。鞑靼人作为中国的当权者，他们在经历了25年不间断战争之后，最终赢得了胜利，获得了合法的统治权。天命是第一位昭告天下封自己为皇帝以及真命天子的鞑靼领袖，那是1626年，当政的是中国皇帝泰昌①。

自1626年起一直到篡权者最终夺得大位，在此期间一直有两个家族在执政：北部和西部归清朝统治，南部属于明朝，明朝在最后阶段一直有皇帝在位，目睹着他们的竞争对手步步紧逼，取得节节胜利，并最终于1644年占领了全国的疆土。

但是中国的正史并不承认天命是"天子"，也不承认混战

91

---

① 此处作者误写为泰昌皇帝，1626年当政的应为天启皇帝。而努尔哈赤于1626年去世，并非在这一年称帝。此为另一谬误。——译者注

年代继承天命的鞑靼首领的天子身份，这两位首领的年号相继为 [1]：

天聪，1627 年登基。

崇德，1636 年登基。

而中国正史中记录的清朝，正式开始于顺治帝 1644 年登基。同时，正史便不再承认明朝皇室那些要么流亡、要么死亡的子孙。

弘光，1644 年登基。

绍武，1646 年登基。

隆武，1646 年登基。

永历，1647 年登基。

这些后来的皇帝在他们失去权力后继续负隅顽抗，仍旧称自己为皇帝。

依照中国历史学家的传统，笔者谨慎地从名单中去掉了一些皇帝的名字。笔者亦相信我们不会在任何瓷器上找到他们的年号。

在隋朝（始于公元 581 年）之后，唐朝首领于公元 618 年登上皇位。

---

[1] 此处为谬误，作者认为天聪、崇德代表了两位清帝，事实上这两个年号都属于皇太极一人。——译者注

第十四个朝代，后梁，始于公元 907 年。

第十五个朝代，后唐，始于公元 923 年。

第十六个朝代，后晋，始于公元 936 年。

第十七个朝代，后汉，始于公元 947 年。

第十八个朝代，后周，始于公元 951 年。

第十九个朝代，宋朝的北宋阶段，始于公元 960 年。宋朝的南宋阶段，始于公元 1127 年。

第二十个朝代，元朝，始于公元 1271 年。

第二十一个朝代，明朝，始于公元 1368 年。

最后一个朝代持续了将近 300 年，即中国的清朝，于 1636 年创建。

接下来，笔者将以表格的形式，按照时间顺序列出明、清两朝皇帝的名字（或年号）。第一列是普通的楷书字体。随后的是小篆字体，即模印图章惯用的字体。此外，为表周全，我们还在此表中标注了这些皇帝被记录在史册上的庙号，并附上了中国人的纪年方式。

92

明朝年号列表

普通篆体 发音 古代篆体 登基时间 干支纪年 进入宗祠的皇帝庙号

明 大 號 年　NIEN-HAO-TA-MING

NOMS D'ANNÉES DE LA GRANDE DYNASTIE DES MING

號年 NIEN-HAO			DATES D'AVÈNEMENT	ORDRE des CYCLES		號廟 MIAO-HAO	
NOMS DES EMPEREURS ET DES RÈGNES						SURNOMS HISTORIQUES DES EMPEREURS inscrits au Temple des Ancêtres	
CARACTÈRES ordinaires KIAY-CHOU	PRONONCIATION	CARACTÈRES anciens TCHOUAN					
武洪	Hong-wou.		1368	68ᵉ	1384	祖太	Tai-tsou.
文建	Kien-wen.		1399			帝惠	Chuy-ty.
樂永	Yong-lo.		1403			祖成	Tching-tsou.
熙洪	Hong-hi.		1425			宗仁	Jin-tsong.
德宣	Siouen-te.		1426			宗宣	Hiouan-tsong.
統正	Tching-tong.		1436	69ᵉ	1444	宗英	Ying-tsong.
泰景	King-tai.		1450			宗景	King-tsong.
順天	Thien-chun.		1457			宗英	Ying-tsong.
化成	Tch'ing-hoa.		1465			宗憲	Tchun-tsong.
治弘	Houng-tchi.		1488			宗孝	Hiao-tsong.
德正	Tching-te.		1506	70ᵉ	1504	宗武	Wou-tsong.
靖嘉	Kia-tsing.		1522			宗世	Chi-tsong.
慶隆	Long-khing.		1567	71ᵉ	1564	宗穆	Mou-tsong.
曆萬	Wan-li.		1573			宗神	Chin-tsong.
昌泰	Tai-tchang.		1620			宗光	Kouang-tsong.
啓天	Thien-ki.		1621			宗喜	Tchy-tsong.
禎崇	Tsoung-tching.		1628	72ᵉ	1624	烈莊	Ly-tchouang.

清朝年号列表

清 大 號 年　NIEN-HAO-TA-THSING

NOMS D'ANNÉES DE LA DYNASTIE DES THSING

NOMS DES EMPEREURS ET DES RÈGNES			DATES D'AVÈNEMENT	ORDRE des CYCLES		SURNOMS HISTORIQUES DES EMPEREURS inscrits au Temple des Ancêtres	
CARACTÈRES ordinaires KIAY-CHOU	PRONONCIATION	CARACTÈRES anciens TCHOUAN					
治順	Chun-tchi.		1644			祖世	Chi-tsou.
熙康	Khang-hy.		1662	73e	1684	祖聖	Ching-tsou.
正雍	Yong-tching.		1723			宗世	Chi-tsong.
隆乾	Kien-long.		1736	74e	1744	宗高	Kao-tsong.
慶嘉	Kia-King.		1796			宗仁	Jin-tsong.
光道	Tao-kouang.		1821	75e	1804	宗宣	Siouen-tsong.
豐咸	Hiên-fong.		1851			宗文	Wen-tsong.
治同	Tong-tche.		1862			宗穆	Mou-tsong.
緒光	Kouang-ssu.		1875	76e	1864		Empereur régnant

干支纪年法

使用帝王统治年号来划分历史阶段，只能将具体事件大概限定在一个较长的时间段中。为解决这一不便，也为能够更精确地标记年份，中国人还发明了另一套历史划分法则，这一法则名叫"干支纪年"，每一干支轮回包含六十年的时间。

干支纪年的肇始要追溯到黄帝统治的第六十一年。黄帝是中国文明的先驱之一。这一中国历史的起点等于公元前 2637 年。每当提到任一轮回，人们会首先通过当时执政皇帝的年号来确定大概时间范围，而轮回中的每一年又都有特定的叫法。因此，将这两套历史划分方式结合起来，中国人便可以精确指示历史长河中的任意一年。

有时在部分瓷器上会看到干支纪年款识。然而绝大多数情况下，画工都不愿在瓷器上具体标注是哪一甲子，不愿明确标明瓷器的烧制年代。这样造成的状况就是，对于与器物出窑生活在同一时代的人而言，推算出一个准确的生产日期并非难事，然而对于我们今人而言，看到这种款识只能感到非常迷惑不解，琢磨不透瓷器究竟生产于哪一甲子。

弗兰克和杰克马都曾提到过这样一个年款（如下图所示），均代表某一甲子中的第三十八年。

弗兰克引用的年款中所涉及的甲子开始于 1684 年止于 1744 年，于是此纪年指的是 1721 年。而对于杰克马先生，事情就没那么确定了。他本人尚不确定这一日期究竟特指 1721 年还是 1781 年，甚至还可以是 1661 年，以及 1601 年。所有这些年份之间均相差六十年。此外，他还自问道：年款上方单独出现的"又"字，或许意味着这是一件"相同的瓷器"，或是模仿早先烧造的"又一件瓷器"。这一汉字很可能指明年款具体属于哪一甲子。

弗兰克还记录了另一年款的样式：戊辰年良记出（如下图1）。戊辰年意味着一甲子当中的第五年。通过对这件瓷器细致

认真的观察，弗兰克认为这件瓷器出产自第七十五甲子，即自
1804年至1864年的这段时间。于是，根据这样一番推断，他判
定此瓷器烧造于1808年。得出这一结论的理由自然是非常充分
的，我们也对弗兰克的这一结论表示赞同。然而，并不是所有
人都拥有这位英国收藏家的知识储备，误判的情况并不鲜见。

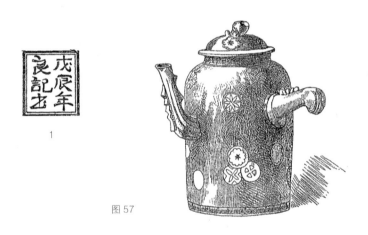

图57

图57，盛放热巧克力的大执壶，铁红吹釉地，壶身上不
规则点缀着杂色几何图案纹，壶盖上有水果形状的宝珠钮，壶
柄和弯流施青绿色釉。壶外底同施有青绿色釉，外底中央有方
形开光，开光内以黑彩书有年款。壶高22厘米。赛努奇的个
人收藏，巴黎。

图 58

年丙
製戌

Ping-siou-nien-tchi.

图 59

笔者还可以列出更多的例子。比如这个带有"丙戌年制"款的八方笔筒（详见图58、59）。"丙戌"，即一甲子中的第二十三年。此笔筒有釉下青花装饰，八方中的四方分别绘有风景纹或花卉怪石纹，间隔的另四方记述有神话传说。

这些传说以诗歌的形式呈现，旨在歌颂大清的统治以及国泰民安之景，似乎特指康熙统治时期。因此指的应该是第七十三甲子中的第二十三年，即1707年。这一推断被笔筒上的神圣菌子——灵芝证实。笔筒中的一面绘有灵芝纹，而同一类型的灵芝纹可见于同一时代许多窑厂烧造的器物之上。

这些例子充分说明，应将带有干支纪年款的瓷器算作非常难以判断时代的一类瓷器。所幸的是这类瓷器数量不多，甚至可以说是有些罕见的。总而言之，笔者将在下文附上一张表格，表格列出了第七十六甲子中每一年，这一甲子开始于1864年，这60年中的每一年都与前一甲子中的每年有相同的命名，

95

并且都由两个字符组成。第一个字来自于十种颜色，会被重复六遍；第二个字来自于另一套系统，即十二时辰的名字，同时亦是十二生肖的名字，会被重复五遍。

SÉRIE DÉNAIRE.		SÉRIE DUODÉNAIRE.	
kia	Vert.	tse	La souris.
y	Verdâtre.	tcheou	Le bœuf.
ping	Rouge.	yn	Le tigre.
ting	Rougeâtre	mao	Le lièvre.
où	Jaune.	chen	Le dragon.
ky	Jaunâtre.	sse	Le serpent.
keng	Blanc.	ou	Le cheval.
sin	Blanchâtre.	ouei	Le bélier.
Jen	Noir.	chin	Le singe.
kouei	Noirâtre.	yeou	Le coq.
		siou	Le chien.
		haÿ	Le porc.

十天干系列	十二地支系列
甲——天青	子——鼠
乙——翠绿	丑——牛
丙——朱红	寅——虎
丁——赤红	卯——兔
戊——亮黄	辰——龙
己——土黄	巳——蛇
庚——纯白	午——马
辛——米白	未——羊
壬——纯黑	申——猴
癸——深黑	酉——鸡
	戌——狗
	亥——猪

中国的第七十六甲子简表

№		名称	年	№		名称	年	№		名称	年
1	甲子	Kia-tse.	1864	21	甲申	Kia-chin.	1884	41	甲辰	Kia-chen.	1904
2	乙丑	Y-tcheou.	1865	22	乙酉	Y-yeou.	1885	42	乙巳	Y-sse.	1905
3	丙寅	Ping-yn.	1866	23	丙戌	Ping-siou.	1886	43	丙午	Ping-ou.	1906
4	丁卯	Ting-mao.	1867	24	丁亥	Ting-haÿ.	1887	44	丁未	Ting-ouei.	1907
5	戊辰	Où-chen.	1868	25	戊子	Où-tse.	1888	45	戊申	Où-chin.	1908
6	己巳	Ky-sse.	1869	26	己丑	Ky-tcheou.	1889	46	己酉	Ky-yeou.	1909
7	庚午	Keng-ou.	1870	27	庚寅	Keng-yn.	1890	47	庚戌	Keng-siou.	1910
8	辛未	Sin-ouei.	1871	28	辛卯	Sin-mao.	1891	48	辛亥	Sin-haÿ.	1911
9	壬申	Jen-chin.	1872	29	壬辰	Jen-chen.	1892	49	壬子	Jen-tse.	1912
10	癸酉	Kouei-ycou.	1873	30	癸巳	Kouei-sse.	1893	50	癸丑	Kouei-tcheou	1913
11	甲戌	Kia-siou.	1874	31	甲午	Kia-ou.	1894	51	甲寅	Kia-yn.	1914
12	乙亥	Y-haÿ.	1875	32	乙未	Y-ouei.	1895	52	乙卯	Y-mao.	1915
13	丙子	Ping-tse.	1876	33	丙申	Ping-chin.	1896	53	丙辰	Ping-chen.	1916
14	丁丑	Ting-tcheou.	1877	34	丁酉	Ting-yeou.	1897	54	丁巳	Ting-sse.	1917
15	戊寅	Où-yn.	1878	35	戊戌	Où-siou.	1898	55	戊午	Où-ou.	1918
16	己卯	Ky-mao.	1879	36	己亥	Ky-haÿ.	1899	56	己未	Ky-ouei.	1919
17	庚辰	Keng-chen.	1880	37	庚子	Keng-tse.	1900	57	庚申	Keng-chin.	1920
18	辛巳	Sin-sse.	1881	38	辛丑	Sin-tcheou.	1901	58	辛酉	Sin-yeou.	1921
19	壬午	Jen-ou.	1882	39	壬寅	Jen-yn.	1902	59	壬戌	Jen-siou.	1922
20	癸未	Kouei-ouei.	1883	40	癸卯	Kouei-mao.	1903	60	癸亥	Kouei-haÿ.	1923

上图为第七十六甲子与公元纪年之对应表

出现于瓷器上的各类年款

　　杰克马先生在对年号进行了一番仔细总结后，又更加认真地研究了 280 件带有年号的瓷器，然后对其进行描述并总结出了一个名录表。通过这张表格，人们可以直观看出带有相同年款的瓷器上各类纹饰的所占比例。

　　我们能做出的最优选择便是跟随这位陶瓷学专家的脚步，尽量从收藏者的视角出发，希望可以在对比同一时期烧造的青花、素三彩、粉彩瓷器后，能够从中找出一些在数字比例之外的其他有效信息。

　　与杰克马先生的关注点略有不同，笔者主要从大件器物上寻找年款，而那些碗、盘等其他小型物件往往不被我们纳入考察范围。因为这些小件器物通常极其易碎，同时又因其是生活日用瓷，所以被损毁的风险较大。即使器身上印刻有年款，人们还是会质疑它们是否真有那么古老。

此外，出于对上一章讲到的那些因素的考虑，我们还将杰克马先生称作"菊花牡丹器"的大部分青花与五彩瓷器排除在外。因为，这些瓷器上虽书写有古老的中文年款，例如宣德（1426—1435）、成化（1465—1487）或是正德（1506—1521），但是其实几乎都是在后世——即17世纪于日本仿造的。

这项整理工作可极大促进人们对第二类款识历史意义的认知。同时，笔者除了研究被我们认为最可靠的224个年款之外，还以同样的细心与耐心从同样有价值的器物上摘录下了408个窑厂款识，也许是神话符号，或是厂家标志。摘录的过程中，我们并不追求过分探究这些款识的意义，而是主要将这些带有窑厂款识的瓷器与带有年号的瓷器进行最谨慎认真的比对，从而将相似的器物进行归类总结。这一归类并不以瓷器的纹饰类型与颜色为依据，而是根据瓷器的胎料、釉料、彩料、纹饰形状，以及画工的风格来总结的。

逐渐地，这些带有非年号款识的408件瓷器，与带有年款的瓷器被整合在了一起，我们在选择瓷器时对器型不设限制，因此非常多样。我们在进行这一归类整合的过程中发现：除了极少数的情况外，这些器物在根据类型分类后得出的烧造时间顺序与根据年号分类得出的结果相似。所以我们确信自己可以对非年款瓷器进行年代顺序的排列，就如同面对那些带有年号的瓷器一样。这一尝试的过程无疑是非常困难的，并且是一项史无前例的探索。如果读者在阅读中发现，我们整理的结果与后来人更加细致研究得出的结果有所出入的话，希望读者可以给予一定的谅解。

我们首先会以表格的形式对相似的款识进行总结。根据瓷器的烧造窑厂、新旧程度，我们为不同类型的款识与年款进行分类。此外，我们还会摘录瓷器上常见的格言警句、简短传说、窑厂标志、画工签名等。这些内容通常出现在器具的足底，或隐藏于纹饰当中。有时还会署于杯盏的内底，这样便逃不过杯盏使用者或侍奉者的眼睛，因为这些款识也许就是窑厂的广告，或是能够在每次畅饮之际都让习惯于繁缛礼节的中国人表达对东道主的恭维与祝愿。此外还有一些器物带有窑工、画工亲手留下的签名款识，而这只不过就是单纯为表达创意或宣扬作品的独特性，并无他意，但却被记录在那些好奇的研究人士喜爱翻阅的中国百科全书或传记中，后来便传播开来，但是或许并没有太大意义。

实际上，这些出现于"制、作、置"（参见下图）等字符前或后的人名、工业机构，只有在我们了解了其所存在的年代之后才有意义。此外，笔者在前文也提到过，签名款识的确是非常罕见的，以至于有的签名款仅仅出现过一次。人们只能试图将带有这类款识的瓷器与带有年款的瓷器进行对照与比较。而这种比较工作也只能针对那些带有比较常见签名款的器物。

製 　*tchi,*

你 　*tso,*

置 　*tche,*

笔者将以一张几乎囊括所有常见款识的复制表来作为第二章的结尾。为了让我们的表格更加完善，笔者还充分参考了儒莲先生、弗兰克先生和格拉斯先生发表的著作。然而，为了不让我们的列表显得过分冗长，笔者仅列举了最基本、最典型的款识。笔者在此还要强调一点，款识绘制和文字书法的缺陷是由各种原因导致的，其实并不是窑厂的责任或时代的限制，而主要是画工的不专业与技能限制，甚至只是一些简单的生产事故所致。

书年款与非年款器物汇总（摘自 632 件器物）

瓷器阶段分类		年代名称	时长	款识		
				年款计数	非年款计数	总数
原始时期	1004—1368	自宋景德起至明朝	364 年	2		5
	1368—1426	明朝初期	58 年	3		
第一阶段	1426—1465	宣德	10 年	22	2	28
		正统	29 年	3	1	
		景泰				
		天顺				
第二阶段	1465—1573	成化	23 年	52	5	76
		弘治	85 年	19		
		正德				
		嘉靖				
		隆庆				
第三阶段	1573—1662	万历	47 年	28	53	84
		二十五年战争 明朝：泰昌 天启 崇祯 弘光 隆武 邵武 永历 鞑靼部：天命 天聪 崇德	24 年	1		
		顺治（清朝第一位皇帝）	18 年	2		
第四阶段	1662—1722	康熙	60 年	39	341	380
第五阶段	1723—1795	雍正	13 年	53	6	59
		乾隆	59 年	数量无法确定		
				224	408	632

不可指明瓷器烧造时间的款识

1	艮	*ken.*	Dense, solide.	1. 艮
2	玉	*yu.*	Jade.	2. 玉
3	珍	*tchen.*	Précieux.	3. 珍贵
4	古	*kou.*	Antiquité.	4. 古老
5	聖	*chen.*	Saint.	5. 神圣
6	全	*tsuen.*	Parfait.	6. 完美
7	壽 et 壽	*chéou.*	Longévité.	7. 长寿
8	福 et 卍	*fŏ.*	Bonheur.	8. 幸福
9	繁	*soui.*	Prospérité, longévité.	9. 繁荣、长寿
10	玩 玉	*ouan yu.*	Précieux jade.	10. 珍贵的玉
11	真 玉	*tchen yu.*	Vrai jade.	11. 真正的玉
12	珍 玩	*tchen ouan.*	Précieuse curiosité.	12. 珍玩
13	雅 玩	*ya ouan.*	Élégante curiosité.	13. 雅玩
14	古 珍	*kou tchen.*	Antiquité précieuse.	14. 珍贵的古董

15	西玉	*Sy yu.*	Jade occidental.
16	作府	*tso fou.*	Fait pour le palais.
17	友來	*yeou lai.*	A l'arrivée d'amis.
18	宝勝	*Pao shing.*	Joyau indescriptible.
19	丹桂	*tau kouy.*	A l'olive rouge. {Relevée sur un bol peint en rouge ; l'olive rouge, très estimée en Chine, est employée comme métaphore pour indiquer les honneurs littéraires.}
20	道人	*tao yen.*	Sectateurs de Lao-tsse.
21	推珍	*tchouï tchen.*	Chose précieuse.
22	玩玉	*ouan yu.*	Objet précieux de jade.
23	崇瀟堂	*lou ouo tang.*	Maison du bambou flottant.
24	延陵郡	*tching ling kiun.*	District de Tching-ling.
25	山斗文章	*ouen-tchang-chan-teou.*	Science élevée comme les montagnes de la Grande Ourse.
26	知樂任川	*tsai-tchouan-tche-lo.* Jouant au milieu des eaux	{Marque relevée par M. A.-W. Franks dans des bols ornés de poissons rouges.}
27	雅集聖友	*chen-yeou-yà-tsi.* Élégante réunion de saints amis.	

15. 西方的玉

16. 为皇宫而作

17. 友人到来

18. 不可描述的珍宝

19. 红色的橄榄（取自一件红色的碗，丹桂在中国价值极高，用于比喻文人的荣耀）

20. 信奉老子的信徒

21. 珍贵的事物

22. 美玉制成的东西

23. 漂竹之家

24. 延陵郡

25. 学识渊博如泰山北斗

26. 在水中嬉戏（由弗兰克摘录自装饰有金鱼的碗）

27. 神圣友人雅集

28 珍博玩古 *pou-kou-tchen ouan.*
Pour les connaisseurs d'antiquités, précieux objet.

29 如奇玉珍 *khi-tchen-jou-ou.*
Extraordinaire et précieux comme les cinq dignités.

30 佳富器貴 *fou-kouei-kia-khi.*
Riche, noble et beau vase.

31 堂慎製德 *tchen-te-tang-tchi.*
Fabriqué à la maison de la pratique des vertus.

32 堂彩製潤 *Tsái-juen-tang-tchi.*
Fabriqué à la maison des vives et diverses couleurs.

33 佳玉窯堂 *yu-tang-kia-khi.*
Beau vase de la maison du Jade.

34 堂全作石 *tsuen-chè-tang-tso.*
Fait dans la maison de la pierre parfaite.

35 堂天製冒 *tien-mao-tang-tchi.*
Fabriqué dans la maison du ciel voilé.

36 堂大製樹 *ta-chou-tang-tchi.*
Fabriqué dans la maison du grand arbre.

37 堂林製玉 *lin-yu-tang-tchi.*
Fabriqué dans la maison du jade abondant.

38 堂奇製玉 *ki-yu-tang-tchi.*
Fabriqué dans la maison du rare jade.

39 堂養製和 *yang-ho-tang-tchi.*
Fabriqué dans la maison de l'encourageante harmonie.

40 錦南玉川 *nan-chouan-kin-yu.*
Remarquable parmi les élégants jades.

28. 博古人士的珍玩

29. 如五珍一样新奇、珍贵

30. 华贵、高雅、美丽的器物

31. 慎德堂制

32. 彩润堂制

33. 玉堂制造的美器

34. 全石堂作

35. 天昌堂制

36. 大树堂制

37. 林玉堂制

38. 奇玉堂制

39. 养和堂制

40. 美玉中的佼佼者

| 41 | 公用 師府 | *se-fhu-kong-yong.*
A l'usage public de la demeure du général. |

| 42 | 珍賞 愛蓮 | *gay-lien-ouan-chang.*
Fleur de nélumbo, précieuse récompense. |

| 43 | (seal) | *to-shin-chin-tsang.*
Profond comme une mine de pierres précieuses. |

| 44 | (round seal) | *tchang-ming-fou-kouei.*
Longue vie, richesses et honneurs. |

| 45 | 玉堂製 聚順美 | *Tsu-chun-mei-yu-tang-tchi.*
Fabriqué dans la maison de Tsu-chun, du beau jade. |

| 46 | 博古製 愼德堂 | *tchen-te-tang-pou-kou-tchi.*
Fabriqué pour antique dans la maison de la pratique des vertus. |

| 47 | 閬之珍 奇石寶 | *ki-chè-pao-tin-tché-tchen.*
Un joyau parmi les vases précieux de pierres rares. |

| 48 | 倣古製 景濂堂 | *Kin-lien-tang-fong-kou-tchi.*
Imitation d'antique, fabriqué en l'honneur de Kin-lien.
<small>(Kin-lien ou (Sang-lien), savant distingué du temps des Ming.)</small> |

| 49 | 閬之珍 奇玉寶 | *ki-yu-pao-tin-tchè-tchen.*
Un joyau, parmi les vases précieux de jade rare. |

| 50 | 乾記造 秸成廬 | *Pei-tching-tang-Kien-ki-tsò.*
Fait par Pei-tching et vendu chez Kien-ki. |

103

41. 师府公用

42. 爱莲珍赏

43. 如珍稀矿藏般深邃

44. 富贵长命

45. 聚顺美玉堂制

46. 慎德堂博古制

47. 奇石宝鼎之珍

48. 景濂堂做古制

49. 奇玉宝鼎之珍

50. 秠成店乾记造

依据年代先后顺序整理的款（款识列表）

51	960		*tchang-pou.* Fleur d'acore (glaïeul).
52	»	生一	*i-sing.* Marque du fabricant Tchang aîné.
53	»	生二	*eul-sing.* Marque du fabricant Tchang jeune.
54	976 à 996	天太 下平	*tien-hia-tai-pin* tandis que l'empire était dans la paix la plus profonde. (Sur une théière en grès cérame. — Col. du marquis d'Hervey de Saint-Denys.)
55	1004		*kiu-chen.* Fleur de sésame.
56	»		*ta-Song-King-te-nien-tchi.* Fabriqué pendant les années King-te de la dynastie des Song (1004-1007).
57	1111 à 1225	七和館	*tin-ho-kouan.* Hôtel de l'Humanité et de la Concorde.
58	1260 à 1367	樞府	*tchou-fou.* Du palais.
59	1403 à 1424		*Yong-lo-nien-tchi.* Fabriqué dans les années Yong-lo (1403-1425).
60	»	»	Deux lions jouant avec une boule.
61	»	»	Une couple de canards mandarins.
62	»	花	*hoa.* Fleur, écrite ou peinte au centre d'une tasse.
63	1426		*ta-Ming-Siouen-te-nien-tchi.* Fabriqué pendant les années Siouen-te de la grande dynastie des Ming (1426-1436).

Peints au centre des bols.

960 年	51. 菖蒲花（菖兰）
	52. 章家兄长的款识
976 年 至 996 年	53. 章家弟弟的款识
	54. 国家在一片祥和氛围中（出现于一个陶土茶壶上， 圣丹尼斯的艾尔维侯爵的收藏）
1004 年	55. 芝麻花
	56. 大宋景德年制
1111 年 至 1225 年	57. 仁和馆
1260 年 至 1367 年	58. 枢府（来自皇宫）
1403 年 至 1424 年	59. 永乐年制
	60. 两只狮子戏球（绘于碗中央）
	61. 一对鸳鸯（绘于碗中央）
	62. 花，书写或绘制于茶杯中央
1426 年	63. 大明宣德年制

64	1426		*ta-Ming-Siouen-te-nien.* Pendant la grande dynastie des Ming, période Siouen-te (1426-1436). _(Sur un trépied à anses émaillé noir-brun au grand feu.)
65	»		*Ko-ming-tsiang-tchi.* fabriqué par Ko-ming-tsiang. _{(Sur une ancienne porcelaine vernie d'une pâte serrée, d'un ton rougeâtre comme celle de la Col. A. W. Franks portant la même marque.) *A King-te-chin, pendant la période Siouen-te, on fabriquait des vases avec une argile rouge et plastique.* (STANISLAS JULIEN.)}
66	»	»	Décoration de combats de grillons, peints sur biscuit ou gravés dans la pâte.
67	»	»	Un dragon et un phénix extrêmement petits, peints en rouge. _(Vases à l'usage de l'empereur Siouen-te.)
68	1465	*teou-khi.*	Vases décorés de combats de coqs.
69	»	*tsao-tchong.*	Décoration dans laquelle se trouvent des sauterelles.
70	»	*lien-tse.*	Fruit du nélumbo.
71	»	»	Pièces décorées de pivoines au-dessous desquelles se trouve une poule avec ses poussins.
72	1488	*thsieou.*	vin (écrit au centre des tasses blanches dont se servait l'empereur Kia-tsing).
73	1506	*Lou-sé.*	Héron. Marque relevée sur un plat, identique à un autre marqué du nien-hao Tching-te (1506-1522).
74	1522	*tang-tsao.*	Décoration de jujube (écrit au centre de petites tasses blanches).
75	»	*tang-kiang.*	Décoration de gingembre (écrit au centre de petites tasses).
76	»	»	Une branche de l'arbre à thé figurée au centre d'une tasse. _{(Ces trois marques indiquaient les tasses destinées au service personnel de l'empereur Kia-tsing (1522-1567).)}
77	1567	*Pi-hi-khi.*	Décoration de peintures libres (vases ornés de jeux secrets) des périodes Long-khing et Wan-li (1567 à 1620).
78	»		Marque relevée sur un vase semblable à d'autres, portant le nien-hao Long-king (1567-1573).
79	1573	»	Décoration de bouquets d'épidendrum.
80	»	*Ou-in-tao-sin.*	Ou le religieux qui vit dans la retraite.

1426 年	64. 大明宣德年
	65. 菖明祥制（出现于一件瓷胎细密的古代瓷器上，胎土发红，弗兰克先生的收藏中也有一件类似器物，亦带有此款识），宣德年间，景德镇使用一种发红的黏土烧造瓷器——儒莲
	66. 斗促织的纹饰，刻印于胎土中或绘于器表
	67. 小型龙和凤纹，以红彩绘成（宣德皇帝专用）
1465 年	68. 斗鸡
	69. 草虫
	70. 莲子
	71. 牡丹，下方绘母鸡与小鸡
1488 年	72. 酒（书于白茶杯中心，嘉靖皇帝专用）
1506 年	73. 鹭鸶，出现于一件瓷盘上，也曾出现在一件带有正德年款的瓷器上
1522 年	74. 枣子标志（书写于小型白瓷杯中）
	75. 姜的标志（书写于小型瓷杯中）
	76. 茶树的树枝，出现于茶杯中央（以上三件茶杯款识均为嘉靖皇帝专用）
1567 年	77. 秘戏器，展示艳情场景的器物，见于隆庆和万历期间
	78. 器物常见款识，出自隆庆时期
1573 年	79. 兰花花束
	80. 壶隐道人

| 81 | 1573 | | *tchou-ye.* Feuille de bambou. |

| 82 | » | 梧 *Ou* 侶 *lu* 置 *tche* | Composé par un compagnon de Ou. |

| 83 | » | | *kouei.* Pierre sonore. |

| 84 | » | | *fŏ.* Bonheur. |

| 85 | » | A   B   C | *tou-tsé.* Lapins. |

| 86 | » | A   B   C   D   E   F | Divers *tings* ou brûle-parfums. |

| 87 | 1662 | | *mao.* Le lièvre sacré. |

| 88 | » | | *yeu.* Poissons. |

| 89 | » | 遂 初 堂 | Correctement : 堂 初 遂 *Soui-tsou-tang.* Maison du prospère commencement (relevée sur un plat semblable à un second portant le nien-hao Khang-hy). |

| 90 | » | 堂 米 眉 楽 | *yien-lŏ-tang-tche.* Composé dans la maison de la joie éternelle. (*Yen-lŏ* peut aussi être pris pour un nom propre.) |

1573 年	81. 竹叶
	82. 梧侣置
	83. 圭
	84. 福
	85. 兔子
	86. 各类鼎，或曰香炉
1662 年	87. 神圣的野兔
	88. 鱼
	89. 遂初堂 （带有此款识的器物同一件康熙年烧造瓷器类似）
	90. 永乐堂置 （永乐，可谓专有名词，意为"永远的欢乐"）

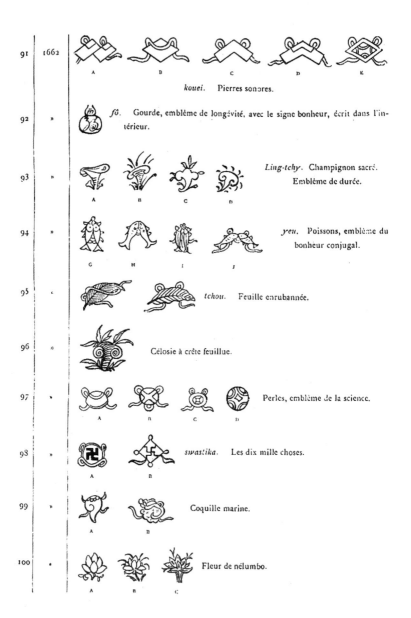

91   1662

A   B   C   D   E

kouei.   Pierres sonores.

92   »   *fô.*   Gourde, emblème de longévité, avec le signe bonheur, écrit dans l'intérieur.

93   »   *Ling-tchy.*   Champignon sacré. Emblème de durée.

A   B   C   D

94   »   *yeu.*   Poissons, emblème du bonheur conjugal.

G   H   I   J

95   «   *tchou.*   Feuille enrubannée.

96   »   Célosie à crête feuillue.

97   »   Perles, emblème de la science.

A   B   C   D

98   »   *swastika.*   Les dix mille choses.

A   B

99   »   Coquille marine.

A   B

100   «   Fleur de nélumbo.

A   B   C

1662 年	91. 圭、响石
	92. 福、葫芦，长寿的象征，葫芦中央写有"福"字
	93. 灵芝，时间的象征
	94. 双鱼，婚姻幸福的象征
	95. 装饰有丝带的树叶
	96. 阔叶鸡冠花
	97、珍珠，科学的象征
	98. 万字
	99. 海贝壳
	100. 莲花

| 101 | 1662 | *lien-meou-tan.* 蓮牡丹 Fruit du pæonia-moutan. |

| 102 | » | Rosaces. |

A   B   C

| 103 | » | Zigzags. |

A   B

| 104 | » | Carquois. |

| 105 | 1723 | *ta-Thsing-Yong-tching-nien-tchi.* Fabriqué pendant les années Yong-tching de la grande dynastie de Thsing (1723-1736). |

108

| 106 | » | Sceptre et instruments de musique. |

| 107 | » | Fleur. |

| 108 | » | *fou-kouei-kia-khi.* Vase fin, riche et distingué. |

| 109 | » | *Lin-chang-tsu-tso.* Fait par Lin-chang-tsu. |

| 110 | » | *Hie-chuh-cho-jin-tso.* Fait pour le seigneur des bambous de la Hie (*Hie,* vallée fameuse, où Ling-lun, ministre de l'empereur fabuleux Hoang-ti, coupait des bambous pour faire des instruments de musique.) |

1662 年	101. 牡丹花
	102. 花环
	103. 之字纹
	104. 箭筒
1723 年	105. 大清雍正年制
	106. 权杖和乐器
	107. 花
	108. 富贵佳器
	109. 林长苏造
	110. 嶰竹主人造（嶰，著名山谷，传说中黄帝的臣子伶伦在此截竹以制乐器）

217

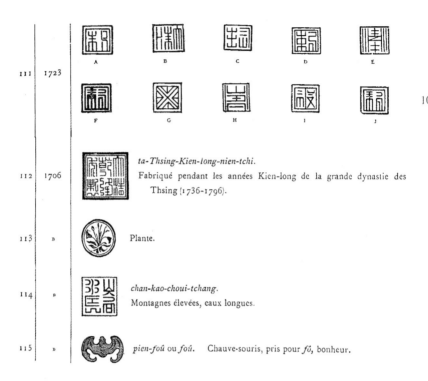

111	1723	
112	1706	*ta-Thsing-Kien-long-nien-tchi.* Fabriqué pendant les années Kien-long de la grande dynastie des Thsing (1736-1796).
113	»	Plante.
114	»	*chan-kao-choui-tchang.* Montagnes élevées, eaux longues.
115	»	*pien-foû* ou *foû.* Chauve-souris, pris pour *fô,* bonheur.

218

1723 年

111. 笔者在此列举一系列图章形制的款识。有的采用刻印的方法，有的以青花料书写于釉下。一般而言这些图章款通常出现于低档次的瓷器之上。部分汉学家有时可以辨识出以篆体书写的名字或词语。但是，通常来讲，这些款识都是完全不可辨识的。甚至都没有特定意义。总而言之，凭此我们可以判断出器物的烧造时间在清代。

A 无法辨识　B 大清　C 专有名词　D 无法确定

E 无意义　　F 福　　　G 无意义　　H 寿

I 无法辨识　J 颂

1706 年

112. 大清乾隆年制

113. 植物

114. 山高水长

115. 蝙蝠，代表"福"

116	1706		*Foû-Fan-tao.*	Chauve-souris et pêches. Bonheur et longévité.
117	»		Cachet en relief.	*Y-ching.* Nom propre ou harmonieuse prospérité.
118	»		*Tsun-Chinh.*	Nom propre.
119	»		*Le-Chinh.*	Nom propre.
120	1796		*Chung-kich-she.* Famille Chung-kich.	

11

1706 年 | 116.蝙蝠与蟠桃，代表幸福长寿

117.雕刻的图章，怡盛

118.专有名词

119.专有名词

1796 年 | 120.仲高氏

Chapter

Ⅲ

第三章

中国瓷器在欧洲

欧洲的中国瓷器

　　笔者写作本书的主要目的之一便是希望可以根据年代先后顺序为我们欧洲人所拥有的中国瓷器进行归类。本章我们会主要探讨这一问题。因此我们首先需要探究清楚哪些瓷器是最先销至欧洲的。基于我们对瓷器已拥有一定认知，可自然得出如下结论：销往欧洲的那些中国瓷器，其烧造年代必然远早于它们抵达我们欧洲大陆的时间。

　　我们的研究会以梳理 14 世纪、15 世纪以及 16 世纪期间王室和贵族的收藏品清单作为出发点。这是一个比较特殊的视角，在这一梳理过程中我们可以见证这一点：不同豪门望族的珍宝收藏中的确都有瓷器的身影。唯一比较令人遗憾的是，阅读清单并不能让笔者准确判断这些瓷器的品种与类型。

　　笔者查阅的阿拉伯编年史并没有提供萨拉丁赠予努尔丁的

40 件器物的具体描述。此外，史料中使用的这些简洁的器物名称，又能提供给我们多少有效信息呢？比如，1372 年雅娜埃夫勒与 1415 年贝里公爵收藏的"瓷石水罐""壶柄和壶身材质相同的瓷壶"，以及"泛着特殊灰色调的蓝瓷水罐与水壶"。还有这件笔者在奥地利的玛格丽特 1524 年的收藏清单中发现的"美丽的白瓷平底大口杯，杯盖上绘制有一周人物纹样，有男人亦有女人"。

笔者非常确信，这"蓝瓷"中的"蓝"字应是说明瓷釉的颜色，或是器表纹饰的颜色。而"灰色调"大概特指的是某种散发灰色光芒的塞拉同青色。后来经土耳其以及其他亚洲国家转卖的大部分瓷器都呈现此种颜色。但是最后一件器物的描述对我们而言就显得比较难于解释。这一周人物纹既可以是单一的蓝色纹饰，也可以代表使用多种颜色彩料绘制而成的纹饰。这件美丽的平底大口杯曾为奥地利玛格丽特所拥有，估计是欧洲历史文献中明确记载的第一件类似器物。它烧造于成化年间（1465—1487），中国人便认为釉上五彩工艺的发明时间在成化时期。英国人收集的资料也没能更明朗地阐明这些疑惑。马里阿特[①]（Marryat）先生似乎一直在从事此方面的研究，他

---

① 马里阿特是一名陶瓷史学家，著有《陶器、彩陶、瓷器历史》（Histoire des Poteries, faiences et porcelains）。——译者注

讲道："历史学家拉平（Rapin）和多塞特（Dorset）曾记叙过如下事件，1505 年亨利七世统治时期，费利佩一世[1]（Philippe d'Autriche）与其妻一同被召去统治卡斯蒂利亚（Castile），他们一行人离开荷兰，从米德尔堡（Middelburg）前往西班牙。在离开英吉利海峡之际，他们的船队被风暴驱散，运载他们的船只在韦茅斯（Weymouth）港口暂避风雨。警长托马斯·特兰查德先生（Thomas Trenchard）为表敬意，赶忙邀请二位前往他位于沃尔夫顿（Wolveton）的住宅，他在那里款待二位。当国王离开英格兰时，他将一些珍贵的礼物赠予了主人，其中就包括数个巨大的代尔夫特餐盘和几个东方瓷制大碗，其中之一镶嵌着纯银边框，并绘有阿拉伯式纹样。"马里阿特还提到这些瓷碗在当时是非常稀有的，因为那时人们尚未发现越过好望角通向东方的航路，只得使用骆驼驮着旅人穿越沙漠。托马斯·特兰查德的后人精心保存了这些卓绝的瓷碗。它们皆为釉下青花瓷器，纹饰于生坯之上绘成。

马里阿特先生还提到过一个颜色似海水一般的青瓷大杯，据他所说，这件器物还曾被威廉·瓦汉姆大主教（William Warham，于 1504—1532 期间担任主教）当作圣杯使用，大约

---

[1] 费利佩一世（1478—1506），神圣罗马帝国皇帝马克西米连一世之子。——译者注

在亨利八世统治时期进口至英国。

11

欧洲的中国瓷器收藏史于1508年翻开了新的一页，那一年，葡萄牙的航海家们返回欧洲。他们乘着风浪，以极大的勇气航行至遥远的东方，抵达了那个时代水手们幻想中的未知国度，千里迢迢带回了诸多产品，种类不胜枚举。最吸引人们眼球的自然是被他们称为"loca"（餐具）或者"porcelana"（瓷器一词的古写法）的中国瓷器，"porcelana"这个词语在当时的欧洲已经被大众接受、使用。要知道，葡萄牙人不但是大胆的航海先锋，而且还是经验老到的商人，那些被他们从异域带回的瓷器不久后便以高价售出。于是，他们又迅速回到中国，继续开展贸易活动，开采中国这座丰饶的"矿山"。

在探访了中国沿海地区的几座城市之后，他们最终抵达了广州，并于1517年被这里的人们接纳。这条新航路一经开通，欧洲与远东地区之间的直接贸易往来就变得更加繁忙。中国瓷器大量涌入西方，并在各个国家逐渐传播开来。不久后，一次偶然事件很快将贸易活动的范围扩大至日本。1542年，一艘葡萄牙商船在从暹罗驶向中国的过程中迷失了航向，漂流到了日本鹿儿岛附近海岸。日本人热情接待了船上的海员，海员们对日本人以同胞相称，后来又获得了在长崎经营贸易和建立仓库的许可。在后来将近一个世纪的时间里，又陆续有一些荷兰人来到了这里，和葡萄牙人一起在长崎经商，长崎便逐渐成为了欧洲和日本通商往来的中心要塞。

令人遗憾的是，他们的商贸行为很快遇到了阻碍。葡萄牙商人同时还向日本输送了一批天主教传教士，起初当地人民还乐于倾听传教士宣扬教义，不久后，由于传教人士传教活动过分张扬、热情过于高亢，导致在日本的外国人深陷困境当中——日本政府对这些外国人产生了反感，制定了一项比较极端的政策，从而可以直接斩断问题根源。1639年，日本皇室发表政令，宣布驱逐长崎所有的外国人，不论是修士还是世俗人士、政客或是传教士，都必须立即离开。这项驱逐令针对耶稣会士以及葡萄牙人而言较为严苛，却给予了荷兰人一定的回旋余地。在荷兰人清理了他们位于平户市的工厂后，日本当局允许他们可以继续在日本从事贸易活动，但是前提是：他们不可以踏上日本的陆地，只可以在长崎海港附近的小岛上居住。荷兰人并未因此将自己圈定在这块岛礁之上，而是尽一己之力寻找根据地。后来，他们实在看不到返回平户的希望，便决定彻底将库存清空。这批库存便是著名的"出岛货仓"的源头，东印度公司从出岛货仓运出了数量庞大的肥前瓷器。毫不夸张地讲，他们运出的瓷器几乎淹没了荷兰和欧洲北部地区。在1698年到1722年之间，人们在瓷器中优中选优，筛选出了一部分精品，后成为了如今位于德累斯顿的日本博物馆的馆藏。

114

在荷兰人同日本人于长崎和出岛进行贸易的同一时期，中国的大帆船也将大量中国烧造的白瓷运至了长崎海港，这些白瓷器在开往荷兰的商船中找到了自己的一席之地。与此同时，其他欧洲国家的货船接连来到了中国海域，并在澳门和广州建立了永久性的贸易站点，那些站点也不断有瓷器运出。当17世纪开启之际，英国人以其邻国为榜样创立了属于自己的东印度公司。起先，英国人无法和中国人、日本人直接开展商贸，因为荷兰人和葡萄牙人已经占据了市场的霸主地位。最终于1623年，英国人帮助阿拔斯一世①（Shah Abbas Ier）从葡萄牙人手中夺回了进入波斯湾的咽喉地带——霍尔木兹海峡之后，他们成功在这个地区附近的坎布隆（Combron）建立了第一家贸易机构。以此为出发点，英国人逐渐垄断了经过此地的贸易往来，坎布隆变成了印度、中国、欧洲三地产品的天然仓库。

在很长一段时间内，经过那里的中国瓷器都以"坎布隆器"的名称直接销往英国，这一命名一直延续使用至1640年。英国公司于1640年在广州顺利建起了第一家工厂，商贸产品自广州运出，于是瓷器的名称更改为"中国器"。波斯人订购

---

① 阿拔斯一世（1571—1629），伊朗萨非王朝的沙阿。——译者注

的所有按照其品位定制的中国瓷器也都是从坎布隆发出的，送往阿拉伯和土耳其的瓷器也需要穿过波斯湾。

俄罗斯人在中国北方边境附近与中国进行贸易，而我们法国，黎塞留（Richelieu）、马扎林（Mazarin）两位大主教曾经屡次尝试，却始终未获得成功。最终在国王的批准下，我们才创立了"东方与东印度公司"，后又更名为"中国公司"，这家公司从 1685 年一直运转至 1719 年。水手们在第一次自远东扬帆归来之时，将两个巨大的瓷器轮车展现在路易十四面前。后来，这两件机器从凡尔赛宫转移至法国国家图书馆。中国公司曾经在中国定制过各式各样的产品，包括绘制有法国众多家族徽章的餐具，比如彭提维（Penthièvre）家族。中国工匠可以根据模型和图纸制作样品，成品的完美程度令人称奇。笔者在此想要举一个最能展示中国工匠无与伦比模仿功力的著名例证：中国工匠使用瓷器模仿了我们的利摩日彩陶。图 60 展示的便是法国中国公司运营期间在中国预订生产的瓷器之一。

图 60

图 60，带有手柄的瓷汤碗，胎体细腻，瓷质轻薄。以利摩日彩陶作为样本临摹复制而成，故而其形制和纹饰皆模仿利摩日彩陶的风格。汤碗外壁黑地绘白花，以金彩为点缀，器内以素三彩为饰，绘有五彩花卉以及水果纹。器底绘有一个水果篮，旁边是工整书写的花体签名缩写"I.L."意为：利摩日陶工让·劳当。器物高 13.5 厘米。马其斯（Marquis）的收藏，巴黎。

115

17 世纪末期，中国人和日本人已经将商品卖到了全世界。他们工厂的生产规模随着世界各地源源不断的订单到来而逐步扩大。而且，因为清楚自己能够通过这些瓷器订单赚得盆满钵满，他们心甘情愿满足买家的各种苛刻要求。他们会根据买家的不同品位绘制不同的纹饰，模仿买家所提供器物的形状，复制买家带来的样品画片。于是，中国和日本的工匠们在为他们的亚洲邻居烧制出花瓶、扁壶、酒壶和圣水瓶之后，又为我们欧洲人烧造了餐桌用具，在我们大贵族阶层的专用瓷器上标记了纹章，为 18 世纪女主人的闺房提供了香花罐，还有各类我们日常生活使用的物品，不一而足。

这些贸易活动的确值得大书特书，但是笔者在此想转换一下话题，介绍一下瓷器贸易是在何种特殊的时代背景下进行的。理解时代背景有助于我们判定进口瓷器的烧造年代和艺术价值，我们需要了解这些瓷器在历史长河中是通过哪些不同的渠道来到收藏爱好者的手中，并不断满足他们的需求的。

对于这个自创立后便紧闭国门、自给自足的伟大帝国，当目睹自己闭关锁国的状态被打破，与西方世界开始正面接触时，心中实际充满了恐惧与忧虑。明朝的最后几位皇帝，和鞑靼（满洲）皇帝并没什么分别，他们都拒绝为来自"野蛮之邦"的人打开国门。不屑、怀疑、嫉妒，种种情绪混杂在一起，最终融汇成为了一股对外国人的仇视之情。贸易禁令层出不穷，但是贸易本身强大的扩张力量却得以冲破一切阻碍。贸易活动在经历了数不胜数的阻挠之后，最终找到了突破口。但是，从事贸易的商人却始终需要面对新的斗争，尽力与限制贸易的政策抗争，并且他们还时刻身处于危险的境地。

据史料记载，我们欧洲的商人只可以勉强逗留于几个特定的港口，而这些港口通常荒无人烟，商人们既无法访问制造中心，亦无法与生产商接洽，不方便查看、查询商务事宜。同时，他们还常常需要面对偷盗、虐待，甚至有可能被杀害。而他们唯一能做的便是和中间人交涉，中间人将那些专门用于出口贸易制造的商品筛选出来并出售给他们，将其运输至港口进行装载。

有很多事实是从中国陶瓷学者那里了解到的，他们在书中写道："洋器即专门为外销而烧造的瓷器。中国商人（其中大

116

部分生活在广州）会将洋器出售给'洋鬼子'，洋人们再将瓷器运输回自己的国家，这些器物的工艺精湛，器型每年都常变常新。"

而那些能反映中国古代艺术成就的文物让中国人神魂颠倒，他们将其视若珍宝，从来没有考虑过出售给我们欧洲人。当代烧造出的新产品对于外销这一目的而言已经显得绰绰有余了。收藏各种古老精妙之物是中国人称心快意之事，所有能够让他们神游回美好古代的物品，都是他们的心头好，令他们无法忘怀。搜寻古物、将其珍藏于自己的家园之中已经不能让中国人感到满足，他们还会满腔热忱地寻找古物的复制品，娴熟的窑工也的确有能力仿制古代瓷器。中国人会用金子来保护瓷器，并且为了将其纳入囊中而争抢不休。据一名中国历史学家记载，有一位周姓仿古瓷器制造商，大约居住于公元 1600 年左右的景德镇。他非常擅于烧造仿古瓷器，所获得的酬银可重达 1000 盎司。某天，他得以亲眼看见一件三足瓷爵杯古物，仿其样式烧制了一个几乎一模一样的三足爵杯，将其献给了掌管祭祀的唐姓官员。唐姓官员成为此件器物的第一位拥有者。在瓷器收藏爱好者眼中，这件仿品对原物的模仿是如此的天衣无缝，一位富家子弟便以 40 盎司白银的价格购得此件爵杯，并将它陈列于自家的博古架之上，旁边摆放着从古代流传下来

图 61

的爵杯，与仿品看起来如同孪生。

图 61，形制颇具古意的三足爵杯，以素三彩为饰，绿地绘黄色、丁香色纹饰（烧造于第三阶段）。高 7 厘米。萨代尔的收藏。

一件简单的仿制品就可以价值万钱，而中国的官宦贵族愿意不惜任何代价将其占为己有。我们怎么还能指望他们会允许这些古董级别的产品出口外销呢？比如，曾有两个成化年间（1465—1487）烧造的酒杯，在仅仅 100 年后的万历朝（1573—1620），中国买家就乐意奉上数万孔方兄来从官员手中购得它们。

从中国采购的精美瓷器制品究竟是近期烧造的还是过去烧

117

造的，对于我们远渡重洋的商人而言，又有何所谓呢？就算我们暂且认为他们懂得鉴别新旧，他们能够确定带回欧洲的瓷器可以吸引不懂行的欧洲人吗？他们有把握欧洲人会像中国人一样以高价购买古瓷器吗？

笔者至少可以得出这样一个合理的结论：由欧洲商人从远东直接购买的瓷器都是在上市不久前烧造的。不要误解，笔者所指的不只是那些根据我们欧洲的订单特别烧制的，带有明确出窑日期和款识的瓷器，还包括所有具有典型中国器型和纹饰的瓷器。笔者当然也不会否认，总会有例外发生，这是非常确凿的。但是，笔者认为这些例外仅仅限于一些不太重要或者有点瑕疵的小物件，它们在各类二手市场上摆放着，由中国商人买下，再被交到欧洲人手中，通常来讲会被当礼物赠送给外国使节，或者是送给东印度公司。东印度公司的代表处人员还会用瓷器交换一些礼物送给中国官员，因为他们有时会被邀请和中国高级官员、地方行政或者皇帝特使严肃地讨论商业关系。

可以证实的是，自欧洲与远东建立直接贸易关系之时起，一直到18世纪末，中国人出售给我们的一直是新烧造的瓷器。根据瓷器抵达欧洲的时间来判定它们的烧造年代将会是一项很有趣的研究。这些瓷器运至欧洲的时间跨度非常大，几乎有三个世纪之久。我们并无任何明晰的指导方针，只能根据瓷器的来源国，或者贩运它们至欧洲的中间商，亦或者去研究一下瓷器卸货的港口，然后再顺藤摸瓜回溯一下它们在来到我们手中之前的流转轨迹。通过以上所述的一番探索，我们可以分辨出如下几个年代的瓷器：正德（1506—1521），万历（1573—1620），还可以归纳出后面的康熙（1662—1722），雍正与乾隆（1723—1796）时期烧造的瓷器的各自特点。

不幸的是，笔者找到的这些本就不常见的寥寥线索并不能透露太多信息。但是如果提供给我们的有效信息仅仅如此这般，我们就不会有兴趣继续下一步的研究了。我们会快速回顾一下法国人对中国瓷器的看法，介绍一下历史中曾经出现过的瓷器爱好者。

118

过去的瓷器爱好者

    人类都有这样一个怪癖：大家都不愿意当自己族群中第一个吃螃蟹的人，也拒绝去探寻自己祖先真实的过往。因此，我们会蔑视那些无法确认真实性的家谱。但是，如果一个人可以有确凿的证据展现自己杰出的先祖一代又一代传承的历史，那么他就有权感到自豪。这种情况恰恰是瓷器收藏爱好者曾经走过的历程。有的人认为，藏家们玻璃展示柜中的瓷器只是由苍白时代中衍生出来的怪异且无厘头的审美，人们在厌倦了真正美丽的事物后将目光突然转向了小众艺术品类，至今还有人在这个备受轻视的领域里寻找新的感官刺激。实际情况却并非如此。我们所做的其实是在重振，抑或是保持过去一步步创立起来的传统，并希望传承下去。这些收藏爱好者在经年累月的不懈追求中获得快乐，在学习、研究与分类中满足了好奇心。

我们在前文曾经讲过皇家珍藏目录中最早出现中国艺术品的具体时代，当时，这些艺术品需要跨越整个亚洲大陆才能抵达我们脚下这片土地。后来，好望角直航中国的通道被发现，这条航路由我们伟大的先祖弗朗索瓦一世（François Ier）开辟。听说这位帝王喜欢所有美好的事物，比如美轮美奂的建筑、别具匠心的画作，以及亭亭玉立的女人。莱昂纳多·达·芬奇（Léonard de Vinci），本韦努托·切利尼（Benvenuto Cellini）和埃姆佩斯公爵夫人（la duchesse d'Étampes）给了他机会去爱上美丽的瓷盖罐。笔者研究发现，1529年，他花费了287里弗尔[1]从一位名为皮埃尔·勒莫因（Pierre Lemoyne）的人那里购得一件印度风格的家具[2]，这件家具从葡萄牙人那里获得，表面涂有黑漆，装饰华丽，点缀着金色雕像（类似于漆器家具）。他将这件家具摆放于卢浮宫的展示橱窗中，后来丹尼尔神父（Père Daniel）描绘道：同在橱窗中摆放的还有来自中国的瓷花瓶、瓷餐具，以及水晶制品，都属格外精雕细琢之物。此外，还有其他数不胜数的小玩意儿被

---

[1] 里弗尔，法国的古代货币单位名称之一，也译作"锂"或"法镑"。——译者注

[2] 《皇家账目》（Comptes Royaux），第1529条。

进献给弗朗索瓦一世以及亨利二世（Henri II）。^①

和弗朗索瓦一世生活在同一时代，同时亦是其强劲对手的帝王查理五世，也拥有无穷无尽的宝藏，其中必不可少的自是精美的瓷器。可能有的读者无法相信，查理五世已经不再满足于只能从海员们带回欧洲的瓷器中进行挑选了。他命人在中国为他烧造了一套印有他代号与纹章的餐具。这套餐具被运回德国，在因斯布鲁克（Inspruck）帝王出逃之后，便落到了萨克森选帝侯（Electeur de Saxe）的手中。

119

讲述这段故事的人还提到，他们在德累斯顿的日本美术馆曾看到这批瓷器中的几件遗留藏品，那是一些带有查理五世纹章的瓷盘子。

除了这位骑士国王，我们可能还希望在中国瓷器收藏家名单中看到一些其他名字。这其中必然包含叙利公爵^②（le Grand Sully）的大名。我们确信他肯定无法抵御这种新奇品位的诱惑。尽管有时候他需要解决一些更为紧迫的生活需求，比如说更换一下他手肘部破洞的紧身上衣。我们的亨利国王穿着相同的衣服在条件艰苦的乡下，丝毫没有不舍得的意思。总而言

---

① 《枫丹白露的奇珍异宝》（Trésors des merveilles de Fontainebleau），作者丹尼尔（P. Daniel），第 1640 页。

② 叙利公爵，本名为马克西米连·德·贝蒂讷（Maximilien de Béthune, 1560—1641），法国首席大臣，曾是亨利四世在法国统治的得力助手。——译者注

之，因为痴迷瓷罐，叙利公爵违背了自己一贯艰苦朴素的作风，将心思沉浸于这种极端奢侈的爱好中，怡然自得。他拥有一件超群的器物，在那个时代大家一致认为其形制超大，堪称精妙绝伦。但是后来这件瓷器又经历了什么呢？为什么又配上了一个漂亮的底座？没有人知道这些问题的答案。笔者有幸发现了朱利奥两个世纪后整理的一些谈论东方瓷器的笔记。当时，为将卢浮宫中的一些大厅变为博物馆展厅，朱利奥负责整理路易十六（Louis XVI）的藏品清单。如下便是他对一件大瓶的描述：这是一件来自中国古代的高级瓷花瓶，总体为圆形，配有盖，装饰有典型的纹饰，绘有边饰，纹饰主题涉及城堡、佛塔以及一些静物。瓶盖上配有钮，瓶颈部有一周纹饰，此花瓶下承波浪纹镀金铜材质底座。此外他还提到，这件瓷器曾经属于叙利公爵。

比较遗憾的是，朱利奥并未明确地注明这件瓷器大瓶所使用的装饰工艺，导致我们无法得知它到底为单一青花纹饰还是带有五彩的纹饰。这段描述写于18世纪，朱利奥称它为"中国古代瓷器"，但是他得出此结论的原因很可能仅仅因为在他眼中这件美丽的瓷器颜色鲜艳、纹饰优雅。笔者推测这大概是一件素三彩器物。

如果我们暂且认为朱利奥所说的是真的，那么叙利公爵的花瓶将是第一个值得引起我们注意的例子，它也将是那个时代的一个例外。因为一切证据都表明，在 1600 年的欧洲，人们所拥有的藏品均为青花瓷，并未有其他品种的瓷器。这一观点值得进一步的解释与说明，笔者将在此停留片刻，来解释一下支撑这一观点的原因。

因为缺少一些较为可靠可以供人引用的档案或者年表，笔者只能将读者们的眼光转向欧洲的各个博物馆。欧洲各大博物馆都展示有 17 世纪初大师们的画作，画作中时常出现一些玻璃展示柜，画家完美表现了柜中摆放的艺术品，他们非常乐于将当时人们喜爱的精巧艺术品汇集在自己的作品中。

120

在凡·乌特勒支（Van Utrecht）、斯奈德（Snyder）和勃鲁盖尔（Breughel）这些才华横溢的画家绘制的画作中出现过各种精美的小物件，但是却从未有人看到过绘有五彩纹饰的瓷器。当你在博物馆中徜徉而过，停留在那些巧思独运的画作前，看到的是体型丰满的仆人手中拿着蓝色的餐盘，面带微笑地将它们布置在餐桌上；反光的餐具柜中摆放着的蓝色花瓶；又或者，在一众铜制餐具中，那个与众不同的蓝色瓷碗，碗身上日本或中国的花纹无时无刻不在吸引着瓷器爱好者的目光，也似乎让画中的人物喜不自胜。

为何画家们如此喜爱将这些别具一格的器物安排在画中家

庭的餐具柜中呢？画家会精心将它们摆放于镶嵌着金或者银的杯子上、颜色艳丽的老旧粗陶器以及意大利彩陶之中。作为亲历者的艺术家们，他们亲眼见证了这些从远东运至荷兰的艺术杰作，尤其是勃鲁盖尔家族的几位画家，其数量庞大、类型多样的画作以完美的艺术呈现方式表现出极高的品位，他们的画笔仿佛能够传递气味。他们还描绘过各种各样的虚拟人物，比如女神、仙女等。而在他们的画作中，为什么却仅仅绘制了青花瓷器呢？

当我们目睹他们渲染的完美效果、画笔的高超技巧时，我们便这样假设：绘制彩色瓷器，从技术角度而言，对他们可能有些困难，所以他们会尽量避免？而且，他们明知道中国瓷器有多种颜色，却由于过度谨慎，拒绝使用多重彩料，以避免展现耀眼夺目的色彩？

以上假设自然是不太可能的，他们只展现蓝色瓷器，避而不画杂色瓷器，唯一的原因是：他们还没有见过后者。

此外，为了表现该论点的可靠性，还应该指出的是，这些别具风韵的室内场景中出现的确实是来自中国或日本的青花瓷，而不是来自代尔夫特的彩陶。

实际上，赫曼·彼得斯（Herman Pieters）最终于1600年左右成功创烧出质量过硬的陶器，这种陶器有纯白或乳白色

121

的釉层，同时还可以使用钴蓝料对其进行装饰。而直到1650
年，另一位代尔夫特的彩陶大师阿尔伯特·凯斯（Albregt de
Keizer）才放弃了之前惯用的欧洲风格主题纹饰，仿制烧造了
日本青花瓷，这个新奇的品种在当时名噪一时，可谓价值连
城。那个时代画家的作品成为了编纂文博历史的证据，在1630
年之前，欧洲画家得以亲眼所见的东方瓷器，甚至包括那个
据传属于叙利公爵的瓷器，大概都仅仅使用了蓝色彩料进行装
饰。而如果再次翻看笔者曾经参考过的那位英国历史学家的记
录，我们会发现，直到17世纪初，进口至英国的东方瓷器都
是没有什么纹饰的，就如同伊丽莎白女王的国库官员伯利男爵
（lord Burghley）在1588年新年之际进献给女王的那些光素无
纹饰的瓷器一样。

　　据推断，一直到大约1650年，才有以多彩纹饰装饰的瓷
器从中国流入欧洲。大概在同一时期，第一批烧造于日本的瓷
器进入欧洲市场。18世纪的收藏爱好者们持同一种观点，1747
年，热尔森[1]（Edme-François Gersaint）曾在他的书中做过如下
说明：最普通的瓷器一般为白地，带有蓝色纹饰，纹饰主题常
常是花卉、风景、人物或者动物。然而，近些年来，我们又有

---

[1]　热尔森（1694—1750），法国古董商人、艺术史家。——译者注

机会见证一种新的装饰工艺，我们将这类使用新装饰工艺的瓷器称为"涂釉瓷器"，这种瓷器的纹饰颜色生动绚丽，但是总体而言不够协调统一[①]。

总而言之，正是从这一时间点开始，更多样的瓷器走进了王室的城堡以及黎塞留、马扎林主教，还有众多王公贵族的豪华住所中，并且很快取代了他们曾经使用的金银制餐具。后来瓷器又成功赚取了国王口袋中的金币，并乘胜追击吸引了更多的人。中国瓷器在王国的贵族人士中备受追捧，获得了所有以"品位不俗"而自居的人士的青睐，很快便成为了公认的具有收藏价值的艺术品。首先是奥尔良公爵（le duc d'Orléans），他的瓷器收藏数量非常可观。此外还有多芬公爵（le Grand Dauphin），他的主要搜寻目标是釉下青花白地瓷器，这种瓷器胎质光洁细腻、纹饰极尽工巧，因此被认为是瓷器中的上乘之品。他收集的重要藏品被存放在凡尔赛宫华丽的玻璃橱中，这些玻璃橱由著名橱柜制造商安德烈·查尔斯·布尔[②]（André-Charles Boulle）先生专门打造。这些漂亮的家具，包括其内摆放的部分珍贵装饰品，在凡尔赛宫的大火中被烧毁，

① 《冯佩提斯子爵所藏绘画、首饰、瓷器出售清单》（De la vente des tableaux, bijoux, porcelaines, etc., de M. Angran, vicomte de Fonspertuis），巴黎，1747 年。

② 安德烈·查尔斯·布尔，路易十四时代法国最著名的家具匠人。——译者注

令人忍不住扼腕叹息。

　　王公贵族集团并非唯一的瓷器爱好者。18 世纪末期，爱瓷之人为能够拥有价值连城的瓷器争抢不休的事件时有发生。但凡有瓷器出售，哪怕只是一些不起眼的物件，都会在艺术圈和收藏圈中引发一番骚动。当拍卖之日来临，人们首先会讨论这些瓷器的优势，而当器物开拍、叫价开始，你便可以见证一些人的贪婪嘴脸，同时还能观察到一些人的荣辱自尊，清楚明了展露无遗。人们打着各种小盘算，使着小招数，就是为了能够将某某买家踢出竞拍现场。我们优秀的拉封丹①（Jean de La Fontaine）先生就曾经把自己道德高尚的动物小伙伴抛在脑后，领受了孔蒂亲王（prince de Conti）不可言说的任务——劝说自己的朋友杜维尔（du Vivier）不要再参与两个小瓷人的竞争，因为王子对它们觊觎已久。这位寓言家成功地完成了他的斡旋工作。1689 年，他写信给王子："您的精神和价值观都值得人们的敬仰，我和杜维尔昨天已达成共识，他请求我向您表达最诚挚的敬意，我们祝福您的特殊愿望能够实现。那些中国人偶一定会如您所愿最终成为您的收藏的。"

　　当然，想要有机会选择自己相中的那款瓷器，你需要至少

12.

---

① 拉封丹（1621—1695），法国寓言家、诗人，擅长以动物喻人，讽刺一些虚伪小人的嘴脸。——译者注

是一名庄园主、亲王或者公爵等贵族。然后，你可以在瓷器表面镶嵌上从秘鲁矿场中运来的金子，进一步体现器物的高端华贵，然后再去尽情使用这些易碎又迷人的瓷酒杯。1702年，在维哥港（Vigo）被英国、荷兰军队击沉的西班牙舰船上的那位舰长一定就是这样做的。

这些商船真的如传说中所说的满载金银吗？坊间传闻，曾有法国工程师试图从海底打捞这些沉睡已久的舰船残骸。工程师的尝试从某种程度来讲算是取得了一定意义的成功，船体部分的残骸还真被找到了，人们一片一片地将它们从海底捞了上来，但是却没有找到哪怕一块金子。在巴赞（Bazin）先生派出的潜水员打捞出来的残骸中，人们发现了一些西班牙-阿拉伯风格的陶瓷残片，以及一些中国风格瓷器残片，这条新闻让笔者的心情比淘金人士舒畅许多。其中一件残器格外吸引笔者的注意力，这是一个瓷杯（见图62），说是残片，但它几乎是完整的，胎体轻薄光润，使用釉下青花工艺饰花草纹饰，器底有著名的海贝壳款识。这件器物是如此的明艳多姿、耀眼夺目，笔者禁不住猜想，这些从事货物倒卖，眼中只认金银的船长们，可能并非一群野蛮无礼、对欣赏高端艺术一窍不通的山野之人，他们饮用热可可时使用的杯子，很可能和200年前成化年间达官贵人所使用的为同一款。这件瓷器应该是在沉船发生不久前烧造的，再由这些船员从东方带来。也就是说，瓷器大约烧造于中国康熙末年，却带有成化时代的款识。

图 62，详见款识列表第 99 号。

图 62

杜维尔先生和冯佩提斯子爵的收藏

笔者在前文讲过，奥尔良公爵是第一位认真收藏东方瓷器的人，同时，他也是第一位出售自己收藏的人，几乎与他同期的多芬公爵的瓷器也遭遇了同样的命运。目睹这些买卖的历史见证者写道：那么多精美绝伦的瓷器，就这样散落到了小收藏家的手中，挪移到了不同的玻璃橱中绽放异彩。部分从王室流散出来的器物被一位法国军官收藏，这位军官在 1680 年至 1710 年间一直孜孜不倦地收藏瓷器，这一批器物丰富了他的藏品种类。这位军官就是我们刚才讲到的拉封丹的朋友杜维尔。他大概是第一位藏品被整理为清单的瓷器收藏家，因为他将他的全部收藏以遗产的方式赠送给了他的侄子冯佩提斯子爵，笔者找到了这笔遗产的清单与对其内容的描述。这位子爵作为它们的继承者可谓当之无愧，他在叔叔的基础上，继续着这份收藏的事业。

冯佩提斯子爵名为路易-奥古斯特·阿格朗（Louis-Auguste Angran），他无疑是 18 世纪初最著名的收藏家，取得这一地位很大程度上归功于他渊博的知识以及他玻璃橱中藏品的重要价值，那里汇集了种类繁多的艺术珍品。

和杜维尔先生一样，冯佩提斯子爵的收藏也得到了人们的关注与重视，成为两代人持续学习与耐心研究的对象。

冯佩提斯子爵的遗产继承人以公开拍卖的形式出售了所有藏品，并委托热尔森撰写了包含七百多个编目的庞大目录。

人们为研究其中那些伟大的绘画共撰写了 115 篇文章，有一些知名的画作还被复制为版画，笔者将在此简单介绍一二。

沃夫曼（Wouwermans）的《民间游乐会》（La Kermesse）拍出了 603 里弗尔；大卫·泰尼尔（David Téniers）创作的《乡村婚礼》（Noce de village）卖出 6000 里弗尔，他的《磨刀人》（Remouleur），售价 603 里弗尔；尼古拉斯·伯格姆（Nicolas Berghem）绘制的《大草原和海港》（la Prairie et le Port de mer）以及伦勃朗（Rembrandt）的两幅女性肖像画，均为 200 里弗尔；然后还有范戴克（Van Dyck）、克劳德·勒洛兰（Claude Le Lorrain）等其他法国和意大利最杰出画家的画作。

除绘画作品之外，还有珠宝、青铜器、古董家具、素描和版画；萨克森州的瓷器，几件东方陶器，以及160篇专门介绍中国和日本瓷器的论文。最后还有许多小雕像、动物像，以及形状、大小不一的花瓶，通常成对出现或成套出现。

在如此耀眼的藏品面前，热尔森认为他不应该仅仅记录下藏品名称了事。在提供给最高出价者的清单中，他还添加了许多额外信息和注释，这使得他的目录读来格外有趣。当然，我们没必要把这位拍卖师当成一位声望显赫的权威人士，他也不是学者或鉴赏家，我们只需要承认他是一位对于收藏行业有足够实战经验的专业人士，所以笔者有理由这样认为：他为那些展示给藏家们的瓷器留下的记录，是能够反映同时代的人们对器物的普遍认知的。

笔者在引用热尔森的一些评论的同时，还快速浏览了冯佩提斯子爵的收藏，这批藏品在1747年12月到1748年1月间售出。根据惯例，热尔森首先对去世的人大为称颂一番，并且注明冯佩提斯子爵并不只是维持了他从叔叔那里继承的遗产，而是始终在寻找机会扩大这份收藏的规模，使得它变得越来越有分量，最终得以成为我们今天看到的样子。此外，热尔森显然认为很有必要激发一下清单读者们对瓷器的兴趣，让大家理解子爵对瓷器独有的这份热爱。为此，需要说明一下这些来自远东的精细雅致的陶瓷到底是何物。他写道：

"我们希望能够有真正的契机来向大众介绍瓷器的特征、来源、成分以及优点，但是这件事却并不太容易，因为我们不知道是否有任何一位去过远东的人士能够以让大家满意的方式谈论陶瓷。"热尔森如同其他所有与他同时代的收藏爱好者一样，对瓷器的技术细节一无所知，他们对于瓷器历史的了解也仅限于殷铎泽神父传递回来的那些错误百出、凭空奇想的传说故事。不过，他们倒是很清楚"瓷器很美"这一事实，并且因其迷人的颜色而更加吸引人，他们懂得哪种类型的瓷器最为受人青睐，哪种颜色更为罕见。他们知道一些种类的瓷器在欧洲出现的大概时间。

下面是热尔森撰写的总结，对那个时代闻名于世的瓷器进行了概述："在中国，人们掌握烧造各种颜色瓷器的技术，黄色特供皇帝使用，还有一种不太常见的灰色瓷器，几乎接近于塞拉同色，瓶身通常饰有很多不规则的线，彼此交叉，将器表面切割为许多小块。有时线条较为粗犷，所形成的效果也就更加醒目。通常，根据纹路的形态以及大小，我们将具有这种效果的瓷器称为'处理瓷'或者'裂纹瓷'。这类带有裂纹的瓷还可以是蓝色、红色和绿色的，但是带有这些颜色的瓷器裂纹很难均匀分布在器表之上，而且成品率很低，所以导致价格极其昂贵。我还见过黑色的瓷器，但是黑瓷器真的非常罕见，它被如此追捧可能主要就是因为它的稀有。其实这种颜色看起来真的不那么让人欢欣鼓舞。最后要提到的就是最常见的白色地上绘有蓝彩纹饰的一类，还有一种近些年才出现的工艺，就是使用多种彩料装饰的瓷器。"

25

我们再一次看到这种说法：18世纪初，法国人拥有的中国瓷器绝大部分都是白色地上描绘蓝色纹饰的。这一阶段，人们已经对部分颜色釉以及素烧坯上釉的瓷器不再陌生。以不同颜色彩料绘成纹饰的五彩瓷器仍然相对比较少见，但是仅仅在不久之后就在人群中普及开来。

现在，让我们来关注一下目录的内容。热尔森首先介绍了一些带有缠枝花卉纹和折枝纹的传统青花花瓶，笔者在前文中曾经提到，这些青花花瓶有一部分来自于多芬公爵的收藏。

此外，笔者还注意到如下这些器物：

第52号藏品，精妙绝伦的香花罐，双层盖子，饰以彩色花卉纹，点缀着金彩。这件作品是公认的独一无二之作，它来自于维鲁夫人（Mme de Verrue）的玻璃橱，后她将其交予孔德亲王。

接下来的是一系列笔者在前文中曾经提到过的日本传统赤绘瓷器，比如带有杵的研磨罐和一些小型瓷雕像。

然后，热尔森又谈到中国白①，他是这样赞美它的："传统的中国白一直以来都受到行家的高度认可。在西班牙，中国白更是人们选择瓷器时的最爱。的确，没有什么比东方人给予它的那种柔和、低调的色泽更能让人心驰神往的了。"

下面仍旧是热尔森的记录：

第67号、68号、157号、162号和249号藏品，古代白瓷酒杯、茶杯，器表饰有雕刻的花卉，点缀有金彩和银彩。观音菩萨的塑像以及中国鬼怪的塑像，鬼怪长有深海怪兽的头，下承模仿海浪的基座。老式白瓷花瓶，瓶颈部有堆塑的瓷龙装饰（参见下图）。

---

① "中国白"是法国人在明末清初之际给予德化白瓷的译名。——译者注

当讲到彩色釉瓷器时，热尔森告诉读者："所有以蓝色、绿色、亚麻色、塞拉同色等颜色为底色的瓷器都是非常受欢迎的，因为它们的数量相比白地瓷器是少之又少；这些色地瓷器自然也更加赏心悦目。"此外，他还介绍了鹦鹉形状的瓷像，以及站立在紫釉基座上的绿釉、天蓝釉（松石蓝色）怪物瓷雕，基座和塑像的颜色时有更换。同时还有刻有雕花的花瓶，一些塞拉同器物，一两件青金石地（吹釉）器物，带有斑点的雪花釉瓷，带有冰裂纹开片的瓷器。最后是一系列白地瓷器，使用五彩工艺装饰花卉、宝塔或龙纹。

图63

图64

图63，站在松石蓝色石头上的紫色鹦鹉。

图64，绿色鹦鹉。

图 65

图 66

图 65、图 66 均为萨代尔的收藏。

接下来的是一系列将素三彩纹饰直接绘制于素胎之上的器物，热尔森使用了另一个比较古老的名字来专指这类瓷器，"带有颜色的瓷器"或者"绿色瓷器"。笔者看到如下描述：

第 195 号藏品，两把模仿芦苇束形状的绿色茶壶。售价为 6 里弗尔 12 分。

第 206 号藏品，两个小瓷人，坐于老虎身上，老虎的尾巴翘起，人可以手动调整使尾巴落下。售价为 192 里弗尔 10 分。

热尔森补充道："这两件瓷器烧造于古代中国，属于上乘之作。它们被藏家妥善保存，品相完好无损。这两个小瓷人的头部非常有特点。我们可以随意摆弄人物的体态，小瓷人的身体并非牢牢固定在底座上，而是可以随意转动。"

幸好有这条评论，笔者才得以在众多瓷雕中认出了这件小人骑虎摆件（详见图 67）。小人的上半身在腰带处与下半部分分离，它还可以随意摆出各种各样的姿态，瓷器的纹饰绘制于素胎之上，小人的皮肤施紫彩，紧身连衣裤施黑彩，上有绿色花纹。小雕像的其他部位都是采用五彩颜料装饰的，老虎的身体施黄褐彩，上有较为自然的黑色条纹。

27

图 67　　　　　　　　　　　　　　　　图 68

图 67，雕像的总体高度为 28 厘米。莱昂·福德先生的收藏，巴黎。

图 68，第 198 号藏品，来自中国的彩色瓷茶壶，壶身模仿从水面跳出的鲤鱼。以 14 里弗尔 4 分的价格出售。萨代尔的收藏。

图 69

图 69，第 303 号藏品，两只标致的中国瓷母鸡，茶壶形状，壶身纹饰画艺精湛，母鸡的背上背着一只小鸡。售价为 60 里弗尔。萨代尔的收藏。

还有一件类型截然不同的瓷器，在此我们不能不介绍一下：第 120 号藏品，两个方形素三彩花瓶，瓶身绘有宝塔和老虎纹，下承镀金的青铜足。以 14 里弗尔的价格出售。据作者透露，这两个花瓶是在荷兰进行装饰的，他说："这些花瓶上的人物、动物和其他纹饰是由荷兰画工绘制的。通常而言，荷兰画工不太擅长于在白色瓷器上绘画。"

笔者之所以引用这两件略为平庸的器物，是为了让读者们能够见证不同时期代尔夫特窑画师们对制作仿制品的迷恋。这种风气从 18 世纪初期开始兴起。笔者稍后还会对这一问题做进一步的探讨，而目前我们主要把目光集中于热尔森对荷兰人

128

的批评之上。以上这还不是全部，在谈到青瓷或者颜色釉瓷器时，热尔森提到器物没有覆盖釉的边缘会被涂上略发棕色的清漆。他说："这个国家的收藏爱好者不太懂行，只能通过瓷器棕色的边缘来判断一件器物的新老。这多少成为了他们的一种执念。不管一件器物有多么美丽，如果没有看到它边缘处这棕色的一圈，他们就会感到不太满意，甚至都会放弃这件器物。"

除了远东的瓷器等物品，以及印度和波斯的陶器，冯佩提斯先生还致力于收集一些在当时很难获得的萨克森陶瓷。

热尔森对一些花瓶、装饰配件、烟灰缸、沙拉碗等器物进行了描述，并将其中一部分认定为萨克森陶瓷。这一部分器物大都带有从高级日本赤绘瓷上复制而来的纹饰，并且复制的效果还都让人无可挑剔。作为目录撰写者的热尔森承认，要不是因为这些器物带有作为萨克森窑厂标志的那两把剑的话，他很可能就会搞错了。他写道："我并非唯一一个被欺骗的人。第94号藏品是两只多棱沙拉碗，碗身带有模仿自古代日本赤绘瓷上常见的人物纹。在我对其进行了一番描述之后，我又仔细端详，探究其质量究竟如何。我不会羞于承认，经过细致观察与慎重考量，我发现，在两个器物的器底都有一个封印，这个封印提醒了我：我可能受到了蒙骗，同时佐证了我的怀疑。而在揭开这个封印后，我的怀疑得到了证实，一切真相大白，因为我看到了封印下面绘制的两把带有链条的剑。也许冯佩提斯先生购买这些器物是因为希望在自己的收藏中添加几件意外惊喜之物。总而言之，这两件器物都是完美的上乘之品，我估计，德累斯顿工厂生产出来的仿古瓷器可能都没有它们制作得精细。"

冯佩提斯的这批艺术瑰宝中竟然找不到一件欧洲彩釉陶器。那些同笔者一样阅读到这本冗长目录结尾处的人以及当代所有关注陶瓷艺术的人，可能都会对此感到震惊。他们可能不会理解，具有较高艺术品位的人会在他那个时代市面流通的所有瓷器里面挑选最为瑰丽的藏品纳入自己的收藏，他们并不指望通过拥有一些漂亮的马约里卡锡釉陶来使藏品系列变得完整。说到马约里卡锡釉陶，帕塞里曾经是其积极的代言人，现如今它们的售价也挺高。并非只有冯佩提斯先生一个人对彩釉陶器完全没有兴趣，这一倾向在所有 18 世纪收藏家中可能是较为普遍的。他们都如同冯佩提斯先生一样，把东方瓷器摆放在自己藏品橱的显要位置。在这些瓷器中，没有哪件会因为过分美丽或者过于昂贵而佼佼不群，它们一般描金或者描银，有的带有铜制底座，底座形制优雅，一定曾被皮埃尔·古提埃尔先生[1]（Pierre Gouthière）和他同僚们的细长凿子充满爱心地雕琢过。

----

① 皮埃尔·古提埃尔（1732—1813），法国 17 世纪铜鎏金大师。——译者注

笔者认为，18世纪的所有收藏爱好者都曾拥有几件瓷质器物。除贵族成员、杜维尔和冯佩提斯等人以外，社会上还有很多收藏爱好者，其中就有笔者即将介绍的画家安托万·高培尔（Antoine Coypel），他的藏品于1753年出售。此外还有德·朱利安先生，他是一位大实业家，他玻璃橱中的藏品在1767年进行过公开拍卖。一年后便轮到了国王的秘书路易斯让·盖尼埃先生（M. Louis-Jean Gaignat）的藏品被送去拍卖，他对塞拉同、窑变以及釉面开片等类型瓷器情有独钟。十年后，金融总局局长布瓦赛先生多年累积的大量瓷器被出售。到了1781年，马扎林公爵夫人收藏柜中的器物被一件件转交至出价最高的人手中。1782年，公爵夫人的公公奥蒙公爵（le duc d'Aumont）的藏品被出售。奥蒙公爵这位大贵族常常以艺术保护者和欣赏者的身份自居。他丰富的家具收藏展现了太阳王及其孙路易十五统治时期风行于法国的最高等级艺术品位。

戴维利男爵（le baron Davillier）曾对奥蒙公爵的藏品做过特别研究，我们的读者可以关注一下。男爵看到奥蒙公爵有许多的东方瓷器，并且藏品涉及面非常广，囊括各类瓷器。我们在后文中还会提到这位公爵藏品的具体细节，并且会介绍瓷器的烧造者。

德·朱利安先生的收藏

　　要说最有影响力、涉及范围面最广的收藏，自然要将目光投向朱利安先生的玻璃橱。经营着一份宏大产业的他，从收藏艺术品中体会到了极为珍贵的放松与休闲。

　　德·朱利安先生是一位布尔乔亚，但却是一位极其富有的资产阶级。他的资产基本可以和今天的哥白林①工厂（fabrique des Gobelins）比肩。他拥有许多印染厂和布料厂，同他的舅舅格鲁克（Gluck）一样，他也算得上是这一产业的开山鼻祖。

　　德·朱利安出身于工人阶级家庭，通过努力奋斗与财富积累得以实现阶级跃升。他于1736年接受了国王授予的爵位，尽管他所获得的这个小小爵位并无实际意义。在18世纪，平

---

① 哥白林，法国著名丝织品经营家族。——译者注

民被授予爵位是非常常见的事情，也是比较容易的，这些人被称为"名誉贵族"。名誉贵族阶层也明白无须把这件事太当真。那些大贵族阶层比较有教养，知道与人交往不得无礼，接受彼此在同一个场所内以表面平等的方式往来。就好比现如今的一些沙龙一样，大家都穿着黑色晚礼服，百万富翁和潦倒之徒鱼龙混杂，可以自由出入。

这一类贵族通常还会选择另一条捷径，比如笔者现在介绍的这位便是如此。当资产阶级发家之后，就会考虑与一个出身不错但是家境贫寒的女孩结为夫妇，通过这种方式帮助自己在社会阶级上更上一层楼。这样家庭的女孩一般来讲不会排斥这种摆脱贫苦生活的机会，同时也不至于让自己的阶级下滑得太夸张。因此，德·朱利安先生娶了德·贝西小姐（Mlle de Brécy），他通过这门姻亲成为了德·蒙特雷（de Montullé）先生的舅舅。德·蒙特雷先生是王后内阁的秘书，后来又继承了德·朱利安的遗产。这个贵族家庭接纳了德·朱利安，同时还进一步激发了他对艺术的追求，艺术使得他与自己的妻子联系更加紧密。

德·朱利安出生于1686年，在青年时代，他笃信自己是块画家的材料。后来，他结识了让－安托万·华托 [①]（Jean-Antoine Watteau），并与勒莫因（Lemoine）成为朋友。当他了解到他两位朋友的才华时，便明智地放下了画笔，回到了自己的家族工厂，染很多羊毛，织很多布，赚很多钱。积累财富的同时，他还懂得将他的部分财产投入到收藏事业中，经过漫长年月的耐心经营，他的收藏成为了那个时代最伟大的藏品系列之一。

如果今天你告诉一位收藏家，这些装满艺术品的精美玻璃橱在巴黎的栖身之所位于穆浮达街区，毗邻著名的毕耶河（la Bièvre）——那条泥泞不堪的巴黎地下河，那任何一位收藏家都会感到非常惊讶吧。当听到"毕耶河"这三个字，收藏家们就会想象到那些粗鄙而肮脏的街道，以及那被制革厂污染的空气。更为让人震惊的是，像德·朱利安这样艺术品位颇高之人，在操心着他的工厂之余，还可以为自己保留私人时间进行高端研究，忍受着这种令人反胃的环境与他所藏艺术珍宝之间的惊人差异，继续从容生活下去。然而，就是在那里，在他的工厂区域内，德·朱利安激情满满地积累着他的艺术矿藏。他与工厂的距离仅有一步之遥，工厂时时刻刻帮助他聚敛财

---

① 让－安托万·华托（1684—1721），法国洛可可时期最重要的画家之一。——译者注

富，让他得以一掷千金购买珍奇宝贝来丰富他的艺术馆藏。但是这里必须要说明的是，当时的高白林厂区[①]所在位置属于乡村，这一街区位于巴黎周边，环境宜人，景色优美，高大的树木和绿色的灌木遍布其中，绿色掩映下点缀着一些精致低调的小房子，里面住着王公贵族。这些人由衷赞美着、享受着这种低调华丽生活的魅力。在那里，你可以过上德·朱利安先生这样精致素雅、随心所欲的生活，你还可以与德·朱利安共同娱乐，并且和创作《舟发西苔岛》（Départ pour Cythère）与《爱之乐园》（Fête galante）的画家[②]成为朋友。

最重要的是，德·朱利安拥有最好的画作，皮埃尔·雷米（Pierre Remy）在其所编写的目录中称德·朱利安拥有"最诱人"的绘画作品。这位专家列出的拉斐尔（Raphael）、高勒热（Corrèges）、儒勒·罗曼（Jules Romain）以及丹尼尔斯家族（Téniers）、沃弗曼家族（Wouwermans）、奥斯塔德（Ostade）等画家的名字都让人感到兴味盎然。比较值得让人注意的是这最后几位弗拉芒画家，他们的作品在拍卖之际被拍出了最高价格。那个时代的弗拉芒绘画属于发展阶段，这种现

131

① 高白林厂区位于毕耶河西岸，与德·朱利安的工厂同属一个区域。——译者注
② 这里指华多，《舟发西苔岛》与《爱之乐园》这两幅作品均为华多的名作。——译者注

象告诉我们，法国人纠正了盛行于路易十四时代的对佛拉芒田园风俗画的不公正蔑视之风。

除了这些画（我们将稍微搁置一下对瓷器的讨论），德·朱利安先生还凭借着其高超的艺术品位，严格筛选了各类素描、版画、花瓶、纹章和家具。所有珍宝都伴随着他走到了生命的最后一刻，安慰着这位勇敢之士的双眼和心灵。他虽家财万贯，却不得不痛苦面对自己所有孩子的相继离世。他将一部分精力投入慈善事业，而唯一的快乐源泉便是在他的艺术宝藏中徜徉。后来的他即使瘫痪在床，依旧可以欣赏、把玩、摆弄自己的每一件宝物，让它们得到更好的归宿。

德·朱利安先生于 1766 年去世，身后获得了很高赞誉。他是圣米歇尔骑士（chevalier de Saint-Michel），还是美术学院（Académie des beaux-arts）的荣誉会员。1739 年，由他负责编辑的华托版画集盛大出版，为表感谢，人们便将这些荣誉称号授予他。

正如前文所说，他的财产、工厂以及他的收藏都由其外甥德·蒙特雷先生继承。他的收藏被公开出售，德·蒙特雷仅仅留下了几件藏品。如果德·朱利安先生可以从另一个世界观看这场位于卢浮宫大方厅中举行的拍卖会，大概会为他的收藏爱好者同僚们感到高兴吧。普拉斯林（Praslin）、舒瓦瑟尔

（Choiseul）和拉伊尔·奥蒙（La Hire d'Aumont）等人火速买走了他的遗产，也将这些藏品与他的关系剥离。要知道，他的品位和鉴赏能力属于当时收藏界所公认的最高级别。

　　德·朱利安玻璃橱中所剩下的藏品落入了一位值得托付的人手中。笔者在此想要任由自己沉浸于回忆过去的快乐之中，让我们吹走一些时间的尘土，这尘土对于收藏爱好者而言，似乎蕴含着某种特殊而又渗透人心的气味。所以，有什么理由不多介绍一下这位所托之人呢？这位先生是一位披袍贵族，全面继承了德·朱利安的遗产，甚至还包括他的艺术品位与鉴赏能力，并且他也热爱收藏美丽的物品，其中就包括中国瓷器。对他而言，这种转变似乎非常自然，他的身份处于两类收藏家之间。一类是笔者在前文谈到的他的舅舅德·朱利安，由一名富有的工人，凭借自己的品位逐渐跃升入上流社会，而这种地位的提升并不是金钱可以换来的。另外一类，如同马扎林公爵夫人这样的收藏家，出身于传统贵族家庭，是上流社会贵族阶级的典型代表。对于这一类人而言，收集美丽的物品似乎是生活中必不可少的活动，美物是高尚生活的自然伴侣，是他们宫殿、城堡、府邸不可或缺而又稀松平常的摆设。对于马扎林公爵夫人来讲，对艺术的品鉴和对收藏的喜爱就如同一项在家族中传承了一个世纪的古老冒险，要知道，她的祖

132

先曾是一位著名的主教，她同样继承了主教的遗产。德·蒙特雷先生曾是国会的顾问，同艾诺（Hénault）、德·布罗斯（de Brosses）和布叶（Bouhier）这些内阁大臣属于一个梯队。这些人在 18 世纪的制度中游刃有余，奉行着精致的享乐主义。这些大臣热爱艺术，愿意培养艺术家，同时还颇有智慧，知道有时不能表现得过于拘谨，所以从来都不扮演迂腐学究的形象。此外，他们还很喜欢小件艺术品。比如圣巴拉耶（Sainte-Palaye）喜欢收集法拉蒙德[①]（Pharamond）的盾牌；再比如德·布罗斯，从意大利寄回了许多精致的信件后，还带回了不同种类的艺术品。最后要提一下德·蒙特雷先生本人，他的兴趣主要集中于 18 世纪的刻印版画，那个时代最漂亮的版画都被他收入囊中。

在对收藏家的生活轨迹进行了一番描画之后，笔者现在要暂停一下。我们要回到德·朱利安先生公开出售的藏品中真正吸引我们注意力的那部分。前文已经说过，油画、素描和版画的目录是由画家皮埃尔·雷米负责撰写的。珍玩商人朱利奥制作了瓷器、漆器、家具等其他贵重文物的目录，在此之后不久，朱利奥便成为 18 世纪后期最权威的专家。

---

① 法拉蒙德，法兰克人早期首领。——译者注

德·朱利安先生耀眼夺目的东方瓷器中，有一些曾被朱利奥大加赞赏，还有一些带有可能会被买家嫌弃并引发杀价的裂纹和瑕疵，对这些他也有所提及，在此，笔者将不会一一列举。笔者将会像介绍冯佩提斯先生的收藏一样，引用这洋洋洒洒目录中的几篇文章。要知道，此目录包含250篇介绍中国和日本瓷器的文章。德·朱利安的瓷器交易总值在当时可谓是一笔巨款，大约有九万里弗尔。

图70，老福尔涅（Fournier père）先生的收藏，巴黎。

图70

这批瓷器种类繁多，有日本传统高级赤绘彩瓷，以及各种古代或当代烧造的日本瓷器，其中有：

第1369号藏品，两只古老的白瓷兔子，釉色自然，我们在诸多彩瓷中注意到了它。

第1400号藏品，两只大花瓶，日本传统深塞拉同色青瓷，器表装饰有卷叶和花卉雕花，把手上饰有龙纹，承以青铜足。算上装饰部分，器物总体高 38 法寸，出售价格为 200 里弗尔 5 分。

第 1410 号藏品，古老的日本瓷人，展示了一位和蔼可亲的老人，身骑一匹浅蓝的马，头戴一顶扁扁的棕色帽子。此瓷人拍卖给了奥蒙公爵，价格为 840 里弗尔。

第 1417 号藏品，来自中国的塞拉同色长颈瓷瓶，火焰和巨龙盘旋于器身。算上装饰部分器物总高 33 法寸，直径 26 法寸。此瓶由朱利奥拍得，价格为 1996 里弗尔。

此外还有松石绿釉色以及紫罗兰色的瓷器。除了大量带有龙纹雕花、动物纹的花瓶以及奇形怪状的茶壶外，笔者还发现：

第 1417 号藏品，两只体形硕大的瓷狮子（也被称为"福狮"，参见图 I），传统天蓝色釉，发色均匀统一，上有紫罗兰色斑，两只狮子均立于紫罗兰色瓷基座之上。由盖尼先生拍得，价格为 4800 里弗尔。

第 1427 号藏品，两个形状别致的花瓶（参见图 II），曾经以 600 里弗尔的价格出售给德·布来赛维尔（de Bresseval）先生，后被纳入马扎林夫人的收藏中。在拍卖目录中列为第 101 号。

两个带有鲤鱼鱼鳞状雕花的花瓶，手柄被塑造成蛇的形

状，环绕于花瓶瓶身之上。花瓶加上基座的高度为14法寸。

奥蒙公爵以895里弗尔的价格购得。

第1430号藏品，两个带有缠枝花卉、卷叶雕花的花篮，传统天蓝色以及紫罗兰色釉。

图71、图72，普瓦勒（L. Poiret）先生的收藏，巴黎。

接下来还有一些青金石蓝地（洒蓝釉）的花瓶，有一些使

图71 图72

用了描金工艺，另一些饰有开光，纹饰主题涉及树枝、花卉等，使用青花或素三彩工艺绘制，通常会卖出很高的价格。

下面来看一下这批藏品中最值得被关注的部分：体积各异的器物，各种器型的盖罐、花瓶，通常带有青花釉下彩或者其他五彩工艺绘制成的花卉纹、树木纹。还有一些器物上装饰着人物纹以及虚构的怪物纹。笔者要提到如下几个：

第 1458 号藏品，两个中国传统棒槌瓶，器型较大。红色地上以不同彩料绘制龙纹，龙的颈部和圈足呈青铜色。售价为 54 里弗尔。

第 1459 号藏品，传统中国长颈瓷瓶，瓶腹圆胖，瓶身绘彩色龙纹，龙的一只脚点染有青铜彩。售价为 481 里弗尔。

图 73，萨代尔的藏品。

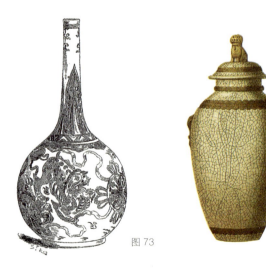

图 73

此外还有洒蓝釉、开片釉的器物，详情见下：

第 481 号藏品，两个中国花瓶，开有冰裂纹片，瓶颈靠上部位、瓶腹起始部位以及靠近足底的位置均装饰有棕色中式雕花一周，瓶身的两侧各饰有一个相同的怪脸瓷雕。

最后是一些人物或动物的小瓷雕、茶壶，茶壶的纹饰使用素三彩工艺绘制于素烧坯体之上。目录中还展示有大量的香花罐、水壶、餐盘和餐具。

除东方瓷器以外，目录中还列有萨克森地区和塞夫勒工厂的一些重要作品，笔者不在这里一一介绍了。我们将仅仅列举三对花瓶，以便读者可以将当时的成交价与当今售卖的类似花瓶的价格进行比较。

第 1554 号藏品，两个天蓝色塞夫勒瓷花瓶，瓶身有白地开光，开光内饰有彩色奖杯；花瓶的瓶颈、盖子设计都较为新颖，上面绘有雕刻的小型绿叶。拍卖价格为 160 里弗尔。

第 1555 号藏品，另外两个与 1554 号藏品材质类似的花瓶，瓶身配有彩色鸟纹开光。售价为 60 里弗尔。

第 1561 号藏品，两个形制优雅的双耳瓶，来自塞夫勒制瓷工厂。土耳其蓝地，配以金色马赛克装饰，点缀有五颜六色的鸟纹与卷草纹开光。售价为 402 里弗尔。

拍卖结束后，这批艺术财宝各奔东西，相继离开了之前被

135

国王特准进入的卢浮宫方形大厅。人们通过在卢浮宫拍卖的这种形式向这些艺术品的品质致敬，同时也为纪念曾经把它们汇集在一起的人。

德·朱利安先生拥有的瓷器仅仅是玻璃橱中绘画作品的陪衬吗？答案是否定的，它们挺着胸膛走进卢浮宫，更加骄傲地昂首走出了卢浮宫。拉斐尔的《沙漠中的圣约翰》（Saint Jean dans le désert）和《圣洁家庭》（Sainte Famille），一个拍出了495里弗尔的价格，另一个拍价是399里弗尔。圭多·雷尼（Guido Reni）的《童年耶稣》（Enfant Jésus）卖出了1100里弗尔的价格，还有诸多来自各个流派的出类拔萃大师的画作，不一而足。

盖尼埃先生的收藏

　　国王的秘书，同时也是这批物品寄存时的保管人盖尼埃先生，在德·朱利安先生的拍卖会上也购买了画作和瓷器。但是他却没有机会把玩太长时间。死亡之神突然降临，盖尼埃的艺术藏品以及他的图书收藏都在 1768 年进行公开拍卖。他的图书收藏非常宏伟，在那个年代可谓前无古人。

　　这批收藏大约包含有 60 幅绘画作品，囊括各个门派中最优秀的画家，比如穆里略（Murillo）的一幅画卖出 17535 里弗尔，范戴克的画作卖出 9200 里弗尔，范·奥斯塔德（Van Ostade）卖出 10800 里弗尔，大卫·泰尼尔卖出 18030 里弗尔。一幅沃夫曼的画卖出 14560 里弗尔。我们只是在一系列优秀的作品中随意引用了一些数字而已。而此次拍卖中旧家具、青铜器、珠宝、瓷器等艺术品的总交易价格，是一笔惊人的巨款，共有 207458 里弗尔。这一批藏品的高端风范不仅体现在每件藏品的价值上，也体现在藏品的总体数量上。

盖尼埃先生没有一件生产于日本的瓷器，他的全部陶瓷收藏都来自中国。他收藏有最美观精巧的中国瓷器。高温釉和中温釉瓷器格外吸引他的注意力，因此他会更努力寻找这两类瓷器。在他 70 多件精挑细选的瓷器收藏中，可以看到塞拉同色瓷、冰裂纹瓷、窑变釉瓷、松石绿釉瓷、紫罗兰色瓷，以及以素三彩为饰的瓷器。

盖尼埃先生对自己的藏品一直爱护备至、视若珍宝，直至他的生命尽头。同时，他还对他藏品的命运做了一番安排。盖尼埃在他的遗嘱中小心翼翼地指定了他比较信任的皮埃尔·雷米作为他藏品目录的撰写人，并负责拍卖的事宜。盖尼埃还找到了一位名为普瓦里（Ch. Poirier）的艺术品商人来负责瓷器部分的目录撰写。

普瓦里先生对瓷器进行了清晰明朗的描写，导致笔者认为不应该对其中一些藏品的描述产生任何质疑，尽管我们可能在本书前文介绍的其他目录中瞥到了这些器物的身影，包括高温釉、窑变铜红色釉以及窑变蓝色釉。

第 80 号藏品，两个中国瓷器花瓶，色泽微红，器表散布蓝色斑点，点缀有镀金装饰。高 11 法寸，出售的价格为 150

136

里弗尔。

第 81 号藏品，两个花瓶，形体硕大，和第 80 号藏品使用了相同的材质与相同的颜色。高 21 法寸，出售价格为 1170 里弗尔。

第 82 号藏品，器型秀美的香花罐，来自中国，蓝色釉面带有红色斑点。

图 74   图 75

图 74，伯特利（Berthelin）先生的藏品，巴黎。

图 75，艾诺—普特利（Esnault-Pelterie）先生的藏品，巴黎。

这本目录中还有另外一类瓷器，例如第 119 号藏品：两只棕色瓷鹰，立于树干之上。以 300 里弗尔的价格出售。

图 76

第 120 号藏品，两只英俊的老鹰，尺寸可比真正的老鹰。通体施灰色釉，所立树干上点染着褐色。以 510 里弗尔的价格售出。

图 76，老福尔涅先生的收藏，巴黎。

第 123 号藏品，两只蜷缩状的日本瓷猫，器表绘有五彩纹饰，点涂有黑彩。售价为 102 里弗尔。

137

布瓦赛先生的收藏

十年后的 1777 年，郎德·布瓦赛先生的藏品被拍卖。布瓦赛先生是一位大地主，他的藏品涉及绘画作品以及各类精巧艺术品，其中也包含有东方瓷器。笔者在前文提到这位收藏爱好者偏爱日本的传统高级赤绘彩瓷，但他同时也拥有最精巧美丽的中国瓷器。朱利奥为其撰写的目录中列举了 200 件中国瓷器。我们会挑选其中的几件进行介绍。

第 555 号藏品，两只瓷鹰，面对面栖息于相同材质的瓷树干之上。鹰的高度为 20 法寸，现收藏于卢浮宫。

第 628 号藏品，一只壮硕的瓷猫，天蓝色釉，发色均匀统一，纹饰精巧细致，坐姿，仰着头，眼睛使用彩色釉料勾画。高 13 法寸，出售价格为 1250 里弗尔。

第 634 号藏品，瓷制喷泉，由如下这些部件组成：两只瓷狮子撑起一个青铜色架子，架子上放置了一个小瓷罐；三个玛瑙小球支撑起的小瓷碗；置于椭圆形托盘上的两只天鹅。如上所述都施天蓝色釉。该器物以1100里弗尔的价格出售。现藏于卢浮宫博物馆，玛丽·安托瓦奈特藏品系列。

第651号藏品，两盏镂空雕刻瓷灯，带有马赛克风格纹饰，瓷灯由六个拱形面组成。以240里弗尔的价格出售。

马扎林公爵夫人的收藏

最终，马扎林公爵夫人的藏品也遭遇了相同的命运：被公开出售。笔者有一万个理由相信她的收藏一定包含最为美观精巧的器物，它们必然都曾经经历过一番精挑细选，或者就是国王曾用过的瓷器。马扎林夫人的收藏风格并不是沿袭自她的杰出祖先马扎林主教。抛开其对国家事务的专心付出，及其政治上的得意与失利不谈，我们只知道没有什么能够阻止这位贪婪的意大利人冒着各种各样的风险来聚敛财富。当他去世的时候，除了留下震惊世人的巨额遗产，还有赠予他侄女们的一系列文物收藏。一个人必须同时坐拥这个王国所有宝藏的调配大权，还要稳坐政权核心位置，就如同马扎林主教一样，否则是无论如何无法拥有这种体量的收藏的。关于马扎林主教这位侄女，坊间流传有一些浪漫的传奇，并且故事的来龙去脉也不算多么神秘。故事是这样讲的：著名的霍特思（Hortense）将她的一部分财产带进了拉波特公爵（duc de La Porte）的家族。拉波特的后代与另一个大贵族家庭杜福尔–杜拉斯（Durfort-Duras）建立了亲戚关系，这一联姻更加提升了这批人对奢侈品和艺术品的品位。路易斯–雅娜·德·杜福尔–杜拉斯（Louise-Jeanne de Durfort-Duras）即是马扎林公爵夫人的大名，她是这一系列联姻产生的关系网中的最后一位后代，于是她光荣地扛起了继续艺术品收藏的大旗。她的这一特点似乎继承了她的公公奥蒙公爵。公爵夫人的拍卖在她去世后的1781年进行。这位奥蒙公爵，大概是为了安抚自己失去儿媳的悲伤心情，将自己沉浸于购买文物的欢乐中。这次拍卖的拍品光辉耀目，同时，这也是旧时代人们最后一次举办具有如此规模与等级的拍卖。拍卖共拍出了139件精心挑选的瓷器，拍卖目录由勒布朗负责撰写。

勒布朗的全名是让–巴提斯–皮埃尔·勒布朗（Jean-Baptiste-Pierre Le Brun），他曾是一名画家。但是也许因为意识到自己缺乏出众的才华，也许因为他在财富和荣耀之间选择了财富，他早早便放弃了绘画事业，投身古画交易。他的确是一名出色的鉴赏家，或许可以算得上那个时代最优秀的艺术品鉴赏家之一，对各类艺术品皆有涉猎。他出版过一些有趣的

138

文集，比如分成厚厚三册的《佛兰德、荷兰与德国画家纵览》（ la Galerie des Peintres flamands, hollandais et allemands ），以及《建筑师、雕塑家、雕刻师与金银匠年鉴》（ un Almanach raisonné des architectes, sculpteurs, graveurs et ciseleurs ）。

在马扎林公爵夫人收藏目录的前言部分中，勒布朗对她所拥有的所有艺术品进行了一番总结。那时，世人仍旧对东方瓷器的起源与历史一无所知，勒布朗对于这一事实深表遗憾。他仅仅知道最优质的瓷器是烧造于景德镇的，甚至都无法概述早期瓷器和当代烧造的瓷器之间有哪些具体的区别。他写道："在这本目录中，我只会试图详细描述每件器物，我不会刻意夸耀其细节，希望收藏爱好者们可以自行判定每件艺术品的价值。"

我们在此仅仅转引其中的几件器物，希望可以再一次让读者注意到人们给瓷器所附加的配饰之奢华，以及竞拍所得的价格之高昂。

第 39 号藏品，两只传统高级彩瓷大碗，碗呈八方形，其中四面为红地，绘有素淡的马赛克纹饰，另外四面白地绘彩色灌木纹，碗的边缘呈棕色，碗内里上部饰有花卉纹一周。两只碗均配以镀金四足基座。高 6.6 法寸，宽 7 法寸。以 740 里弗尔的价格拍卖给了老勒布朗。

第 73 号藏品，两个棕色的小瓷人，身着塞拉同色外衣，瓷人有 8 法寸高。坐于涂有生漆、装饰有青铜色纹饰的镂空小椅子上。总高度 14 法寸，宽 12 法寸。朱利奥以 1200 里弗尔的价格为米勒伯爵（le comte de Merle）购得。

第 85 号藏品为一套茶具，由四个茶杯、一个茶壶组成。茶壶白地点缀金彩，饰有白色花束雕花。壶身上部有金彩装饰一周，这套茶具配有漆器托盘。以 290 里弗尔的价格售给杜福尔－杜拉斯伯爵。

第 91 号藏品，一个颜色古旧的紫罗兰色瓷猫摆件。小猫四脚着地趴在一个配有四串流苏的垫子上，眼睛凝视着天空。整个摆件被固定于一个方形基座之上，基座饰有镀金图案。猫的高度为 8 法寸。耳朵部位曾被修复过。以 1800 里弗尔的价格拍卖给了小勒布朗。

第 105 号藏品，两只天蓝色的瓷孔雀。卧于地上，背部驮着一只小孔雀，此小孔雀可作为器物的钮。器物下承镀金基座，基座有六面，饰有钱币状边饰。高 10 法寸，宽 10 法寸。朱利奥以 599 里弗尔的价格为克鲁伊公主（la princesse de Crouy）购得。

第 123 号藏品，两个带有斑点状釉的瓷人。均为坐姿，彼此对视，各怀抱一只公鸡。一个小人使用淡黄色釉，釉面开满冰裂纹片，点缀有金彩，绘有蓝色、红色和绿色纹饰，小人眉毛和头发是黑色的。另一个小人使用了相同的材质，色调更加灰暗一些，纹饰并未使用红彩。两个小人被放置于镂空的基座之上，基座底承以四只镀金足。总高为 7.6 法寸。以 610 里弗尔的价格出售给勒布朗。

如果笔者继续转引更多的藏品介绍，我们会从这些前人的收藏中发现更多价值连城之物，我们还会看到它们几经辗转，变换主人，最后落入 18 世纪最后的收藏家手中的这一历程。对于勒布朗以及他的同僚们为每件器物展开礼貌竞价这件事，笔者并不感到惊讶。他们都想获得那最为光彩照人的宝贝，因为，众所周知他们是国王或者王后玛丽·安托瓦奈特的经纪人。转年，这些人又会出现在奥蒙公爵那囊括诸多旷世奇器的拍卖会上，并且会频频出手。

大部分瓷器自然是被用于装点王室宫殿，但是还有不少被聚集在了某个隐秘的角落，国王将自己从民间搜刮来的艺术品谨慎地藏在这里。

事实其实是这样的：路易十六曾指示朱利奥尽其所能聚敛来自中国和日本的精巧奇器，并放置于他的家中，因为路易十六希望在各博物馆中挑选出一家来设立一个特别的瓷器展厅。但是大革命让诸多计划付之东流，其中就包括这一个。由国王下令购买的瓷器仍由朱利奥保管，多年无人问津，直到1809 年，王室家族从德国发来命令将其出售。

这位忠实的保管人在自己撰写的目录中揭示了这批藏品的来历，笔者在导言中读到：这组瓷器来自于朱利奥的文物商店，已故国王路易十六委托朱利奥进行筛选、收集并暂时保存。先王下令将其收购，以期在某家博物馆中专门布置一个特别展厅。

出于众所周知的政治上的考虑，藏品的出售工作进行得悄无声息，甚至可以说是秘而不露。那份包含有叙利公爵花瓶的目录并未被印刷，但是手稿仍在必雄男爵（le baron Pichon）手中。

令人深感遗憾的是，如今这批藏品星飞云散。更加遗憾的是路易十六曾经谋划在法国建立的东方瓷器展厅，其规模是远大于如今塞夫勒陶瓷博物馆的布展规模的。

18 世纪初期后进口至欧洲的
古代中国瓷器

我们不能过于相信上个时代出品的那些关于欧洲与远东关系的描述,这里所说的是 18 世纪后期。如今的人们可能在当代收藏爱好者的玻璃橱中就能对我们所介绍的那些规模宏大的收藏略有感知。

一股新潮流的劲风最初在其他欧洲国家刮起,近年又吹入了我们国家。这股新风潮为我们披露了一些过去曾被无视的宝贝,丰富了人们对更为纯粹的古代艺术的理解。吹走历史尘埃,瓷器这种装饰佳品又有新颖器型重新展现于世人面前,这些器物曾被我们的先祖所珍爱,但在如此漫长的岁月中,我们竟然对此毫无所知。

40　中国发生了巨大的社会震荡,因此代表中国古代艺术的最后一批杰作才能几经风浪来到欧洲，我们才得以将其拿在手中把玩。和古代欧洲一样，遥远的东方亦是没能躲过革命、战争与天灾。笔者会用几段话来梳理一下这些事件，为读者展示这些事件对历史进程产生的转折性影响。而这些历史事件，其实是我们的收藏爱好者能够捕获珍宝、满心欢喜的背景原因。

图 77

图 77，中式墨水瓶，由一个小的敞口瓷瓶和一个头戴文人官帽的小瓷人组成。小人斜抱着敞口瓶，仿佛要把它呈给使用墨水的人一样。这件器物富有创意，其纹饰采用素三彩工艺，绘制于素烧坯体之上。容器外壁绿色地，上有波浪纹，仿佛在模仿海浪，绿地上有开光，内绘骏马、珍珠和磬石，这三样物件分别是文字、科学和正义的象征。小人身着浅紫罗兰地

长袍，袍面绘有绿色纹饰以及"寿"字，烧造于第三阶段末期。高 10 厘米。萨代尔的收藏。

笔者前文已经提到，长期以来，中国在拓展中欧双边关系的道路上设置了重重阻挠。我们同时也知道，她为这些来叩响她大门的西方文明打开的小门何其狭窄，因此她逐渐丧失了对保持军事实力、青年实力的警惕性，衰败而毫不自知。

如果欧洲仅仅柏拉图式地谋求其文明在全世界的扩张，我们有理由相信中国人可以长时间保持其自给自足不被打扰的状态。但是商业利益对欧洲商人的吸引是实实在在的，同时相伴相生的还有对传布欧洲文化和基督教教义的狂热。相比于其他欧洲国家，英国自然是最急不可耐的，他们自诩工业精英、商业奇才，自然是不能接受中国自主选择闭关状态，一定要去将其打破。1792 年，马嘎尔尼勋爵以英国代表的身份同乾隆皇帝建立了外交关系。他的使团随员名单中还包括东印度公司的主席戴维斯（J. F. Davis），也就是说这次历史性出访还夹带了商业目的。戴维斯后来在其出版的书里提到，中国人认为第一座瓷器窑炉是 7 世纪初在江西省创建的。

1802 年，阿美士德勋爵（lord Amherst）前往中国，这次轮到他向嘉庆皇帝再次转达英国的不满，强烈要求中国更加重视双边关系。简而言之，就是要求中国向勋爵的英国同胞们敞开自己的巨大市场。一直以来中国和欧洲仅仅保持着很笼统的经济关系,贸易被严格控制,一些开放市场的行为也不过就是流于表面。勋爵所获得的保证看起来仅仅就是走了个形式,因为对传教士的迫害没有停止,多年来被关注的进出口贸易限制也没有被解除。继派出前两位精干的特使之后,英国又派出劳卑勋爵(lord Napier),他在尚未被官方正式委任为外交特使之际就在澳门去世。最终,中国颁布条令,宣布驱逐所有在中国生活的外国人。条令罗列了各种理由,主要借口便是近来中国人民对外国人心怀敌意,驱逐他们是要避免外国人遭遇危险。

广州是唯一一个免受禁令限制的港口,补充条款有所声明:绝对禁止从那里进口鸦片。

然而,鸦片正是英国东印度公司利润的重要来源。英国决议违抗这项条款,因为服从条款意味着放弃其巨额利润最简单最直接的来源。于是,中英开始对抗,并且这种对抗每天都在加剧升级,时而寂然无声,时而光天化日。英国商人要求获得给中国人下毒的权利,与之斗争的中国官员从各个方面对走私犯进行围追堵截——扣押商船、烧毁集装箱,或者将走私犯囚禁在他们的工厂里,不供给他们食物并威胁要杀掉他们。

这种对抗最终引发了一场严重的危机。1839年，冲突爆发。英国首次向中国宣战，并强迫中国接受了1842年的条约以及后面1844年的补充条约，法国参与了条约签订，中国的大门最终被打开。

笔者在此无意详细讨论当时的情况，何况这些历史情节总是那么的相似。1856年，中英再次爆发冲突，法国决定参与到英国的行动中，这次他们攻陷了广州，后来捷报不断，英法联军一直攻打到了中国的门户天津。中国清政府惊慌失措，只能以更多的新租借地为代价，以期获得他们渴望的和平。这些条件被明确写进了1858年的条约，条约内容将于第二年在北京批准生效。

但是，当法国和英国的使节于1859年抵达中国时，他们发现白河的入口被封堵，因此这些人被正式禁止进入北京，同时中国企图用武力击退他们。

这场漫长的斗争以1860年的那场战争作为尾声，清政府拒绝给英、美、法新的侵略权益，引起了侵略者的不满。联合军团进入北京，在击溃中国军队后，就攻陷了著名的圆明园，这次让人悲伤的事件和我们本书所讲的主题有着直接关系。

实话来讲，士兵用包裹背回来的瓷器，尽管数量不多，其品质却是远超我们之前见过的任何瓷器。这部分瓷器为欧洲的中国瓷器史翻开了新的篇章。

自 1860 年之后，更多瓷器被源源不断进口至欧洲，为我们展示中国瓷器艺术真正的美丽面孔。诚然，这些士兵带回来的器物只是一个小小的起点。但是这却是照进欧洲的第一道曙光，并且让欧洲人明白：原来我们先前对瓷器艺术知之甚少。这个奇妙的圆明园，就好似一个取之不尽用之不竭的矿藏，在几个世纪的时间里，小心翼翼地聚集着中国的所有财宝。直至今日，我们都还是会悲伤地回想起将其毁灭这件毫无必要的事情，即使我们最后获胜的事实都无法安慰我们。无法想象圆明园中有多少宝贝都来到了我们欧洲！你即使不是一名收藏家，都可以感受到中国内阁大臣恭亲王带有讽刺意味的尖锐话语。在抢劫发生后不多日，他打断了条约的宣判，对那些缔约国派出的代表说："过去我们曾经称你们为野蛮人，而从今起，你们想让我们给你们起个什么新名字？"

与他国陷入战争必然导致本国适宜奢侈品工业发展的环境不复存在。前文笔者所记叙的事件完全能够解释中国瓷器工业的衰败与没落。当然，还有其他方面的原因夹杂其中，共同给中国陶瓷产业以非常残酷的一击。

图 78

图 78，小型四方瓶，黑地配蓝绿色大理石纹，釉面模仿了硬质石头上的沟壑，表面描金彩。瓶颈内部以及器物足底都模印有图章式年款：大清乾隆年制。高 5 厘米。萨代尔的收藏。

在与世界上两个最强大的国家做斗争的同时，中国内部也爆发了可怕的动乱。她那古老的躯体到处都在吱吱作响。暴乱的目的是要对天子权威发起挑战，其规模逐渐扩大，战争之火以惊人的速度和势能从南北向蔓延。无数的叛乱分子和武装人士，或是因为不堪生活之苦，或是被贪婪所驱使，在太平军的带领下劫掠乡镇、占领城市，凡所过之处，皆洗劫一空、摧毁殆尽。伟大的古城南京落入了他们手中，一番烧杀掳掠后，城市化为了灰烬。伟大的瓷器制造中心景德镇拥有众多知名的皇

293

家窑厂，还是中国民间陶瓷艺术传统的发源地和生产中枢，那附近众多工厂星罗棋布，而这个伟大的城市也未能免于太平军的攻占。景德镇大约有超过20万窑厂工人、画工、纹饰手艺人，他们都惨遭驱赶，城市本身也被彻底毁坏。经历了这场可怕的浩劫，景德镇在破坏行为的疯狂重击下，一切都灰飞烟灭。工厂被付之一炬，夷为平地。那些曾经镌刻有瓷器烧造秘密、制备瓷土和纹饰秘方的木刻板也都被打碎，共同化为风中的尘埃。

143

不幸的是，这些暴力危机恰好发生于一个特殊的时间段，即在欧洲发现烧造瓷器方法之际。这进一步加剧了中国瓷器烧造业所陷入的商业危机，暴力事件更是火上添油。西方能够自主烧造瓷器的直接后果便是中国瓷器订单的锐减，此间各类事件时有发生，彻底导致欧洲人对中国瓷器的进口在18世纪末画上了句号①。

当法国和全欧洲扭打成一团之际，西方世界暂时忘记了东方的瓷器。中国和日本都被迫关闭了一些窑炉，在艺术追求上变得疏忽大意，逐渐忘记了瓷器烧造的秘密，不久后他们就不得不面对曾经无人可比的传统陶瓷工业的彻底衰败。当部分生

---

① 此处"18世纪"应为作者的笔误，正确叙述应当是"欧洲人对中国瓷器的进口在19世纪后期彻底画上了句号"。——译者注

活考究的欧洲人重燃对艺术的兴趣以及对美物的追求之时，这些如今被我们冠以"器物爱好者"之名的人，他们就应该仅仅满足于捡拾 18 世纪的残余了吗？难道没有最新从远东运抵欧洲的美物值得期待了吗？所幸的是，情况并未如此。很多古老的瓷器都尚未销至欧洲，远东国家还有很多存货，甚至还有很多更加精妙绝伦之物。我们刚刚介绍的遥远的东方所经历的那些战争与苦难，都会促使瓷器更为轻易地出口至欧洲，他们希望用瓷器来交换我们的金子。

实际上，中国在经历了如此多的灾祸之后，剧烈的变革自然而然地被催生。这些变革使得社会财富被重新分配。珍藏在部分家庭中的物品和财产被带入人民大众中间进行再次流通。我们欧洲的先祖也有过类似的经历。18 世纪末期，当古老的法国社会基础架构震荡时，充斥于皇家和贵族宫殿的奇珍异宝逐渐沦落至二手商人的手中，后来便被新一代的资产阶级收入囊中。这些新兴资产的占有者，从来都没在自己的一亩三分地里见过什么文艺复兴时代的雕塑作品、佛罗伦萨的青铜制品、弗兰德的挂毯、布尔的家具，抑或是古提埃尔的雕刻品。凡尔赛宫、枫丹白露宫、特里亚农宫等伟大的艺术宝库，那些曾经挂满作品的墙面被清理得空空如也，大贵族阶层们城堡里的画作和挂毯也都不翼而飞，安德烈·勒诺特尔（Le Nôtre）设计的花园仅仅留下了斑驳破旧的大理石神像。所有财宝都流入了大众的手中，变为了小笔的财产，奢侈之风不再。在中国这个遥远的国家，情形亦是如此。有权有势的家庭、富裕商贾、达官贵人都不得不屈服于现实，将他们热爱的古董一件一件出让给他们国家的二手商贩，其中包括各类奇珍异宝、家居陈设。这些承载着昔日辉煌的文物如今就堆放在开放给外国人的市集之上，外国人一番打探，迅速将这些古董收入囊中，再迅速转运至我们欧洲的市场。欧洲的市场每天都吸引着更多的收藏爱好者去竞相追逐，古董的价格节节攀升，利益驱使古董贸易商贩不惜向最反叛的中国商人求助。这便是为何近几年来总有稀有瓷器从远东漂洋过海而来的原因，其中不乏有欧洲市场第一次得见的品种。我们的收藏规模进一步扩大，瓷器收藏业被注入了新鲜的血液。

144

不幸的是，我们玻璃展示橱的供货源头会以极快的速度枯竭，各种迹象会逐渐印证这一事实。我们会在不久的将来遇到许多欺骗人的赝品，却以古董的名义出售。这些瓷器上清楚明了地写着 15 世纪、16 世纪的年款，实际上却沾染着刚从窑炉中带出来的炉灰。

在日本，西方世界的黄金似乎以同样轻巧的方法榨干了他们的文物库存，包括欧洲人喜爱的漆器、青铜器，以及古人制

作的各种今人所不能及的精巧雕刻。我们在日本也见到了不少
带有纹饰的古代中国瓷器，纹饰使用素三彩工艺或是粉彩工
艺。当日本二手贩子将这些古老的中国瓷器出售之时，他们并
未声称其中任何一件是产自他们自己国家的。笔者在此顺便
重申，这个新的证据再次证明我们在前文论证过的结论：这些
"来自日本"的瓷器仅仅在中国成功烧制过。

　　图 79，鼎，亦称香炉，下承三足，上配镂空盖。盖上有
一只神兽。器物的釉施于素坯之上，深绿松石色地，点缀有洒
蓝装饰。烧造于第四阶段。高 17 厘米。为萨代尔的个人收藏。

　　日本的收藏爱好者追随着中国爱好者，对古董的执念似乎
瞬间被唤醒，除此之外别无他求。达官显贵们开始收集、囤积
他们在本国可以找到的所有古董，甚至还试图要回他们曾经不

297

小心被夺走的东西。同时，天皇政府也在试着逐步从欧洲购回漆器等其他罕见文物，用以填放不久前刚刚在江户创立的国立文物博物馆。

145

我们非常理解如今人们对研究这些直接从远东国家进口的古老瓷器的渴望。所以我需要感谢像司谢尔先生这样的进口商人，是他们的付出让我们得以观察、把玩大量的东来之物。起初，这些进口物品的总体面貌让我们感到十分惊讶，它们都是完全按照中国人的使用习惯设计的。花瓶、水瓶、葫芦瓶、各种形制的笔筒、瓷碗，以及器型别致的茶杯。其中的一些器物必定是作宗教供奉之用，还有一些被用于结婚庆典之类的仪式。

图 80，婚礼用杯，其器型让人想起希腊的来通酒杯。这个瓷杯外形模仿牛头的形状，紫灰色釉施于素器之上，釉色如彩虹般闪耀着五光十色，以黑彩勾勒出模仿牛毛的细小线条。

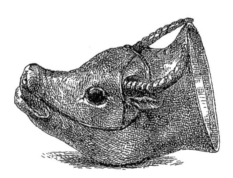

图 80

图 81

牛角和双眼均涂黑彩，眼皮、牛嘴以及耳朵内部施粉红彩，牛缰绳为黄彩，器物的口沿内部描有一周绿彩。这个杯子设计新颖，以甜白瓷为基础，以素三彩为饰，烧造于第四阶段末期。器长 12 厘米。此物为萨代尔的个人收藏。

图 81，铃铛形状的婚礼用酒杯，酒杯的把手施黄釉，雕刻成龙的形状。器身部分素三彩纹饰绘于素器之上。器内装饰有一周马赛克图样边饰，上有开光，开光内绘图腾。器物外壁为绿地，点缀有小斑点，绘牵牛花折枝花卉纹，一并使用了绿彩、黄彩和紫罗兰彩。此物烧造于第四阶段。高 12 厘米。为萨代尔的个人收藏。

所有近期进口的东方瓷器基本上都是使用高温炉烧制的彩色纹饰瓷器，抑或是青花瓷器。偶有例外，便是素三彩器或者明朝流行的在玻璃釉上绘制五彩纹饰的瓷器。康熙、雍正年间流行的由不同颜色彩料装饰而成的瓷器更为罕见。然而乾隆时期以及近些年来窑厂烧制出的器物却屡见不鲜。

上文提到的这些瓷器，与18世纪所流行的主要收藏品种有着极其明显的差异。如今，我们依旧可以在一些收藏爱好者那里看到18世纪的瓷器。当然不能否认的是，二者本质上也的确有相同之处。近期进口的瓷器为我们展示了风格纯正的中国艺术，表达了独具一格的特性。在这些瓷器中，不再会有香花罐、盛汤的大碗，抑或是带着折沿花纹的盘子、配有茶碟的茶杯。以上这几样都是模仿欧洲人日常生活器物的典型瓷器，带着中国艺术工匠们费尽心机为迎合买主品位绘制的图案，将东方元素与欧洲风格不和谐地杂糅到一起。还有一个有趣的地方：使用"蛋壳瓷"制成的精美无比的碗、杯或者盘，通常带着令人目眩的繁缛纹饰，而在这批瓷器中，我们是无论如何也寻不见其踪影的。总之，我们甚至没有看到一件"蛋壳瓷"器物，因为它们曾经都是专为外销而特别烧制的。工匠将它们从窑炉中取出，将其打包，然后立即运走、装船。它们就像出生后还没来得及看见天日的孩童，自己呱呱坠地的国家竟无人知晓其存在。

图82，瓷碗，碗内壁绘釉下青花装饰，外壁绘精工细作

146

图 82

图 83

图 84

的粉彩纹饰。在瓷碗入窑前，画工在红地上印花后填入金彩。瓷碗带有图章形釉下青花年款：大清道光年制（1821—1851）。碗口径 15 厘米。萨代尔的个人收藏。

图 83，素三彩工艺大盘，点缀有粉色纹饰。第四阶段烧造。泰斯塔的收藏，巴黎。

图 84，使用粉彩工艺装饰的大盘，纹饰繁密富丽。第五阶段烧造。泰斯塔的收藏，巴黎。

当中国人在我们这里见到一些他们在本国闻所未闻的瓷器样式的时候,其惊讶之情真是溢于言表!比如,不久前有一位新近来到欧洲的古董商,在我们的陪同下首次参观一个收藏系列,他表现得非常震惊,笔者都不需要夸张描写。他仅仅对瓷器快速一瞥,就认出了玻璃橱中所有对称摆放、整齐收纳的东方瓷器,并领会了其艺术价值。很快,他从最初的震惊中清醒过来,便开始饶有兴味地品鉴着,按顺序仔细研究围绕他的所有精美器物的每一个细节。那一刻,他有一些意乱,无法相信他面前的玻璃橱中,竟然摆放着最精工细作的上等瓷杯、蛋壳瓷餐盘,以及各类粉彩瓷器。他充满质疑地瞥了一眼陪同他的人,有些怯懦地问道:"这些美妙绝伦的瓷器是哪里来的?"为了可以更近距离地观察,他请求我们允许他将瓷器放在手中把玩。他将瓷器在手中转来转去,从各个角度琢磨,而且还用他长长的指甲以特殊的方法在瓷器表面反复敲打。最后他终于宣布:这些瓷器的确毫无疑问是来自于中国的!但是他却无法断定它们的烧造时间抑或是烧造地点。

图85,八边形大盘,盘子绘有一周闪烁着金色光芒的红地宽边饰,其上绘对称的装饰性花卉纹,边饰以里的盘内底展示有粉彩工艺绘制的家庭主题纹饰。此器烧造于第五阶段。泰斯塔的个人收藏,巴黎。

图 85

不要觉得这位名为马天保的文物贩子所说皆为空穴来风。笔者在前文已经提到，他是一位文物商贩。同他的父亲一样，他还是上海屈指可数的几位重要古董商之一。多年来，正是他一直奔走于中国各地，发掘、收集各类有价值的古董，然后交由司谢尔先生出口至欧洲。1878 年，这些货品中的一部分展出于世界博览会，无疑组成了一批惊世骇俗的古董收藏。

我们的中国古董商成竹在胸地表述了问题结论，我们对此亦持相同观点。前文提到的关于蛋壳瓷杯、瓷盘的双重问题，我们的观点始终是：它们的确烧造于中国，而非产自日本。同时，这些瓷器烧造的唯一目的便是外销。

图 86

图 86，精美的蛋壳瓷餐盘，以粉彩为饰，展示了家庭主题纹饰，盘的边缘部分装饰繁缛。瓷盘的内底红地描金。萨代尔的个人收藏。

这位来自中国的瓷器鉴赏家得出的结论亦完全被《景德镇陶录》的作者所证实。书中提到，自明朝以来，景德镇的窑工便掌握了烧造"脱胎瓷"的技术，这类瓷器器身轻薄如蛋壳。此外值得一提的还有"半脱胎瓷"，形容瓷胎只是正常瓷器的一半薄厚。另外，书中还指出，在作者所记录的那个时代，即1780年左右，居住在中国四海之外的异域人士热切追寻的精美瓷器，正是烧造于景德镇的。

Chapter

IV

第四章

瓷器描述与时代划分

149

一系列中国古代瓷器的年代记与描述

通过阅读笔者对欧洲和远东关系的简略概述，以及笔者对欧洲历史上部分藏品的一番追溯，读者们应该已经有所领悟。这是一个极好的开始。人们的确太容易对大部分中国瓷器的古老性产生怀疑了。在如今这一阶段，我们非常渴望能够掌握瓷器的真实历史与类型，以便更好对它们进行描述、分类。这些瓷器在过去的三个世纪中逐渐丰富了我们的收藏。笔者的研究是建立在参考前人书籍之上的，我们选取了最可靠、最权威的参考书，有些书籍连中国的研究者们都仍旧在阅读。

也有很多人经过一番辛苦琢磨发现了一些有趣的技术模式和指标。笔者也会向他们学习，探寻时间的秘密，了解中国瓷器从烧制到纹饰，随着时间进程而发生的演变。

在所有研究陶瓷的作品中，有 ·本可谓一枝独秀，最具可信度，似乎像是被盖上了官方印章一般，这本书就是《景德镇陶录》。景德镇拥有许多御窑厂，自创立之日起至18世纪末一直在运转，这本书也有记录。笔者在前文提到，景德镇一直以来都是最伟大的陶瓷制造之都。不管买家提出什么需求都可以被满足。景德镇的窑厂培养了最娴熟的工匠，他们从国家的各个角落来到景德镇，发展、完善他们的技能。就是在景德镇这个地方，皇帝的诏令召集了最优秀的艺术家，他们在这些窑厂里工作，负责为皇宫供应瓷器。

正因为这一特殊的原因，景德镇成为了瓷器制造的中心，影响辐射着王朝全境，引领着各类发明与创造。如果有人在帝国的其他角落取得了瓷器烧造的进步，景德镇就会立即感受到，然后进一步研究新发明的可行性。我们可以这样认为：通过观察景德镇各个历史时期烧造的瓷器，人们可以完全感受到中国瓷器的整体发展历程。

我们之前所学到的知识将帮助、引导我们探索这些神秘隐晦的陶瓷书籍。中国作者写作时喜欢使用谜一般的比喻、随意的修辞、形象化的描绘与简洁的叙述，而这些都是他们的特色。鉴于以往的经验，我们十分确定，这种叙述手法会让任何一位陶瓷界的新手感到异常困惑。如果能够按照各类瓷器出现的时间顺序来建立一个目录，并且目录中包含足够的时间基准点，这定将成为所有认真学习的瓷器爱好者梦寐以求的参考信息。在制定这一目录的过程中，笔者将先决定需要列出的时代，再依次挑选属于各个时代的几个重要物件。笔者会附上刻印的图片，从而可以给读者更直观的感受，还会尽量保证刻印出的图片大小一致。最理想的情况是，所选择的这一系列图像以时间顺序排列，从而可以成为中国古代瓷器发展的自然对照。

在笔者研究中国瓷器记录的过程中，主要将注意力放在一些类型瓷器的出现时间上，或者是那些为行业起到推动作用的事件。笔者认为，除了对原始阶段的瓷器我们依旧知之甚少外，从宣德（1426）登基至乾隆（1796）末年，中国瓷器艺术总体走过了五个辉煌阶段，每个阶段都各有特点。同属一个阶段的瓷器通常带有类似风格的款识和年号。对于明初的器物，我们仅列举几件，简单做一介绍。对于紧跟其后的那一阶段，笔者自然会着墨更多。我们主要将精力集中于康熙、雍正、乾隆三朝，也就是说自 1662 年到 1795 年的这段时间。

不论是形制、纹饰，还是款识，都将不是我们格外强调的重点。很长时间以来，尤其是瓷器烧造的黄金阶段（即宣德、成化时代）过后，窑厂以及皇家御窑的生产主要侧重于不断仿制、复制前朝的器物。笔者推测，是不是有这样一种可能，在他们热情模仿之际，是否也顺手忠实描摹了他们热爱的器物上的款识和年号？他们只是单纯想迷惑买家，还是只想让买家认为所购得的瓷器是在模仿某一特定时期的风格？也许有一天我们会知道这些问题的答案。我们现今可以知道的是，当你了解到如今中国市场上售卖的那些15、16世纪瓷器的市价后，你就会确信，大量进口至欧洲带有那个时代款识和年号的器物，其真假的确是值得被推敲一番的。

笔者列出的那些早于万历年间（1573—1620）烧造的器物，其真实生产时间真的很难被知晓。比较值得肯定的是这些瓷器绝对没有标注的那么古老，当然也不能排除一些例外。笔者决定将这些器物都罗列在本书中的原因是：它们应该都是那些真正古老的瓷器忠实的复制品。从研究中国瓷器的视角出发，其真伪已经不那么重要了。这些仿品一般烧制于第三、四、五阶段。

原始阶段

（公元 618 年—公元 1426 年）

　　希望读者们不要指望笔者为大家展示这一远古时期器物的图片，我们会尽量总结中国瓷器书籍中所描述的内容。景德镇烧造瓷器的历史可追溯至唐朝（618—907），当时有一位名为陶玉的工匠，他烧造出的瓷器被命名为"陶窑"，其中的精品非常特别，胎体轻薄，颜色洁白光润，被赋予"假玉器"的美名，亦作为贡品呈送给皇帝。

　　陶玉这个名字，可以被翻译为"玉制作的陶器"，是因为这位工匠具有出色的技能，发明了假玉器，因此被我们赋予了这样一个绰号吗？陶玉所创烧的这类新型器物被称为"陶窑"，而中国自此至 18 世纪末烧造的各种器型、各种纹饰的瓷器都被称为"窑"，是从"陶窑"开始的吗？能够帮助我们找到这些问题答案的唯一方法，就是亲眼看到"陶窑"。总之，中国陶瓷学家记录的这一事件也与我们之前对中国硬质瓷器创烧时间的估算基本吻合。

据称，最早的瓷器几乎都是洁白光润的，直到著名的"秘色窑"出现才打破了这一传统。被景德皇帝（1004—1007）视为珍宝的"秘色窑"，釉下带有蓝色装饰。

中国陶瓷学家介绍了宋朝后半段统治时期——即南宋（1126—1260）期间——在秦州地区特别生产的瓷器。据说，使用这种瓷制成的杯碗颜色呈纯象牙白，且器物底通常附小圈足，有鱼和花卉的凸雕。釉面似在模仿水流的纹理。

中国陶瓷学家提供的这些信息对我们辨识那一时代的器物 ¹⁵³ 起到了关键作用。笔者将这件器物放在这里，作为我们梳理中国瓷器历史的起点。

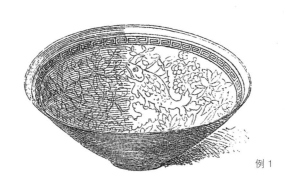

例1

例 1，锥形瓷碗，有小圈足，胎质细密可发声，胎体不透明，呈象牙白色。瓷器内壁有盛开的荷花与游鱼印花装饰。高 8 厘米。碗直径 20 厘米。萨代尔的个人收藏。

仔细观察这只碗，你会发现它完全是用最原始的方法烧造的，没有任何借助陶艺轮车的痕迹。为了制作这只碗，我们需要使用一个圆锥形状的模具，模具表面凹刻有图案，经过压制，碗的内部会形成相对应的纹饰。工匠会在模具上面铺上一层黏土，用手用力按压，这样瓷器内壁就会留下印花装饰。最后，工匠为其添加好圈足，这样瓷碗就基本成型了。充分晾干后再覆盖一层釉，器物被放进窑炉烘烤。然而在窑炉中，器物采取覆烧方法，而非圈足在下。因此，碗口沿处便无釉。工匠以金属圈镶在口沿作为装饰，遮掩这一缺陷。

中国陶瓷学家认为以彩料装饰瓷器的工艺也始于这一阶段。他们详细讲述了这一过程的先后顺序。首先，月白、亮蓝、大绿等彩料在金属赋形剂的帮助下可以被用来装饰瓷器，人们后来又逐渐学会了使用米白、宝石紫、茄紫、日本梨花红、李子蓝、亮蓝、驴肝马肺等色彩来装饰瓷器。

此外，中国陶瓷学家还讲道："象窑通常为黄色；舒姓一家烧造的紫定器，通常选料不甚精细，但被赋予较高价值，估价极高。来自于处州府的章氏兄弟烧造的瓷器，无论烧造还是上

154

釉，都不遵从一般规矩。有一些器物色淡、有的色深，最美丽的莫过于那些呈现蓝黑色效果的。"毫无疑问，制作这些瓷器首先要将瓷胎放入炉中焙烧，再施一层彩色釉，包括紫色、黄色，以及一系列的松石蓝色。在阅读对章家兄长烧造的器物的描述时，笔者找到证据表明他烧窑的才能高于弟弟。中国陶瓷学家也表达了同样的观点，我们看到这样的描述："章家兄长烧造的器物，土胎细腻质薄，颜色深浅不一，有隐约的开片，模仿鱼子状。米色与青色最为珍贵。"他还补充道："这类瓷器还名为'碎器'，上有或大或小的开片。"或许，"碎器"正是特指被我们称为"松石蓝"的那些瓷器。

笔者在此还要引用萨尔维塔先生关于紫定器的观点："烧成后的素器覆盖一层带有锰元素的彩色铅釉，再入窑进行二次烧制以将釉色固定，所需温度和马弗炉温度相当。"

最后还要介绍宋朝时期在龙泉烧造的瓷器的特点：这些器物使用细腻白皙的黏土制成。胎体厚重，釉色呈深碧色，色调浓淡微妙多变，无开片。

景德镇窑工们在不久后便开始模仿舒家和章家式样的瓷器，而在1260年至1368年的那段时间，即中国蒙古人创建的元朝期间，他们便可以烧制出青花白地的瓷器，并且懂得使用铸模技术，还有在雕刻花卉或人物纹后再上色的工艺。

明朝初年，制瓷技术取得了长足进步。新的烧窑技术出现，皇家御窑厂的规模逐步扩大。洪武（1368—1399）时期，窑炉的数目大幅增加，许多窑炉都专门为皇宫烧制瓷器。这些窑厂生产出的瓷器被称为"官窑"，意为专供官宦使用，与之相对的是民间窑厂。比较有名的窑厂有龙缸窑，以及一些烧制霁蓝釉等彩瓷的窑厂。永乐（1403—1425）年间，人们开始烧造胎体厚重的瓷器，颜色纯白，上装饰有釉彩以及刻刀制成的雕花。

55　　结合以上这些从陶瓷学家那里看到的话，笔者推断：同例2、3、4类似的瓷器出现时间大约在明朝早期。

例2，用于盛放酒的大罐，胎体厚重，颜色泛灰。纹饰风格颇具古风，彩色纹饰绘制于素器之上，中高炉温烧制而成。器物边缘装饰有椭圆饰，上方有花朵形状的垂饰，花朵之间以串珠和吊坠连接。

例2

315

盖罐器身装饰有较为常见的风景，相对的两面各有一个象征性的人物。

纹饰均使用凸雕的方法进行勾边，有些部位光素无釉。深蓝色地之上的纹饰主要为黄色，亦有松石蓝色。高 42 厘米。萨代尔的个人收藏。

这种形状奇异、用途特别的中国器物是在不久前才被带入欧洲市场的。在此之前，它们仅仅以纹饰的形式出现于挂毯或者瓷器之上。瓷器上的纹饰一般包含有珊瑚、花卉、孔雀羽毛等。有时器物还附带如例 26 瓷器上的盖子。这个盖子下面连接有一根长管子，管子通入花瓶的颈部，可以一直深入内部盛放的液体，这样可以保证液体不接触空气，盖子便起到瓶塞的作用。当我们看到这个瓶口的样式，并结合中国陶瓷学家的记录，可以推断：这些明朝初年烧制的杰出作品，尽管外形各有不同，其古典与高雅的格调影响了后期高档器物的创烧。

例 3，盖罐，和例 2 的大瓷盖罐比较类似，纹饰展示的是盛开的荷花。高 35 厘米。莱昂·福德的个人收藏，巴黎。

例 4，另一件同类型的大瓷盖罐，然而纹饰略有不同，瓶身以松石蓝色为地，部分位置施浅紫色釉。瓶腹部展示了中国瓷器的常见主题：这是一个神圣的场景，一位寿老，被各种代表长寿的元素环绕，正在接待八仙的神秘探访。高 35 厘米。

例 3　　　　　　　　　　例 4

萨达尔的个人收藏。

156 　　　为了使介绍古代花瓶的这部分更加完整，笔者不可避免要
提到那些双层的瓷器，外面一层一般设计为镂空的网状。在众
多器物中，我们选取了布莱利子爵（vicomte Borrelli）的一件藏
品。这个盖罐非常别具一格，深蓝色地，边饰的式样和例 2、例
3 相似，瓶腹部展示的纹饰与例 4 类似，同样为神圣的主题。一

些部位的镂空效果使得纹饰和雕花更加引人注目。

　　如上介绍的这些藏品，不论是原件还是复制品，虽然数量寥寥，在我们眼中却都与那些对早期瓷器的描述契合。笔者认为不应随意介绍那些足底署有明早期年款的器物，因为我们可能对这些瓷器并不足够的了解，而且，或许我们可以直接判定它们的烧造时间是远远晚于所标时代的。

第一阶段

（公元 1426 年—公元 1464 年）

宣德瓷器

明朝：

宣德（1426—1435）

正统（1436—1449）

景泰（1450—1457）

天顺（1457—1464）

这里所说的瓷器发展史"第一阶段"肇始于宣德皇帝即位，于是，这一阶段也被称为"宣德时代"。在他的统治时期内，中国陶瓷艺术逐步发展到了顶点。这一辉煌却短暂的时期之后跟随的是陶瓷艺术略为停滞的正统、景泰和天顺三朝，也就是说一直到 1465 年成化即位，陶瓷艺术才进入了第二阶段，第二阶段的特点是"快乐的创新"。

笔者认为，宣德皇帝当政期间，瓷器的生产技术与纹饰艺术取得了突飞猛进的发展，各类发明创新如雨后春笋，数目繁多，并且具有突破性意义。我们可以认为，这段时间实现的进步为日后瓷器产业的蓬勃发展埋下了种子。瓷器艺术的发展是一个自然而然的过程，已知的操作方法会逐步完善，在经验积累和实践强化的过程中，工艺必然会随着日益增长的需求而不断前进、发展。

中国的陶瓷学家对宣德瓷器赞誉有加，宣德时代在他们眼中始终是经典艺术大放光彩的时期。陶瓷学家并未对那时的陶瓷技工和画师有过多称颂。后世的继任者可以娴熟模仿宣德工匠，却从未超越他们。

在我们欧洲人的认知中，中国瓷器史真正的发端始于这一时期。也正是从此刻起，早先时代的蒙昧逐渐消失，各种制瓷准则被制定出来，规程变得更为精准。许多瓷器都是我们亲眼见过的，所以可以清楚明朗地感受到瓷器风格的变化。我们可以将中国陶瓷学家笔下的信息与真实的藏品对应起来，方便了我们进一步的研究。

15

笔者并未过多介绍中国陶瓷学家提到的前一阶段烧造的知名瓷器。然而不难发现，若谈到宣德时代，釉下青花必须当仁不让拿下最优质瓷器品种的桂冠。中国陶瓷学家认为，这一时期烧造的瓷器非常精致，器身通常绘青花纹饰，而所用彩料"苏泥勃青"（一种高质量钴蓝料）拥有卓越的质量，因此装饰后的器物显得美观精巧、光芒四射。价值最高的要属以花卉为饰的器物，其中最受人青睐的是青花发色较浅的一类。

　　例5，花瓶，形制较大，扁腹，长颈，瓶颈顶端接有一球形瓶口。瓶身画有古代风格的纹饰，釉下青花纹饰蓝若宝石。瓶口的圆球上以古代的小篆字体书有三个相同的"福"字。器物署"大明宣德年制"款。高43厘米。博德雷先生的个人收藏，巴黎。

例5

例 6　　　　　　　　　　　　　　　　　　　　　　例 7

例6，花瓶，器型类似于欧式建筑的栏杆柱，绘宝石蓝釉
下青花纹，瓶颈处画有两个怪兽的头像，瓶腹深蓝地，上绘仿
古青铜器特有的纹路。高35厘米。萨代尔的个人收藏。

例7，水瓶状花瓶，瓶颈较粗，釉下青花纹颜色如同宝石，
绘卷叶纹以及装饰性的菊花缠枝纹。署"大明宣德年制"款
识。高35厘米。萨代尔的个人收藏。

正是在这一时期，人们发明了"霁红"（铜红色）瓷器，
颜色直接嵌入釉下。当瓷器自窑炉中取出之时，纹饰已经深入
胎骨（即胎体）之中。工匠继而为其上釉，因此铜红色会与釉

例 8

料混合，而色料本质上是位于瓷胎表面的。要知道，由于氧化铜只有在高温烧制时才会呈现红色，所以毫无疑问的是，传说中的霁红实际是釉下铜红，也就是我们常说的高温下烧制的鲜红颜色釉。

例 8，盖罐，瓶腹上部和下部边缘装饰有马赛克花纹，并由三道类似花样的带状纹相连，将瓶身分割成了三部分，中间部分绘有一只戏球的福狮。纹饰绘于生瓷胎之上，所使用的深浅不一的铜红彩料与宝蓝彩料相互辉映。盖罐高 42 厘米。萨代尔的个人收藏。

我们还可以看到另外一种红色彩料被应用，这种彩料名为宝石红。萨尔维塔先生认为这是某种氧化铁与助熔剂的混合物，可以直接施于素器之上或釉上。这种新的颜色被称为宝石红、矾红或者铁红。

笔者曾经读到过类似的文字：这一时期，人们还烧造了一种乌面的器物，使用的是延展性良好的红色黏土，瓷胎上覆盖一层"霁翠釉"（松石蓝色），此类器物的表面如同橘皮，又被称为"橘皮纹釉"。

例9，形制非常古典的小花瓶，褐色瓷胎上覆盖有橘皮状的霁翠釉。高 19 厘米。萨代尔的个人收藏。

例9

我们还从书中了解到了"瓷器表面的纹理有如冰层开裂"的器物、"黄地刻花"器物，还有一类瓷器"带有红色纹路，如同鳝鱼的血"。被中国陶瓷学家比喻为鳝鱼血的红色纹路，似乎与"蟹爪纹"同属一类，是否说的就是火红色釉的霁红瓷呢？这是很有可能的，但是，我们从未见到过带有如此古老年款的瓷器。前文列举了许多种类的瓷器，但是笔者仅能列举如下两件藏品以作为第一阶段的代表。

例 10

例 11

例 10，带有双耳的小瓷瓶，生坯上绘钴蓝色、棕红色马匹纹。瓷釉表面有细密的冰裂纹，器物足底颜色不甚均匀，有一圆形小凹陷，上署釉下青花年款："宣德年制"，年款无开片。瓷瓶高 16 厘米。萨代尔的个人收藏。

例 11，酒罐，工匠先在生坯上凹刻菊花缠枝纹，再将一层黄釉覆盖于瓷胎之上。署"大明宣德年制"款。花瓶高32厘米。萨代尔的个人收藏。

最后还要介绍一种新型装饰方法，那就是"填白瓷"，这种瓷器颜色洁白，看起来似乎平平无奇。器物白地，方便绘制纹饰，其命名"填白"意为填补空白，也暗示了这一目的。还要补充一点，填白瓷被分为两类，一类做工精细，另一类较为粗糙。通常工匠会采用多种颜色的彩料为填白瓷绘制纹饰，装饰较为繁缛，颜色深邃。

填白瓷让我们首次见证了中国画工使用不同颜色绘制纹饰的本领，经历了一番曲折后，笔者才意识到在填白瓷上绘制彩色纹饰所使用的是另一种特殊的工艺，彩色纹饰可以覆盖瓷器的表面。不要将此类纹饰与普通的釉下彩——比如钴蓝、铜红所混淆。笔者很确定：填白瓷的上色方式和那些普通的釉下彩瓷是不一样的。

自章氏兄弟之后，人们所了解的采用特殊工艺烧制的釉上彩瓷只有黄色、深蓝、浅蓝、青绿、紫色几种，入炉烧制后再添加彩料。萨尔维塔先生认为，这些彩料和最新发明的宝石红可以通过同样的工艺为瓷器上色，同样也是将色料施于素器之上，还有上文提到的填白瓷，在其上绘制纹饰后便是我们所称的"素三彩"。

对于是否可以在烧成的白素器上绘制纹饰，笔者其实是有些疑惑的。因为我们只见过以此种方式处理的铁红色纹饰瓷器。单使用一种铁红彩，工匠便足以可以在供给当朝皇帝使用的杯盏足底绘制花卉、狮子戏珠、龙凤呈祥等一些非常精致细小的纹饰，但是使用其他颜色的彩料却很难达到相似效果。

需要注意的是，不能因此便认定如今我们所见的大量古代素三彩瓷器烧造时间都早至 15 世纪。其实，它们中的大部分都是远在这一时代之后烧制的。

如今，只有非常少量的填白瓷可以确定是烧造于宣德年间的，还有一些器物是宣德时期瓷器的忠实复制品。

笔者在此列举巴伯·德·朱伊（Barbet de Jouy）先生的一件茶壶，这件藏品便是宣德填白瓷，于 1879 年在巴黎出售。曾负责撰写朱伊先生藏品目录的瓷器专家保罗·加斯诺（Paul Gasnault）先生是这样描述这只茶壶的：

第 126 号藏品是一个方形茶壶，壶腹圆鼓，壶柄模仿藤条的样子。壶身两面以不同的马赛克纹饰为地，上嵌布满花朵的圆形开光。器底以黑彩书“宣德”年款。可在杰克马所写的《瓷器史》（L'Histoire de la Céramique）一书中找到此件器物的刻印版图片。高 14 厘米，宽 10 厘米。

莫里斯·让提安（Maurice Gentien）先生斥 1305 法郎巨

资购得此壶。

　　瓷器爱好者们讨论着这件以高昂价格出售的瓷器，再次宣称此价格与中国陶瓷学家对填白瓷的观点不相符，因为在中国人眼中，填白瓷属于二等瓷器。这个实际价值与出售价格相悖的事件并不是一个孤例，也不是因为人们对这件罕见器型的器物产生了不太理智的迷恋。如果细致回顾当代的瓷器交易，可以随意举出很多相似的例证，因为此类事情发生过成百上千次。曾有不少形制、品相类似的瓷器以高价售出，甚至还有一些更稀罕的品种可以卖出两万法郎的价格。

　　面对如此大的鉴赏分歧，或许我们非常有必要了解下中国收藏家的想法。填白瓷这种类型的瓷器是时代自然发展的产物，必然在其出现之时风靡一时。从瓷器纹饰的角度来讲，填白展示了技术的革新。用于制作填白瓷的瓷土属于高岭土砂岩，并非普通的瓷土，它的优质特性体现在：瓷器的胎体更加细密紧实，不易变形并且在烧成后极为坚固。然而，后来中国人又发明了看起来更加精致的白瓷釉上彩，所以瓷器鉴赏者们从此之后就看不上填白瓷了吗？还是说，他们仍旧保持着对填白瓷的喜爱？为了回答这个问题，我们需要告知读者：宣德至雍正之间的这些年，填白瓷的烧制是持续受到特别重视的，因此有许多一等品的填白瓷烧制成功，比如许多引人注目的小雕像，也不乏诸多艺术瑰宝，中国人对它们也是珍视有加。比如，藏家会精心保存这些作品，如发生损坏还会悉心修复，工匠会以一种艺术的方式用象牙或者银器来替换那些损坏的部位。

这件或许在世上独一无二的器物也是一个茶壶，没有标记任何年款。它的烧造日期大约可追溯至万历（1573—1620）年间。茶壶高 22 厘米，壶盖部分与壶身共同构成了一个中国文字，瓷器上方大约 4 厘米厚，基座部分稍多于 6 厘米厚。这件瓷器并非实心，它的内里是空心的，可作容器用。瓷器所展示的汉字是"福"字代表幸福，以及"寿"代表长寿，均为篆体。因此，器物表达了幸福与长寿的双重愿景。这件中国吉祥瓷器的中心有一个凸起的开光，开光和壶的其他部分被细线分割开。此外，优雅的长弯流以及轮廓宽大的壶柄让这件举世无双的茶壶看起来更加完整。

这件器物上的纹饰绘制于素胎之上，算是填白瓷器中的普通一类。瓷器的两面分别展示了"福"和"寿"两字，均被花环装饰围绕，花环为浅黄色地上绘深绿缠枝纹和大朵紫色牡丹。开光部分展示的是相同色系的风景画。可以轻松看出，风景画中人物的穿着和发型都遵循了明朝的式样。茶壶每个面的主要颜色都是浅绿。壶嘴边缘部位略有损坏，于是工匠用银进行了修补。此外，整个壶柄都被替换成了雕刻的象牙环，被银

163

例 12

制零件固定于壶身之上。茶壶的盖子大概已经遗失，被涂漆的金色鹿角代替。

例12，大茶壶，器型模仿中国文字，素三彩纹饰绘制于素器之上。壶柄象牙制，壶嘴银制。盖子是涂了漆的鹿角，闪烁着金色。此件器物烧造于第三阶段。高22厘米。萨代尔的个人收藏。

这个银制的保护套非常古老，让人叹为观止，它大概生产于中国，亦有可能产自日本。这一小小配件就足以证明此件器物非常值得被褒奖。

此外，笔者还要强调一下前文引用过的那本图集，杰克马先生曾提到，巴伯·德·朱伊先生在笔者之前曾在许多器物上看到宣德的年号，其中便有一件茶壶，其上的年号是"大明宣德年制"（生产于 1426 年至 1435 年期间）。他按照一贯的准则，把这件瓷器归于被他命名为"绿色家族"（即素三彩瓷）的瓷器类别中。因为若仔细观察，绿色是这一古老纹饰的主要颜色。下面是一件相似的瓷器，也许同样古老，尽管没有标有任何年号。

例 13

例 13，带有藤编壶柄的茶壶，填白瓷，纹饰绘于素器之上（素三彩）。赛努奇的个人收藏，巴黎。

笔者需再三强调，除了实际上色过程，填白瓷和其他中国人不久后发明的釉上彩瓷没有任何相似之处。笔者还需要引用杰克马先生曾在书中提到的另外两个带有宣德年号的素三彩瓷器，同样是在烧成后的白瓷胎上绘制纹饰。这些器物均为人物主题的花器，如果我们仔细观察这些人物画，就能确定这些年号都是伪造的。

中国陶瓷学家认为，接下来的三个王朝——正统、景泰和天顺烧制的瓷器，也应被归于"第一阶段"。我们可以看出在这段时间内制瓷工艺的发展几乎是停滞的。前文介绍的这些发明与进步，其荣光只属于宣德时代。在这一时期，中国人已经掌握了今天人们所使用的大部分制瓷方法。

第二阶段

（公元 1465 年—公元 1566 年）

成化瓷器

明朝：

成化（1465—1487）

弘治（1488—1506）

正德（1506—1521）

嘉靖（1522—1566）

在接下来要介绍的这一时代，一件与材料有关的事情极大干扰了著名的钴蓝色纹饰的制造，这种材料便是"苏泥勃"。"苏泥勃"的魅力在长达四十多年的时间里吸引着中国收藏家，然而这种原料却突然枯竭了。于是，工匠们只能使用曾经质量稍差的原料制造蓝彩。在这种情况下，被我们称为"成化时代"——即成化皇帝登基后这一阶段——生产的瓷器质量是远不如前朝的。这期间最光辉照人的，莫过于那些描画着优雅、清淡的蓝色花纹的器物。

上面这一段表明：钴蓝颜料存量的枯竭大概导致成化年间烧制的釉下青花瓷器形成了一种特殊的风格。有时，我们可以根据器物青花纹饰的淡雅色调来判别其是否出自成化年间。此外，纹饰画技进步明显，彩料的运用更加娴熟，因此可以展现出更宏大的场景。这些都是这一时期纹饰风格的显著特点。所以中国陶瓷学家都对那一阶段的瓷器创作者大为称颂，制瓷匠人花费了很多心思模仿古代至臻完美的图样，所以，包括填白瓷在内的那一时期的器物都可谓精妙绝伦。然而，这些瓷器之所以精美，皆是因为工匠的技艺，但这的确无法弥补备受中国人珍视的钴蓝彩的缺失，借助它的力量，过去的瓷器才可以纯净光润、颜色耀目。当然还有其他闻名于世的装饰瓷器的方法，比如一定不能忽略的"油绿釉"，我们认为它正是在成化年间发明的。

将这种名为"油绿釉"的釉料涂于预先用黑色彩料或是铁红彩料绘制好纹饰的瓷器之上。如果所用彩料为铁红，它会在

例 14

烧制过程中与油绿釉中的氧化铜相结合，得到别具风韵的黑色纹饰。笔者下面介绍的这件器物便属于这类罕见的品种。

例 14，圆柱形花瓶，我们称这种类型的花瓶为"卷筒瓶"，这件古老的瓷器上有一层较为轻薄的釉。瓶口有一周边饰，瓶身绘有一只孔雀，孔雀站立于鲜花盛开的怪石之上，周围环绕着其他飞鸟。纹饰整体为黑色，覆盖于纹饰上的釉为绿色，即油绿釉。黑色轮廓使得纹饰线条更加苍劲。花瓶高 48 厘米。萨代尔的个人收藏。

或许，中国工匠也想发挥自己的主观能动性，对一味的机械性模仿感到不甚满意，所以他们决定寻找新的领域进行开拓发展。又或许，油绿釉这一偶然新发现让工匠们感到颇为惊喜。总之，匠人们开始试着使用曾经在填白瓷上绘画的彩料来装点上釉的器物，于是，成化年早期出现了一批带有釉上彩纹饰的白瓷。

新彩料的重大发现和中高温烧制方法的使用，以另一种形式填补了窑厂苏泥勃青的缺失。画工仿佛打开了一扇全新的视窗，我们可以在景德镇瓷器专家的记录中有所领会。

中国陶瓷学家写道：景德镇烧制的瓷器使用的是一种丰润、延展性强的黏土。人们非常喜爱胎体轻薄的器物，其中最具价值的莫过于使用五彩工艺装饰的瓷器，其优点是彩料显得非常轻薄，并能充分展现画工的技能。最受欢迎的纹饰要属蛐蛐、牡丹以及身后跟随着一群生动活泼的小鸡的母鸡。

成化年间那些自负的瓷器艺术家们对自己的前辈曾经非常忠实，一开始他们仍旧只是满足于复制传统的神圣有象征意义的主题，或是植物、动物等。然而突然有一天，这些平常的主题不再能让他们感到满足了，他们充分释放着自己的艺术才能，彻底进入了新的一片天地。画工们从宗教、神话、历史等主题中汲取创作灵感。通过画工画笔的描绘，各类不同的场景呈现在了恒久不变的瓷釉之上，得以永存。同一位陶瓷学家还说道，正是在这一时期，工匠们开始在五彩瓷上绘制人物纹，他列举了一些著名的酒器，瓷胎薄如纸，有的绘有蚰蚰、葡萄；还有的绘有人物以及荷花。他对成化时期的器物做了这样的总结：成化时期的器物，无论颜色深浅，其之所以卓越超群，不仅仅是因为胎体致密，更是因为其釉色的纯净与纹饰的鲜艳。正因为这些声名显赫的五彩瓷器，这一阶段在瓷器史上的地位仅次于宣德时代。

以上对中国陶瓷学家的引用足可以证明釉上彩瓷器正是在这一时期发明的。我们未来或许还会遇到类似于杰克马先生列举的那两件素三彩人物纹花器，但是这两件器物却无法驳斥这一结论，也不能作为推翻中国陶瓷学家观点的反证。笔者还要补充一点，所有笔者遇到的带有成化之前年号的瓷器，没有一件使用了素三彩工艺，因为素三彩毫无疑问是成化时期之后创烧的，甚至很多素三彩器可能就是当代烧造的。让我们再来看弗兰克先生的研究，似乎他也没有遇到足够真实的款识，因为他对此毫无记录。最后，我们可以把官方的浮梁县志当作一个具有决定意义的最终证明。县志中包含一个非常全面的仿古瓷器列表，记录了景德镇自 18 世纪初仿烧的各类器物。这里面也记录了宣德后的器物，包括填白瓷等其他前文介绍过的器物，比如说前文曾仔细论证过发明于成化时期的五彩器。县志还谈论了后面几位皇帝当朝阶段对成化瓷器的模仿，这几位皇

帝分别是正德（1506—1521）、万历（1573—1620）以及康熙
（1662—1722）。

　　此外，同上文所述的这本浮梁县志一样，殷铎泽神父也描
写过五彩器的烧造方法："为了烧制这些成化年间创烧的釉上
彩瓷，工匠们首先要取烧成的白色素器，第一位画工负责描画
轮廓，接下来还有一位画工负责填上彩料。"在五彩器创烧的
最初阶段，也就是笔者目前谈论的这个阶段，画工掌握的彩料
包含有黑色，而黑色一般仅仅用于绘制轮廓。此外，画工还可
以使用晶莹光洁的铁红，略为沉闷的紫色，偏于棕色的黄褐
色，变化多端、光彩熠熠的绿色，以及成色不佳、色调发黑的
蓝色。最后的这种蓝彩通常由普通的青花料代替，提前施于釉
下，用途通常较为广泛，有时可以绘制怪石、地面，有时用来
表现衣裙的褶皱。那些绿色、紫色以及黄色彩料都会闪烁蛤蜊
光，有时还会被绚丽的光晕包围。

　　现在，笔者将为读者展示一系列烧造于成化年间的杰出器
物代表。笔者还是要再次提醒读者，这些藏品不一定都是成化
时代烧造的原件，有一些或许是后世的仿品，但是即使是仿
品，也均有一定年头，并且制作精良，同时也是对前朝瓷器非
常忠实的仿制。第 14、15 号藏品，尽管足底均带有年款，但
是笔者判定它们大概率只是复制品，也许烧制于康熙（1662—

例 15　　　　　　　　　　　　　例 16

1722）早期。

　　例 15，釉上彩大花瓶，花瓶纹饰展示的是岩石与山楂树，树的枝条上绘满了白色的小花，覆盖了整个花瓶表面。器物为油绿釉地。器物署"大明成化年制"款识。花瓶高 72 厘米。萨尔丁（G. Salting）先生的收藏，伦敦。

　　例 16，别具一格的大件花瓶，器物表面布满了和上图类似的纹饰，以黑色为地，署"大明成化年制"款识。花瓶高 70 厘米。萨尔丁先生的收藏，伦敦。

例17   例18

例17，四方瓶，瓶颈圆柱形，口外敞。纹饰繁密富丽，瓶颈处有两块黄色地开光，绘制有风景图以及一只活泼的福狮。瓶身四面为黑色地，上绘山石、树<u>丛</u>、白色花卉。

瓶子的最下部分靠近足底的位置无釉，露出瓷胎。本器物无款识。高49厘米。比应（Bing）先生的收藏，巴黎。

例18，这件器物和上图中的花瓶形状相同，通体被釉上彩纹饰覆盖，瓶颈处绘有普通园景，包括一只麒麟兽、神龟，以及某种爬行的大鲵，大鲵口中咬着灵芝。花瓶的肩部为淡紫色地，上设四个形状不规则的黄色地开光，开光内描绘有龙纹。瓶肩的四个角绘有黄色花卉，上嵌有篆体的福字。

器身部分上端和下端均绘有宽边纹饰，淡紫色地绘缠枝花卉纹。这些宽大的边饰，在器物的每一面围出了一个较大的开光，相对的两面图案均为黄色地风景图，一面展示了一条四爪龙，与一只野虎相对峙，另一面绘有湖边山庄。其他两面以绿色为地，绘图手法极为娴熟，画工笔触细腻，展现出一幅和谐的图景。画师仅仅使用了三种颜色，三种不同色调相结合，有黄色，寡淡的丁香紫色，以及鲜明的绿色。

花瓶足底露胎无釉，这方便了我们鉴别瓷土。如同其他在素胎上进行装饰的瓷器一样，这件器物的瓷土紧实，略泛灰色。瓶底中心有一小处凹陷，署釉下青花年款"大明成化年制"。花瓶高 49 厘米。普瓦勒先生的收藏，巴黎。

例 19，小瓷盘，填白瓷，器身完全被素三彩纹饰覆盖。纹饰展示了渔夫捕鱼的场景。直径 20 厘米。萨代尔的个人收藏。

例 19

例 20　　　　　　　　例 21　　　　　　　　例 22

　　例 20，大酒罐，松石蓝釉为地，点染有橄榄绿色斑点，
器身展示了两只代表皇家的五爪龙，一只被云彩与火焰环绕，
另一只位于酒罐的下端，从酒罐最下部的波浪中升腾而出。高
65 厘米。卡昂·德·昂维尔夫人（Mme Cahen d'Anvers）的
收藏，巴黎。

　　例 21，大瓷花瓶，装饰有两只四爪龙，遨游于铁红色火
焰之中，器物使用了釉上彩工艺，先使用黑彩勾边，再使用带
有强烈蛤蜊光的彩料填色，龙头为黄色，鬃毛和背部是蓝色
的，身体为绿色，腹部为浅紫色。

170

　　器身下端绘有海浪与海浪中隐现的岩石，署青花釉下年款
"大明成化年制"。高 75 厘米。博德雷先生的收藏，巴黎。

例 23　　　　　　　　　例 24　　　　　　　　　例 25

　　例 22，大型四方笔筒，下承镂空雕花基座，瓶身雕刻有长满果实的桃树，桃树的枝干延伸至笔筒的四面。素三彩釉上彩工艺，所使用的彩料具有强烈的蛤蜊光。器身四面均绘有在中国文化中代表长寿的鹤，笔筒上部的边缘以带有斑点的绿彩为地，上绘"寿"字。笔筒高 40 厘米。萨代尔的个人收藏。

　　例 23，花瓶，呈葫芦形，以素三彩为饰，边缘装饰有浅色的对称图形，其中包括多次重复出现的"寿"字。在器物足底可以看到釉下暗刻的年号："大明成化年制"。器物高 25 厘米。萨代尔的个人收藏。

　　例 24，卵圆形花瓶，以釉上五彩为饰，器物边缘与器身的大型开光皆绘缠枝花卉，花卉纹镶嵌于红色马赛克地之上。高 30 厘米。萨代尔的个人收藏。

例 25，白瓷碗，器外部分区域无釉，饰整齐的席纹。器底署"大明成化年制"款识。器物高20厘米。萨代尔的个人收藏。

未曾有中国陶瓷学家谈论过弘治期间烧制的瓷器，弘治皇帝在成化皇帝之后登上帝位。的确，笔者也极少遇到带有弘治年款的器物，偶尔会在鹅黄釉瓷器上见到，这种鹅黄釉也被称为"御用黄色"。烧制时，有时先在素胎上施一层底釉，有时直接将黄釉施于素胎之上。如果黄釉直接覆盖在灰色的素胎上，瓷器可能发色不够鲜艳。笔者在此会列出一件藏品，也许它是弘治朝原件的忠实复制品，据推断，其生产年代不会早于康熙年间。

例 26，"御用黄色"瓷盘，以釉上彩为饰，盘中央绘有盛开的百合花纹，盘子边缘点缀有四种折枝花卉，枝干上绘有果实，分别为石榴、桃、葡萄、荷花，使用青花釉下彩工

例 26

艺。盘子的外壁同样为御用黄色地，上绘青花缠枝花卉纹。署釉下青花年款"大明弘治年制"。盘子直径 26 厘米。萨代尔的个人收藏。

接下来是正德时代（1506—1521），笔者了解到，在这一时期，云南的地方官从西方的阿拉伯商人处获得了质量上乘的钴蓝颜料，因此我们称这一颜料为"回青"（穆斯林蓝）。人们便可以尝试重新烧制类似于宣德时期的青花器物，虽然质量有所倒退。笔者还了解到，这一时期人们还尝试在釉下使用不同颜色彩料绘制纹饰，并继续烧制成化年间流行的釉上五彩瓷器，此外还有各类颜色釉瓷，其中最美丽的要数一种红釉瓷，名为"祭红"。红色釉器物分为两种：一种便是祭红，红色源自于铜金属；另一种名为宝石红，红色源于铁金属。

正德之后即是嘉靖朝（1522—1566），因为拥有了回青这种优质的蓝色彩料，人们对青花器的兴趣又被激发出来。最杰出的艺术家便不再使用五彩工艺绘制纹饰，不论是釉上还是釉下。这一时期烧造的流行于宣德的填白瓷，以及流行于成化的五彩瓷质量都大不如前。这两类瓷器的产出量也非常少。并且，铜红料开始成为稀缺彩料，人们只生产矾红花瓶，其成色远远不如前朝的铜红色釉瓷器。

总而言之，以成化瓷器为代表的第二阶段，早期因釉上彩瓷器的创烧而显得夺人眼目。烧造釉上彩瓷器需要先在施釉后的器表进行绘画，再入窑以中温火进行二次烧制。其实，这种特别的烧制工艺，是中国瓷器艺术的几大发明创新之一。

笔者在下文中会介绍几件不同类型的藏品，笔者认为它们是可以被当作第二阶段的代表的。

例 27

例 28

例 27，酒罐，器物顶端的盖子充当瓶塞之用，御用黄色地，上绘青花纹饰，纹饰图案与例 25 相似。纹饰主要展示有缠枝花卉，花卉中央画有凤凰。器物的款识"大明嘉靖年制"署于瓶颈位置。酒罐高 48 厘米。萨代尔的个人收藏。

例 28，瓷缸形状的小型盖罐，略泛褐色（矾红）的铁红地，上绘黄色五爪龙纹，龙周围环绕着火焰和云朵，全部为釉

346

例 29   例 30

上彩工艺。署"大明嘉靖年制"款。器物高 14 厘米。昂德雷

（Hendlé）的个人收藏，巴黎。

　　例 29，褐色瓷制塑像（婺窑），釉料含铁元素，展示的人

物坐在高靠背座椅中，下承四方形底座，整体使用松石蓝釉，

人物的头、手等部位露胎无釉，底座的下端施深蓝色釉。高 35

厘米。老福尔涅的个人收藏，巴黎。

　　例 30，带有斑点的松石蓝釉葫芦瓶，以缠枝菊花纹为饰，

瓷胎表面刻有不同形状的雕花。署釉下青花款识"大明嘉靖年

制"。高 23 厘米。萨代尔的个人收藏。

173

例 31

例 31，花瓶，口外敞，以卷叶纹为饰，瓷胎上雕刻有龙
纹，并覆盖一层塞拉同湖绿色釉。署釉下青花款识"大明嘉靖
年制"。高 45 厘米。萨代尔的个人收藏。

笔者对成化时代藏品的列举到此便要告一段落了。读者们
或许会有些惊讶，因为这个短短的清单中并未出现任何釉下青
花瓷器。诚然，我们曾经遇到大量带有年款的青花器，年款表
明器物正是烧造于第二阶段。然而，笔者曾在前文中提到过，
对于这些年款的真实性，我们并未有很大把握。同时，在中国
陶瓷学家的记录中，笔者也没有发现足以指导我们如何甄别真
假年款的内容。他们的确经常比较不同时期钴蓝颜料的质量。

实际上，在不同书籍中，笔者读到了这样重复的信息：正德和嘉靖年间的深色钴蓝料质量较优；而成化、弘治年间的钴蓝料却有些不尽如人意。中国陶瓷学家也并未具体讲述任何新发明瓷器的设计或装饰方法。自公元 5 世纪后的秘色窑、苏泥勃青，直到 16 世纪初开始应用的回青，所有这些在生坯上对瓷器进行装饰的工艺，对我们来讲都是非常难以分辨的。因为在中国瓷器书籍中，它们都以或深或浅的"青色瓷器"来命名。此外，以猜测的方法来鉴别这些藏品的所属年代也并非本书的目的。笔者只希望可以清楚明朗地展示不同器物在中国出现的时间先后顺序，笔者会尽量囊括各种类型与纹饰，也会尽量避免重复列举。

第三阶段

（公元 1567 年—公元 1644 年）

万历瓷器

明朝：

隆庆（1567—1572）

万历（1573—1620）

泰昌（1620—1621）

天启（1621—1628）

崇祯（1628—1644）

那些阿拉伯人出售的钴蓝彩料被中国人视若珍宝，售卖的价格甚至超过了黄金。可惜钴蓝矿的供给突然就枯竭了，这也许是因为那些为中国子民带来钴蓝料的穆斯林商人不再从事此项贸易了？总而言之，第三阶段的开启之时正是隆庆时代（1567—1572），回青突然间就消失了，其消失的速度非常快，1世纪前它以"苏泥勃青"之名横空出世的景象还历历在目。在注意到这一事实后，中国陶瓷学家们认为釉下青花瓷器从此之后便失去了光泽，魅力大不如前朝。这种彩料只能被用于装点日用瓷以及质量普通的器物。对于那些高质量的瓷器，人们开始回归填白瓷的装饰方法，也就是说回到了古老的素三彩以及五彩——那些在成化朝较为流行的釉上彩工艺。回望景德镇在万历朝年间（1573—1620）烧造的最为引人注目的器物，笔者一定要提到那些用来栽种植物的大盆，或是用来装水的大罐。中国妇人还会用这些大盆来养鱼，所养的游鱼通常色彩鲜艳，形状奇特，代表了一种奇怪的东方审美。这些大罐通常会以釉下青花料来描绘水生花卉纹或是错综交缠的龙纹。画工会在这些神圣的龙周围添加红色或绿色的火焰、云朵或是海水纹，再以中高炉温烧制而成，这些吉祥的动物就好像是在深邃的大海或高远的天庭中玩耍一般。

此种类型的瓷器在欧洲也并不罕见。其中的一些署有款识或者皇帝的年号，常常表明器物烧成于万历时代。

在同一时期，同样类型的纹饰也出现在不同尺寸的器物之

例 32

例 33

上，有时甚至是非常小件的作品。这类器物特点鲜明，非常容易鉴别。工匠通常以较深的青花料在生坯之上完成第一道工序，再将剩余的素三彩料施于釉上。

例32，梨形瓷花瓶，靠近口沿处有一圆球形凸起，颈略长。瓶身绘卷草纹饰，瓶身中央绘有对称的两只五爪龙，以及两只凤凰。

花瓶的蓝色纹饰均为釉下彩，入窑烧成后施以绿彩、黄彩和铁红彩，再放入马弗炉进行焙烧。在瓶颈外壁靠近口沿的位置，可见釉下青花年款"大明万历年制"。花瓶高47厘米。萨代尔的个人收藏。

例33，喇叭口花觚，鼓腹，以素三彩为饰，青花纹绘制于生瓷之上。花觚颈部绘有较为常见的园景纹：妇女和儿童在花园中游玩。鼓腹以及胫部绘折枝花卉。花觚高49厘米。萨代尔的个人收藏。

笔者刚刚介绍的藏品可以被认定是大名鼎鼎的"厚瓷"系列，它们的瓷胎总是色白到不可思议，纹饰通常使用五彩工艺。有时描绘的是日常主题，比如儿童嬉戏；有时描绘龙被火焰围绕，或是缠枝花卉、折枝花卉、游鱼。此类器物在欧洲数量众多，对于收藏爱好者来讲总体而言不算稀有。在中国，这类瓷器颇受青睐，人们认为这是明代的典型器物。

毫无疑问，此类瓷器创烧于明代。但是，与许多其他类型的瓷器一样，创烧之后还在不断被仿烧，并且那些仿烧的器物制造精良，看起来非常完美。我们日常生活中会遇到大量的此类瓷器，除非带有明显的年款，否则它们的真实烧造日期是无法被确定的。中国陶瓷学家认为素三彩瓷器的创烧发生于粉彩瓷器创烧之前，但部分带有年款的瓷器明显与中国陶瓷学家的观点相矛盾。在笔者选择藏品以便为读者展示之时，的确遇到许多类似的器物，并且署有雍正（1723—1735）年款。正是在这一时期，粉彩瓷器大放异彩，最优质的粉彩瓷器都是在这一时期烧造的。

比如例34中的花瓶，除了彩料的色泽或许比例32的花瓶更为暗淡一些外，其他方面并无明显区别。

例34

例34，矮胖的天球瓶，直颈，纹饰使用了五彩工艺的五种主要颜色，青花纹饰绘于生瓷之上。花瓶足底署釉下青花"大清雍正年制"楷体款。花瓶高35厘米。布莱利子爵的个人收藏，巴黎。

请注意，下面笔者还会介绍一件万历年的五彩瓷藏品，这个大罐的特殊之处在于，它的青绿彩迸发出极其出众的蛤蜊光，如此光芒四射的绿色彩料并不常见。这种强烈的光晕实为绿色，却又反射出了金属般的红色，使得器物表面闪烁着铜金属的光泽，16世纪的意大利彩釉陶器也曾有过类似的金属铜光泽，这一特点曾经使得意大利彩陶风靡一时。

当然，瓷器上形成这种蛤蜊光或许纯属偶然，甚至也许只是生产事故。有可能可以通过调高焙烧时的温度，或是减少二次焙烧时瓷窑中的空气来达到这种效果。但是它的出现仍给我

例35

们带来了不小的惊喜。这件瓷器也许是独一无二的，但如果我们想复制这种光晕效果，似乎亦是有方法能够实现的。

例35，矮胖的大罐，瓶颈处绘有狼牙形状的纹饰，下方有两道釉下青花弦纹，弦纹中间绘卷叶纹以及大朵的红色牡丹。大罐的下端同样也有两道弦纹，中间是绿色的仿椭圆饰。瓶腹部分被红色弦纹分割成格子状，瓶的四面各有一个开光，开光中绘水生植物，以及游动的鱼。纹饰均运用釉下彩工艺，分别使用青花、铁红、青绿色料。大罐可以反射出铜色光泽，有明显的蛤蜊光。

笔者在研究中国陶瓷学家的过程中，发现了一些对万历皇帝祭坛祭祀时所使用的礼器的描述：器物发色纯白，如同美玉，形状扁平，上绘鱼纹。这些祭祀用的酒杯具有精妙绝伦之美。在我们眼中，祭祀礼器与带有花卉纹饰的胭脂盒可被列为美观精巧之最。

　　笔者接下来将介绍那个时代最闻名遐迩的几家窑厂，同时还会简略描述他们各自最卓著的瓷器，其中包括所有收藏爱好者都熟知的器物，这些器物的生产年代可以被准确判断。

　　首先要介绍的就是崔公窑和周公窑，崔公和周公都属于能力超群之辈，擅长于仿制宣德和成化年间使用古老工艺烧造的瓷器。后者尤其擅长模仿定窑古瓷，例如古代的三足尊和香炉，周窑还重新烧成了带有动物纹的供祭祀用的戟耳瓶，瓶的戟耳状如古代兵器。

　　通过上文对祭祀礼器及相似容器的介绍，读者们或许和我们一样，已经发现这些器皿总是装饰得富丽华美，靓丽的釉上彩纹饰绘于烧成的白器之上。

　　例 36，祭祀用瓷质犀角杯，素三彩纹饰绘于素胎之上。器物高 5 厘米。昂德雷的个人收藏，巴黎。

　　例 37，祭祀用瓷质犀角杯，使用素三彩工艺，纹饰绘于釉上。器物高 5 厘米。萨代尔的个人收藏。

例 36　　　　　　　　　　　　例 37

接下来要介绍的是著名的壶公窑。壶公窑创始人自号"壶隐老人"，他的制瓷技艺精湛，他烧造的瓷杯胎体轻薄若浮云。让我们感到更为有趣的是，他烧造的那些花瓶、杯、盏，其釉色可如落叶的颜色一般，或暗淡或深邃。

最后，中国陶瓷学家还感叹道，正是在这段时间，中国各地涌现了大批量的陶瓷艺术家，而且有许多供职于景德镇的御窑厂。他们的风格自由而豪放，烧造出了许多在中国人眼中属于"奇淫巧技"的作品，工匠们或许是在白瓷上作画，或许在瓷胎上作画，或是在小船内部、宝塔上、瓷盒外部。这些小玩意均使用了填白瓷素三彩的工艺，呈现出的效果就同笔者展示的这些花瓶、容器、茶壶、小雕像一样。

例38，瓷盒，盒子外壁绘有素三彩纹饰，盒子内部使用雕刻的方法展示了一个中国的家庭。盒子长14厘米，纵深4厘米。萨代尔的个人收藏。

例38

有部分藏品展示了一些不太高雅的内容，进口到欧洲后，便被故意破坏或者损毁，尽管这种情况并不多见。然而笔者在此还是必须提及它们，因为这些瓷器标明的烧造时间表明它们与我们所拥有的许多素三彩瓷器出自同一个年代。

此外，宣德年间流行的填白瓷在这期间回到了人们的视野中。这一回归的原因是显而易见的，不仅仅由于美丽回青料的消失，还有一件中国陶瓷学家都注意到的更为严重的事情：被用来烧造高等级瓷器的麻仓土资源突然枯竭了。与此同时，其他适合烧造瓷器的瓷土质量亦大不如前，因此烧成的器物胎体色泽偏灰褐色，工匠只能用繁密的纹饰来遮掩胎土的不尽如人意。并且，除了上文谈到的那些才华出众的匠人们，其他大部分纹饰工匠和画师都只是在模仿、复制前朝的填白瓷和五彩瓷样式而已。

对中国陶瓷学家而言，在满人试图攻占大明王朝，同时大明王朝也在负隅反抗的这段时间里，也就是说自泰昌皇帝登基的 1620 年一直到 1621 年，人们没有烧造出任何一件值得提及的器物，不管是在景德镇还是在其他窑厂。中国瓷器史的第三个阶段包含了整整一个世纪，万历朝的瓷器是这一时代的唯一亮点，代表了这一百年的岁月。第三阶段甚至可以直接被命名为"万历阶段"，因为你很难在器物上看到其他皇帝的年号。

例 39

例 40

笔者介绍的大部分瓷器都是烧造于万历年间的。

　　例 39，水果盘，有九个可活动的隔间。九部分共同组成了一朵可开合的莲花，装饰有黄地素三彩花鸟纹。最长半径 60 厘米。萨代尔的个人收藏。

　　例 40，瓷雕像，展示的是中国人非常尊敬且怀念的宋朝总理大臣文正公。此雕像为坐姿，人物双手放于膝盖之上，头戴文人官帽，服装的纹饰华丽且鲜艳，通体使用素三彩工艺，纹饰绘于素胎之上。高 42 厘米。老福尔涅的个人收藏，巴黎。

例 41   例 42

　　例41，盖罐，器型偏向于椭圆形状的欧式建筑栏杆柱，
下承四脚基座。此盖罐装饰有纵向的瓜棱纹，像是在模仿竹节
的效果，每一节都有绿地、黄地、紫地三种色彩循环往复，辅
以各色缠枝花卉纹。

　　瓶颈处以一周紫色树叶纹作为边饰，似乎意将所有竹子
连接在一起。器物的盖和基座绘有相配的纹饰。所有纹饰皆
绘于瓷胎之上。器物总高27厘米。莱昂·福德的个人收藏，
巴黎。

　　例42，小件花瓶，器型与纹饰都与例38较为相似，马赛
克地上绘有四组缠枝菊花纹，瓶颈和瓶身雕刻有紫色叶纹以为
边饰。此外，器身还装点有深浅不一的绿色树叶。

例 43　　　　　　　　例 44　　　　　　　例 45

　　例43，小型釉下彩瓷盘，绿色地配山茶花叶纹，纹饰散发出蛤蜊光，盘子的边饰丰富华丽，瓷盘内底展示有一个插着花的花瓶。装饰过程中先于生胎上刻印或描边，继而填涂黄彩或紫彩。

　　盘子的器底布满山茶花叶纹，阴刻有"大明万历年制"款识。器物直径22厘米。萨代尔的个人收藏。

　　例44，刻有缠枝菊花纹的大件葫芦瓶，菊花纹雕刻于生胎之上，后填涂黄彩。器物背景点染有浅紫色釉。

　　例45，四方瓶，瓶颈呈圆柱形，瓶口外敞，以素三彩为饰，青绿色斑点地上绘满了花卉与蝴蝶纹，瓶身上装饰有不同形状的开光，开光内绘花卉、器物或风景图。

　　器底露胎无釉，在一方块区域内，可见刻印的"梧侣置"

（见款识列表第 82 号）款识，并被一层透明釉覆盖，此件器物由活跃于万历年间的梧窑窑工烧成。

梧窑画工还特意在瓶身上部的开光部位画上了一只卧在树叶上的小兔子（见款识列表第 85 号图 C），这种款识特别在这一时期出现。器物高 50 厘米。萨代尔的个人收藏。

例 46

例 46，镇纸，两头为镂空设计，通体为带有黑色斑点的紫灰色地，上饰华丽的釉下缠枝花卉纹。器物长 34 厘米。萨代尔的个人收藏。

第四阶段

（公元 1644 年—公元 1722 年）

康熙瓷器

清朝：

顺治（1644—1661）

康熙（1662—1722）

　　笔者将要在本节中介绍"古代瓷器"的最后一个阶段。这一时期瓷器烧制艺术成就斐然，器型优美，品质上乘，第四阶段当之无愧是瓷器史上最辉煌的时期。不仅仅景德镇一地烧造出的瓷器精致无比，帝国其他地区生产的瓷器也都非常美观精巧。欧洲人拥有的藏品中有众多烧造于这一时期的器物便是最好的例证。更不用说中国陶瓷学家们，他们几乎从不提及顺治年间生产的瓷器，却不吝于给予康熙年间烧制的各种器物以最高的赞誉。

曾有一位中国陶瓷学家讲道："在这一阶段，景德镇的窑工们仍旧沿袭着古老的制瓷方法，所烧造的瓷器因其器型之优雅、胎质之细密、色泽之靓丽、窑工与画工技艺之娴熟而冠绝天下，这一时期御窑厂生产出的瓷器质量远超古代。"

此外，中国陶瓷学家还列举了一系列产生于这一时期的美好发现，比如工匠发挥想象力创造出来的新釉色，这些对人们来讲完全是一个陌生的领域，等待我们探索的有蛇皮绿、鳗鱼黄、斑点黄，还有一些人们已经比较熟悉的传统釉色，不断以更加完美的面貌被重现。笔者会将更多注意力放在那些新的发明上。

首先要介绍的便是那些绘有花卉纹和祥瑞动物纹的花瓶与碗碟，表面常有雕花并覆盖一层古老的龙泉青釉。青釉的颜色淡绿中带着蓝，在欧洲被命名为"塞拉同刻花瓷"。还有那些覆盖有过氧化钴蓝的器物，釉色柔美清亮，以雾青釉（雨后天空的蓝色）闻名于世。"雾青釉"是传说中的"青器"和"碎器"的古代叫法。相传这种古代瓷器创烧于周世宗时期，他在公元954年的一天命令工匠发明一种青色瓷器作为宫廷日用，

184

其釉色就如同"雨过天青云破处"之色。

　　这个传说让许多人信以为真，有工匠孜孜不倦地去仿制，他们中的一些人还会在器物足底刻印上世宗皇帝的原话，即"雨过天青"四字以作为款识。而在我们遇到的带有这一荒诞款识的霁青釉器物中，有的色泽匀净均一，有的带有纹饰。此类器物的操作方法是：在上好青色釉的器物表面，用尖刀雕刻装饰性花卉或皇家龙纹，纹饰线条深入瓷胎，呈白色；然后在纹饰之上覆盖一层普通的透明釉。然而，大部分带有"雨过天青"款识的瓷器甚至都不是来自于成化、正德那一时代，其实际烧造时间大约在康熙年间。

　　接下来要提到的是紫金釉器，以及装饰有尖刀划花的淡黄、淡绿杯盏。自然，还有那些声名远扬，在欧洲格外受重视的吹红釉器与吹青釉器。

　　最后要谈到的是胎体厚实的束口盏，以及产于德化（位于福建省）的美丽白瓷制成的小佛像，通常器表水润光泽。必须提到的还有那些第一批抵达欧洲的瓷器，质地不算太硬，呈奶油色，散发玻璃光泽，胎体极其轻薄，以"中国白"的美名驰名天下。

　　尽管笔者在前文中未曾涉及这类瓷器，但是我们非常肯定的是中国白早在明朝初年便已在中国出现。中国陶瓷学家在书中介绍过建窑、白定窑、磁州窑以及一些从景德镇等地窑厂生产出来的白色瓷器。然而对于那些我们未曾拥有过的盏、鼎、香炉，我们的了解又有多少呢？其实所知寥寥。有一点是毫无疑问的：那些于17世纪下半叶在西班牙、法国和荷兰出现的古老"中国白"，一定是康熙朝烧造于德化的瓷器；而那些透明度稍差一些，略泛青色调的应是烧造于乾隆朝，甚至是更偏近代，来自于中国或日本。

尽管笔者为介绍五彩器已花费了甚多笔墨，我们还是要再次把读者的注意力集中于此。这是因为在漫长的康熙时期（1662—1722），素三彩瓷器发生了分野，两派皆有其特色。或者应该这样来解释：大约自这一时刻起，画工们分成了两个派别。第一派别的画工倾向于从古代瓷器中寻找灵感，烧造出了大量装饰有大型花卉纹的器物。通常，这些花卉昂扬地矗立于岩石之上，填满整个花瓶或瓷盘，甚至都不给鸟虫留下足够空间，无法在那些闪闪发光的花瓣附近飞舞、停歇。这种构图方法有些千篇一律，通常以马赛克纹作为边饰，边饰上总是辅以花卉。纹饰的颜色通常具有较强的冲击力，深色铁红常常被大面积使用。这一派画师主攻色彩呈现出的效果，较少关注纹饰本身，大部分瓷器上的纹饰都属于土耳其、阿拉伯或波斯风格。

另一派画师试图在纹饰构图上进行充分的探索，有些纹饰只有单纯的装饰功用，有些展示了某个历史典故或宗教传说。绘画手法极尽工巧，似乎那些因才能出众而被北京宫廷留用的传教士画家们已经影响到了景德镇和帝国的其他窑厂。

正是在这一时期，描画底稿的画师们开始放弃黑色，转而使用铁红彩来勾边。比如说在处理那些色泽均一或呈雪花状的蓝色地器物时，他们会在生瓷胎上用青花料勾画轮廓，再由负责填色的画工用不同色料涂染青花轮廓线内的空间。虽说这一派画工与另一派使用的彩料是一致的，但是这一派画工纹饰绘制得精细讲究、淡雅柔和，因此别具一格。

这种对艺术表现力的探索本可以让中国画工沿着这条创新的道路继续发展下去。然而，1677 年政府颁布了禁止在瓷器上展现大儒以及宗教人物的命令，画工们只能停止他们在这方面的初探，将才能限制在对花卉、卷叶、虚构动物的永恒复制当中。

然而，向前的步伐从来没有停止。虽然急速发展告一段落，但那些通常作为辅助纹饰出现的植物与枝干却被描画得更加生动。画工无法将才华运用于宏大的主题，便着力展示纹饰的精巧细节。于是，一些纹饰极其繁密华丽的器物出现了，这些器物的器表被那些允许使用的主题填满，有时候甚至影响了器物整体的和谐效果。这种类型的纹饰仍旧是格外引人注目的，尽管艺术价值可能不会那么高。我们自作主张将它们称为"花哨的素三彩"，其中包含了各种形制的器物，但是最常见的还是卵圆形状的花瓶、碗以及茶杯。器物的釉通常略微泛着淡绿色与淡黄色，所使用的彩料一般为素三彩瓷器上较为常见的那几种。

这种纹饰繁密的瓷器在古代曾一度非常流行，现如今却异常罕见。这一现象再次证明了一个事实：一种瓷器可以迅速消失在历史尘埃中。同时也说明了大力传播瓷器工艺的重要性。否则的话，任何瓷器的烧造方法都有完全失传的可能性，正如一些宣德、成化、万历年间流行的品种一样。

正是笔者刚刚介绍的那一派画工装饰了第一批到达欧洲的器物，这批器物中包括喷泉、水壶、茶杯以及餐具，这些通常是根据 17 世纪末从欧洲寄出的样本在中国进行复制烧造的。

最后不能忘记的是，在这一阶段，工匠们烧造了许多塑像、茶壶以及形状各异的花瓶，通常使用的是素三彩工艺，纹饰绘制于素器之上。随处可见的穿戴着路易十四时期荷兰与法国服饰的人物雕像便是很好的例证。

自康熙初年开始，瓷器烧制工业便进入了一个发展与进步的时代。而这一发展的阶段在瓷器历史上具有非凡的意义。尽管此时为中国瓷器业锦上添花且代表瓷器工业更上一层楼的粉彩工艺尚未出现。实际上，在康熙当朝后期的1690年左右，工匠们才发现了粉彩瓷器的奥秘。窑工们从氯化金中提取了胭脂红，从锑中提取了明黄，从亚砷酸中提取了白色。这些彩料为窑厂带来了绘制纹饰的重要新资源，完善了中国画匠手中已然无与伦比的调色盘，这是我们欧洲人至今都非常羡慕的。

然而，花红（又名胭脂红）、金黄釉、半透明或亚光的纯白釉在远东瓷器艺术中仍属于新生事物。工匠从不同的金属中提炼出这些彩料之初，大概只懂得使用单一手法将其涂于瓷釉之上。画匠们似乎还不能立即确定如何将玻璃白与各种色料混合在一起，也不知道混合后又会产生出什么效果。他们需要研究这些色料的使用方法，于是这一阶段可被称为素三彩和粉彩的"中间阶段"或"过渡阶段"。两种工艺的差异很明显，但却可以和谐共存，要明确的就是在此阶段色料尚且还未和玻璃白混合在一起。

187　　如果读者仔细回忆，便可记起在本书前面一节谈到的那个时代，每年都有众多商船从中国越洋驶来，一般会选择荷兰、英国或丹麦进行卸货。船上载有大量瓷器。法国也拥有自己的商船队伍，专为本土市场提供货物。值得注意的是，过去二十年间，中国将自己曾经拥有的一大部分瓷器提供给了我们。并且希望读者了解，欧洲人拥有数量最多的自然是烧制于康熙时代的器物。

例 47，敞口花瓶，鼓腹。青花、红色与铜色纹饰均绘于生瓷胎之上，并辅以塞拉同色划花。瓶颈部描绘了一位巫师，身着混合各民族元素的长袍，正在施展着神奇的魔法。

毋庸置疑，这件器物生产于康熙时期，但是其足底却写有"大明宣德年制"的款识。花瓶高 45 厘米。萨代尔的个人收藏。

例 48，敞口花瓶，无论是器型还是纹饰都与上图相似，署有"大清康熙年制"款识。花瓶高 45 厘米。萨代尔的个人收藏。

例 49，盖罐，器型修长，以釉上素三彩为饰，通体黑色地，上绘有花卉岩石纹，岩石上方鸟儿翩翩飞舞。盖罐高 47 厘米。老福尔涅的个人收藏，巴黎。

188

例 50，大敞口瓶，鼓腹。口沿与近足处都绘有釉下青花边饰，瓶身使用素三彩工艺进行装饰。瓶颈部分展示了一组骑着快马的战士，正在全速追赶另一组手拿兵器的骑士。

鼓腹部分青绿色地，上面点缀有黑斑点以及蓝色小花并设四个开光，内绘动物与风景纹。大花瓶绘园林景纹，一位达官贵人正与一位老人交谈，这位老人周围绘有代表长寿的吉祥图案。

例 51，素三彩纹瓷盘，有马赛克纹边饰，上设小型开光。

例 47

例 48

例 49

例 50

例 51

盘内底绘风景图，有一位头戴文人官帽的老爷，正从寿老手中接过寿桃。绘釉下青花记号款：缠有丝带的石磬（详见款识列表 91 号图 B）。盘直径为 36 厘米。萨代尔的个人收藏。

例 52

例 53

　　例 52，瓷瓶，呈葫芦形，配有三个上腹。中腹为铁红地，
绘卷叶纹并点染金彩。器物其余部位绘素三彩边饰与折枝花卉
纹。器物高 24 厘米。萨代尔的个人收藏。

　　例 53，用来装水的砚滴。中国画家和书法家总是需要一
个类似的容器来调配中国的墨。

这件砚滴的器型奇特，类似于一个没有盖子且没有明显入水口的茶壶，形状像一只桃子。

微小的入水口实际位于砚滴底部，可以通过这个开口向砚滴内部灌水，它与深入至砚滴内部的管子相连。这根管子较长，可以防止砚滴正放时水漏出来。当然，如果将砚滴倾斜，水可以从砚滴弯流中流出（详见上右图）。

此类砚滴较为常见，通常形状各有不同，一般为松石蓝地或藕荷色地，绘有釉下青花纹饰。笔者所选的这只砚滴为铁红色地，以釉上彩绘白色卷叶纹。砚滴两面绘有叶子形状的大开光，开光内绘素三彩岩石花卉纹。

例54，天球瓶，长直颈，经高温烧制而成，其棕色釉泛着蛤蜊光，开有冰裂纹片。入窑前画师用灰浆描画出了树干的轮廓，以及树干上盛放的山楂花，后用钴蓝彩填色。

例54

例 55　　　　　　　　　　　例 56　　　　　　　　　　　例 57

例 55，灰色釉椭圆形盖罐，器型挺拔，开有冰裂纹片。以未上釉的黑色瓷土做出堆塑装饰，做描金处理后再进行低温复烧。罐盖上有一只未上釉的福狮。器物高 40 厘米。老福尔涅的个人收藏，巴黎。

例 56，小花瓶，器型扁平，釉面开有冰裂纹片，部分区域呈现鲜艳的"火焰红"窑变效果，蓝灰色地（与中国祭红瓷器同属一类）。器高 18 厘米。萨代尔的个人收藏。

例 57，小瓷花瓶，呈扁平葫芦形。釉面开有冰裂纹片。偏绿调的大理石灰色地上点缀有"火焰红"与"火焰蓝"窑变效果。器物高 18 厘米。萨代尔的个人收藏。

中国人在这一期间创烧的釉色种类繁多，根据其颜色的

例 58

例 59

例 60

细微差别，中国人为它们起了千奇百怪的名字：驴肺釉，马肺釉，驴肝釉，马肝釉。

例 58，瓷碗，形状与海螺相似，使用棕色瓷土制成，瓷胎上覆盖有深塞拉同色冰裂纹釉。碗的外壁堆塑有八仙的雕像，雕像所用胎土与瓷碗一致，露胎未上釉。高 14 厘米。赛努奇的个人收藏，巴黎。

例 59，水瓶形状的花瓶，以卷叶纹划花为饰，素胎上覆盖松石蓝色釉，点缀有橄榄绿斑点。花瓶高 26 厘米。萨代尔的个人收藏。

例 60，花瓶，形状如同欧式建筑栏杆，带有鱼鳞状雕花，瓶身左右对称，环绕有两条蛇雕塑，蛇头被用作手柄。器物施

例 61　　　　　　　　例 62　　　　　　　　例 63

雪花釉，松石蓝色，下承相匹配的基座。高 42 厘米。萨代尔
的个人收藏。

　　例 61，大型福狮雕塑，施松石蓝和紫色釉，这只动物卧
在地上，有一只爪子放置在一个镂空的球之上，下承紫色基
座。器物高 48 厘米。属于巴黎的费尔南·比舍姆（Ferdinand
Bischoffsheim）的个人收藏。

　　例 62，中国白瓷观音像。高 42 厘米。萨代尔的个人收藏。

　　例 63，创造之神婆罗贺摩天像，古印度教三大主神中排
第一，坐于一朵莲花之上。他有若干只手，各持有上天与大
地赐予的标志性神圣物品。这是一件非常出众的中国白瓷。
瓷像高 25 厘米。利摩日博物馆藏，属于加斯诺的收藏系列。

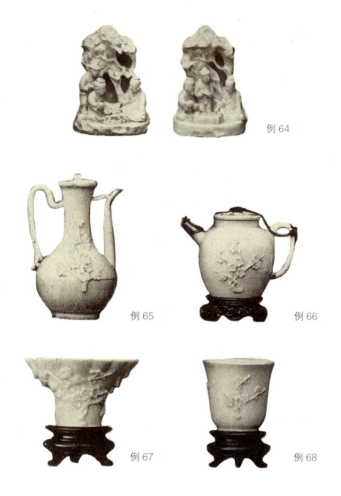

例64

例65

例66

例67

例68

例64，展示的是一组中国白瓷雕像。高10厘米。萨代尔的个人收藏。

例65、66、67、68，中国白瓷长颈瓶、茶壶、茶杯，装饰有折枝桃花堆塑。萨代尔的个人收藏。

例 69 　　　　　　　　　　　例 70 　　　　　　　　　　　例 71

　　例 69，素三彩大花瓶，纹饰富丽繁密，展示有岩石、折枝花卉，瓶腹中央绘一只金色锦鸡，辅以其他鸟类和昆虫。花瓶近足处与瓶颈靠近口沿处都绘有釉下青花双弦纹。

　　例 70，使用五彩工艺装饰的大盘，有缠枝花卉纹边饰，盘内底绘岩石与花卉纹，并绘有和例 69 花瓶类似的金色锦鸡。署釉下青花款"大清康熙年制"。盘直径 33 厘米。萨代尔的个人收藏。

　　例 71，纹饰与例 70 的大盘类似，盘内底铁红色马赛克地，装饰有折枝花卉纹。署"遂初堂"款识（详见款识列表第89 号）。盘直径 28 厘米。巴尼菲尔（A. Panifier）的个人收藏，巴黎。

192

例 72　　　　　　　　例 73　　　　　　　　　　例 74

　　例72，坐姿的和尚雕像。人物右脚赤足放置于左膝旁边，右手托着头闭目养神。身着长衫，衣襟在胸前交叠。器物纹饰绘制于素坯之上，黑色地配绿色卷叶纹，点缀着浅黄色莲花，莲花的花瓣以藕荷色勾边。白色赤足，木鞋呈浅藕荷色，人物皮肤为未上釉的素胎。长袍本为绿色地，加一层锰金属后便呈现黑色，再绘制卷叶纹。雕像高20厘米。普瓦勒的收藏，巴黎。

　　例73，瓷雕像，纹饰与主题都和例72较为相似，展示的同样也是一位和尚，这位和尚一边用小棍给鼻子挠痒痒，一边有些别扭地微笑。雕像高20厘米。普瓦勒的收藏，巴黎。

　　例74，茶杯与茶盘，内壁皆有一周淡淡的釉下青花边饰，其余绘绿色枝条，枝条末端有铁红色花卉，曾在马弗炉中进行复烧。

茶杯、茶盘外壁的釉上彩纹饰皆经历了二次焙烧。黑色地，点缀有几朵含苞待放的山楂花，黑色地上还饰有白色开光，开光内绘黄色与紫色菊花折枝花卉纹。

仔细研究其纹饰，你会发现这一组杯盘使用了中国陶瓷艺术常用的三种装饰工艺：釉下彩、素器上绘制纹饰（填白瓷），以及釉上彩（五彩）。署釉下青花记号款：一朵莲花（款识列表第 100 号图 B）。

例 75，小福狮瓷雕，纹饰绘于素器之上，使用了绿彩、黄彩、浅藕荷彩。用于盛放香的小管呈浅黄色，上面重复出现"寿"字，福狮的正面也书有"寿"字。器物高 20 厘米。萨代尔的个人收藏。

193

例 76，骑士瓷雕，纹饰绘制于素器之上。瓷雕展示的是一位戎装、束发的中国旅人，衣冠打扮遵循清朝规矩，中国人自清朝后才开始采用这样的衣着风格。骑士佩戴绿色帽子，身

例 75   例 76

例 77　　　　　　　　例 78　　　　　　　　例 79

着黄色短裤，携带浅藕荷、浅绿色的装备。所骑的骏马被均匀
涂上了靓丽的棕黑色。

这个人像雕塑与例 75 所使用的烧造方式极其相似。

例 77，矮胖的盖罐，器型较大，盖上有钮。通体使用素
三彩工艺，纹饰华丽丰富，闪烁着蛤蜊光，颜色异常鲜艳。盖
子和瓶颈均绘有岩石、花卉以及不同种类的动物。盖罐腹部为
绿色地，装饰有黑色卷叶纹与展翅飞翔的凤凰。器身四个大的
开光内绘有花篮。盖罐高 62 厘米。萨代尔的个人收藏。

194

例 78，小瓷盘，塞拉同色釉，开有冰裂纹片，装饰有折
枝花卉纹（这类瓷器被称为"塞拉同花卉瓷"）。盘直径 25 厘
米。萨代尔的个人收藏。

例 79，椭圆形盖罐，器身修长，配胶囊形状盖，和上一
件瓷器的纹饰较为相似，绘以釉上彩装饰，施塞拉同色釉，无

开片。高 20 厘米。塞夫勒陶瓷博物馆藏。

例 80，玛瑙蓝色地盖罐，瓶身饰折枝山楂花纹。高 42 厘米。司谢尔先生的收藏，巴黎。

例 81（之一），黑色地大瓷花瓶，装饰有岩石以及淡绿色折枝山楂花纹，器底署釉下青花"成化年制"款识（伪造）。花瓶高 40 厘米。萨代尔的个人收藏。

例 81（之二），精妙绝伦的圆柱形大花瓶，黑色地，装饰有山楂树纹，山楂树枝上开满白色花朵，充满整个器表。器物高 65 厘米。萨尔丁的个人收藏，伦敦。

例 82，铃铛形状瓷碗，精致美观，以素三彩为饰，碗内壁装饰有繁复的马赛克边饰，上有小型开光。碗内底描绘有坐姿人物。碗的外壁展示了小说中的主题。年号"大明成化年制"为伪造。碗内径 20 厘米。萨代尔的个人收藏。

例 83，圆柱形棒槌瓶，铁红色地，使用了"吹红"的上釉工艺。瓶身开光部分绘有素三彩纹饰。器物高 45 厘米。普瓦勒先生的收藏，巴黎。

例 84，棒槌瓶，天蓝色地，亦被称作"吹青"。瓶身的素三彩纹饰做了描金处理，展示了一位读书人被代表吉祥与长寿的标志环绕着。器物高 43 厘米。萨代尔的个人收藏。

例 85，花瓶，形状类似于欧洲建筑栏杆，吹青釉地，纹

例 80

例 81（之一）

例 81（之二）

例 82

例 83

例 84

例 85

例 86　　　　　　　例 87　　　　　　　例 88

饰描金，开光处绘有铁红色鱼纹。花瓶高 40 厘米。萨代尔的
个人收藏。

　　例 86，棒槌瓶，瓶身饰有开光，开光的形状各有不同，
开光内施洒蓝釉，纹饰描金。此瓶装饰得异常华丽繁缛，边饰
与器身纹饰均使用了素三彩工艺，绘有大朵绽放的花卉。瓶高
45 厘米。萨代尔的个人收藏。

　　例 87，椭圆形盖罐，天蓝色地，瓶身饰不同形状的大型
开光，开光内绘蓝色纹以及少量铜红色纹。瓶身正面的开光中
描绘了一只神气活现的狮子，它站立于一块岩石顶端，岩石下
绘波浪纹。狮子以铜红彩绘制而成，其他部分使用了钴蓝彩。
盖罐高 46 厘米。萨代尔的个人收藏。

　　例 88，直颈盖罐，瓶身较长。盖子立起如同屋顶的形状，

例 89   例 90

盖子上配有钮。纹饰异常华丽，以釉下钴蓝彩绘制出刺绣图
样，部分区域有玛瑙宝石的效果。蓝色卷叶与白色牡丹构成的
丝带状纹饰装点着瓶身。这些丝带互相交错成网状，网的间隔
形成了开光的效果，开光内绘岩石花卉纹和鸟纹。盖罐高 67
厘米。萨代尔的个人收藏。

　　例 89，圣水壶，形状有些类似于东方人使用的香水瓶，
有细长的瓶颈，香水可以一滴一滴流出。

196　　这件器物的腹部施塞拉同色釉，有弯曲的弦纹划花。瓶颈
的位置绘有白地青花釉下彩纹，再覆盖一层白色玻璃釉。器物
高 20 厘米。萨代尔的个人收藏。

　　例 90，大瓷盘，纹饰采用素三彩工艺，为克什米尔风格。
此盘外沿镶有一个铜制的装饰环，上有小型褶皱，这件器物看起来就像来自波斯。盘直径 36 厘米。萨代尔的个人收藏。

例 91，圣水壶，紫金釉，器身开光，内绘釉下青花花卉纹。高 20 厘米。萨代尔的个人收藏。

例 92，梨形瓶，细颈，敞口，口沿为六边形。器身有釉下青花绘成的鳞片状纹饰，上饰九个开光，内有淡灰色网格，配以中国菊花纹。这件精致的器物非常稀有，应该是中国人为近东国家烧造的。花瓶高 30 厘米。萨代尔的个人收藏。

例 93，波斯风格长颈壶，绘有华丽复杂的素三彩纹饰，壶身反复出现中国的"寿"字。

例 94，青花釉下彩花瓶，瓶颈较直，瓶身部分阴刻有席纹，露胎未上釉。此外，瓶身上还以釉下青花书有阿拉伯文神话传说。器物高 27 厘米。加斯诺先生的收藏，巴黎。

例 95，蜡烛台，以青花釉下彩绘波斯风格纹饰，辅以一些带有人物的园景画片。高 30 厘米。萨代尔的个人收藏。

例 96，波斯水壶，装饰有淡淡的青花釉下彩纹饰，釉料呈淡灰色，开有冰裂纹片。器物有银制配件，属于近东风格。高 23 厘米。萨代尔的个人收藏。

例 97，长颈瓶，鼓腹，饰有波斯风格釉下青花纹。瓶身装饰以风景画片，并聚集了中国的神话人物——八仙。花瓶高 45 厘米。萨代尔的个人收藏。

例 91

例 92

例 93

例 94

例 95

例 96

例 97

例 98   例 99   例 100

例98，花瓶，纹饰同例97类似，展示的是一位威武的中国
将军，身后跟随了几位侍从。高42厘米。萨代尔的个人收藏。

例99，梨形瓶，胎体厚重，瓶身雕刻有一条脖子扭动的
龙，器物露胎未上釉。高32厘米。萨代尔的个人收藏。

例100，花瓶，烧制方法同例99类似，器型略有不同，
瓶身上雕刻的龙堆塑显得更加凸出。花瓶高24厘米。萨代尔
的个人收藏。

例101，白瓷六方瓶，器型细长，瓶身阴刻有生动的风景
图景，露胎未上釉。花瓶高26厘米。萨代尔的个人收藏。

例 101

例 102

例 103

例 104

例 102，配有托盘的欧式水壶，带有路易十四时期的明显风格，装饰以华丽的素三彩花鸟纹。水壶高 45 厘米。萨代尔的个人收藏。

例 103，头盔形状的水壶，下承底座，以素三彩为饰。水壶高 28 厘米。萨代尔的个人收藏。

例 104，松石蓝雪花釉小花瓶，釉面点缀以深钴蓝色与松石蓝色窑变效果。花瓶高 24 厘米。萨代尔的个人收藏。

例 105，球形高脚香炉，手柄上翘，壶盖上镶嵌有一只福狮。香炉的松石蓝雪花釉施于素胎之上。香炉高 27 厘米。萨代尔的个人收藏。

例 106，敞口瓶，鼓腹，瓶身明刻雕花，模仿了古代青铜器的样式。瓷胎通体施松石蓝雪花釉。花瓶高 38 厘米。萨代尔的个人收藏。

例 107，酒坛形状的小花瓶，施塞拉同水绿色釉，上绘铁红色碎石纹，点缀以白色花卉以及绿色树叶。花瓶高 20 厘米。塞夫勒博物馆藏。

例 105

例 106

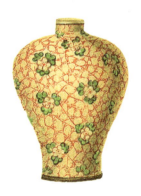

例 107

例 108　　　　　　　　例 109　　　　　　　　例 110

　　例 108，小型花瓶，器型类似于欧式建筑栏杆，釉层肥厚，匀净透明，釉料为祖母绿色，开有冰裂纹片。人们曾经认为这件器物属于"山茶花叶釉"，但是这是不正确的，真正的山茶花叶釉应为深绿色，釉料施于素器之上。花瓶高 19 厘米。藏于利摩日博物馆。曾为加斯诺先生的收藏。

　　例 109，椭圆形盖罐，器物经高温烧制而成，施浅塞拉同色釉，釉上绘有四处桃纹饰，桃树叶为钴蓝色，树叶配有三个靓丽的铜红色果子。盖子上装饰有同样的桃折枝纹。盖罐高 24 厘米。萨代尔的个人收藏。

　　例 110，锥形花瓶，画师在花瓶表面以釉上彩工艺绘制了形状各异的花瓶、盒子等各类物件，色彩缤纷而又浑然统一，使用的彩料包含传统的绿色，以及新近发明的亮粉色、明黄色。

例 111 例 112

　　静物纹饰后面的背景是并排的圆环，显得和谐统一，以棕红色勾画而成。

　　花瓶口沿与近足处的边饰显示出了画工的奇思妙想。器物高 45 厘米。萨代尔的个人收藏。

　　例 111，波斯风格执壶。壶身的各面都装饰有绽放的盆栽花卉，盆栽周围有卷叶纹并延展至整个瓶腹。执壶的颈部和近足处装饰有椭圆形纹饰。这件器物的烧造方法略为特别，首先以釉下青花装饰器身，烧成后再使用绿彩、黄彩、铁红彩在釉上绘画，然后放入马弗炉中进行复烧。

　　例 112，敞口瓶，黄色地，通体绘绿色卷叶与粉色花卉，卷叶纹中设有对称的圆环装饰，内绘飞翔的仙鹤与中国的"寿"字。

敞口瓶的肩部为铁红色地，点缀以缠枝菊花纹，下方的垂饰是大朵的花卉与绿色卷叶，同样的垂饰也出现于口沿下方。*花瓶高 41 厘米。普瓦勒的收藏，巴黎。*

例 113

例 113，欧式风格水果盘，内壁装饰有两周边饰，一周为卷叶纹，一周为花卉纹，器物带有明显的路易十四时代特点，果盘的内底绘有纹章，为两枚盾形徽章。水果盘通体采用粉彩的装饰工艺。*海军副司令若莱斯的收藏，巴黎。*

第五阶段

（公元 1723 年—公元 1796 年）

乾隆瓷器

清朝：

雍正（1723—1735）

乾隆（1736—1796）

在笔者尽其所能探索过去的过程中，逐渐找到了一些用于鉴赏中国古代瓷器并确定其烧造年代的方法，这样算是完成了开展此项研究的主要任务。希望读者不要指责我们将研究的范围拓展到了 18 世纪烧造的瓷器。笔者已经在前文中介绍过，康熙时期是中国古代瓷器艺术的"最后一个阶段"，诚然，第四阶段的确是远东地区最后的古代瓷器时代。然而笔者还是希望为读者介绍第五阶段，康熙皇帝之后烧造的瓷器被我们归为"现代瓷器"，这并非由于它们的烧造年代，而是因为第五阶段生产的瓷器与所有古典器物迥然不同。

实际上，即使把粉彩工艺的发明放置一旁不提，我们也要意识到：自雍正时期起，中国陶瓷工匠的艺术品位与艺术风格都发生了巨大变化。

如果我们试图在第五阶段烧造的瓷器中找到一些仍旧能够展现古典时代特色的器物，便会发现选择范围其实是较为狭窄的，可以找到的典型器物较少。我们会发现，这一时期瓷器的形制变得更加柔和秀美，显得较为优雅。曾经比较夸张的图案让位于更受人喜爱的纹饰组合。瓷器的釉色总体而言变得更为淡雅，看起来更加和谐，在我们眼中，其实这进一步在向欧洲人的审美靠近。雍正皇帝之后的乾隆执政时代，这些变化愈发显而易见，同时也在逐步完善。总体而言，第五阶段的瓷器更接近于现如今烧造的瓷器，与第四阶段的古典风格不甚相同。可以这样总结：第五阶段器物是今日瓷器的前辈，亦是当代瓷器的一个阶段。

但是，这并不意味着古董商们不承认18世纪瓷器具有重要的价值。相反，眼光犀利的收藏爱好者恰恰能够在这一阶段的瓷器中发现别具风韵的珍品。而且，中国的瓷器生产者似乎无法在短期内重新回到18世纪的烧造水平，除非他们被迫走向彻底衰败的这一趋势在新生代瓷工的努力下突然被逆转。然而，目前并未有迹象表明衰败趋势会发生任何变化。

这一阶段，涌向欧洲的除了东印度公司进口的满大人瓷之外，还有颜色炫目的彩瓷和专为欧洲烧制的特供瓷。最先创烧的是因纹饰尽显艺术气息而得名的"艺术瓷"，接下来是毫不逊色的"蛋壳瓷"，釉色匀净，纹饰细致精巧。最后要介绍的是一些新型瓷器，以及景德镇窑厂专为乾隆皇帝烧制的极品。

研究景德镇的历史学家只介绍了一种雍正年间景德镇通用的烧瓷方法，这一方法主要在得力干将督陶官年大人在任期间使用。历史学家认为，这一时期，景德镇陶工们在仿古的同时，还真正地开始对烧造工艺进行改造创新。他特别提及"琢瓷"。"琢"意为"玉器加工"，是否暗示琢瓷因其纤薄透光的特性因此可以和玉石比肩呢？陶瓷历史学家补充道："琢瓷色如鸡蛋，亮如白银，圆形，装饰有花卉纹，或为亮面，或是磨砂面。"从这一描述中我们可知，琢器工艺精细，胎体透明，常为球形，焙烧时不易变形，大概与"蛋壳瓷"的特征相符合。

至于陶瓷学家提到的其他新式焙烧方法，实际上均与素三彩或粉彩工艺相似，人们已经可以熟练掌握这些工艺，并可以自由组合了。将这些彩料与不透明的白色料混合后，又可以调制出更多新的颜色。

总而言之，正是在雍正年间（1723—1735），人们创烧了光芒四射的粉彩工艺瓷器。粉彩瓷的器表描绘的花卉、动物、卷叶均神采奕奕、变幻多端，缠绕舒展着，仿佛可以覆盖整个瓷器表面。

乾隆皇帝和他的许多天子前人一样，是一位文人皇帝、诗人皇帝。他的文学作品在中国算是闻名遐迩。此外，他的艺术鉴赏品位颇高，他喜欢刺绣、绘画，不论是来自本国的还是出自我们欧洲艺术家的。1765年7月13日，乾隆皇帝下旨，命令将十六幅画作运至法国，制作成铜版画。这十六幅画作展现了皇帝军队平定准噶尔部和回部叛乱的情景。路易十五委托八位最优秀的版画师将其刻制成铜版画。这些版画师在皇家美术学院委员之一的柯升（Nicolas Cochin）的领导下成功完成了任务，版画在1774年时呈送给了乾隆皇帝。

这位皇帝同时也格外钟情于瓷器烧造。景德镇窑厂吸引着他的注意力。除已经在景德镇督陶的年大人之外，他又任命了皇宫中的一位唐大人去督陶。这位唐大人了解不同黏土、陶土的质地，以及不同炉温的区别。在这两位非常有才华的大人的联合努力下，景德镇烧瓷成果斐然。工匠们得以在景德镇复兴各种釉色的瓷器，其中不乏最为驰名的古典瓷器，烧成的效果完全可与古代媲美，优雅而又精美。这还不是全部，中国陶瓷学家讲述道："在1750年左右，人们又发明了一种新的工艺，工匠可以使用欧洲的彩料装饰中国的瓷器。"笔者在前文介绍过，这期间新发明甚多，我们可以根据近二十五至三十年来我们斩获的瓷器做出如下判断：中国瓷工可以烧制出模仿青铜、大理石、七彩宝石、轧花皮革等材料的瓷器，甚至还可以模仿我们老式的利摩日陶器，这种器物被中国人称作"珐琅"。

在此很有必要为读者展示一个列表，此列表由中国陶瓷学家整理，包含各种画法、彩料、釉料。这些条目在中国陶瓷学家著书之时仍为新生事物，因此推断，其发明时间大约在1740年至1760年之间。

首先要提到的是"洋彩器皿"，这是一种带有欧式风格与釉色的器物，是画工们试图模仿"佛郎器"的成品。通常纹饰有山水、人物、花卉、植物、鸟类以及爬行动物。纹饰的绘制可谓笔触细腻、精妙绝伦。

在这些模仿欧式风格的画片中，我们还辨认出了所谓的

"满大人"纹饰，其风景与人物的表现方式与笔者前文提到的铜版画完全一致。

　　如下是从中国陶瓷学家的记录中摘录的：

淡黄色地彩色花瓶。

欧洲风格亚光黑地描金折枝花卉纹花瓶。

亚光花瓶，以绿彩、红彩、黑彩为饰，均为欧式风格。

点缀有金彩以及银彩的花瓶，模仿印度支那的描金花瓶、描银花瓶。

欧洲风格紫色釉花瓶（这种釉色名为"国王蓝色"，从紫彩中提取而出）。

黑色釉花瓶。

深浅水墨画纹饰花瓶，展现有山脉、水域、人物、花卉、鸟类以及爬行动物。

　　最后，笔者还要补充一句：18世纪下半叶，诸多俗气不堪的中式或日式瓷器被烧造出来，它们被称为"东印度公司瓷"，一般在广东进行加工，由那些拙劣的小作坊画师根据欧洲寄回的画作、纹样、草图与徽章来进行模仿、加工。

　　如下是来自第五阶段的一些藏品介绍。

例 114　　　　　　　　　例 115　　　　　　　　　例 116

例 114，纹饰繁密的素三彩大盘，内壁有折枝花卉开光，盘内底绘岩石花卉纹，旁边歇息着一只羽毛色泽靓丽的鸟，这类鸟深得康熙后期的画工喜爱。印有图章款：福（详见款识列表第 111 号图 F）。盘直径 36 厘米。萨代尔的个人收藏。

例 115，纹饰丰富华丽的椭圆形盖罐，以素三彩为饰，有边饰，器身绘有岩石花卉纹，搭配以飞舞的蝴蝶以及昆虫。盖罐的上部分绘有一周垂饰，绿色地上点缀有黑色斑点，再以蓝彩勾边。垂饰上有铁红色桃花纹装饰。器物高 27 厘米。萨代尔的个人收藏。

例 116，粉彩水果盘，器身设若干开光，围成一周，开光内交替绘粉地马赛克纹与白地花卉纹。盘内底开光绘折枝花卉，盘边缘金色地有缠枝花卉纹。署釉下青花"大清雍正年制"六字楷书款。盘直径 25 厘米。马萨日（Messager）的个人收藏，巴黎。

203

例 117　　　　　　　　　例 118　　　　　　　　　例 119

　　例 117，日式风格彩瓷大盘，配以马赛克纹边饰，边饰上
设开光，开光内绘妇女与幼儿画片。大盘内底的大型画片展现
了若干人物。

　　这件器物主要使用了铁红彩和金彩进行装饰，部分区域辅
以粉彩装饰。大盘的直径为 48 厘米。泰斯塔的收藏，巴黎。

　　例 118，糖罐形状的大盖碗，以粉彩为饰，黑色地，点缀
有卷叶花卉纹。碗身附四个开光，内饰折枝花卉纹。器物本为
绿色地，上加施一层锰金属便得黑色，而卷叶纹仍旧展现出曾
经的绿色地。这件器物搭配以当代制造的青铜配件。盖碗总高
为 36 厘米。萨代尔的个人收藏。

　　例 119，大瓷盘，内壁以玫瑰等花卉纹为边饰，使用较为
自然的展现方法。盘内底的主题表现了一位贵族妇女拜访友人
的图景。器物使用粉彩工艺，纹饰精美绝伦。盘直径 55 厘米。

例 120　　　　　　　　　　　　　例 121

莫兰的个人收藏，布鲁塞尔。

　　例 120，器型优雅的盖罐，有繁缛的边饰，器身装饰有四个大型粉彩开光。正面开光展示的是一位年轻的贵族拜访一位女子的场景。画片的设色有些特别，且仅以装饰为目的，但却显得异常和谐统一：骏马与年轻女子的长袍均为金黄色，地面以及一些静物为粉红色和藕荷色。盖罐高 63 厘米。杜夫谢尔夫人（Mme Duvauchel）的收藏，巴黎。

　　例 121，器型优雅的盖罐，以粉彩为饰，底色由不同颜色的纵向丝带构成，丝带的图案为十字方格或马赛克纹。这种类型的背景被称为"杂烩"色地，杂烩色地之上设有两个大型开光，开光内饰岩石花卉纹，辅以一只色泽鲜艳的雉鸡。盖罐高 63 厘米。莫兰的收藏，布鲁塞尔。

204

例 122，敞口花瓶，瓶腹装饰有粉彩家庭主题画片。瓶颈以黑彩与金彩绘两只展翅的凤凰，凤凰头部和身子的一部分为粉红色。花瓶高 45 厘米。萨代尔的个人收藏。

例 123，四方瓶，下承开有洞孔的底座，带有边饰，瓶身绘传奇人物画片。花瓶高 35 厘米。萨代尔的个人收藏。

例 124，粉彩敞口瓶，直腹，装饰有洞石、花卉、锦鸡。花瓶高 32 厘米。萨代尔的个人收藏。

例 125，器型秀美优雅的吹釉盖罐，釉色为杜巴丽夫人（Madame du Barry）粉，衬以菊花纹，设有不同形状的开光，开光内饰花卉纹。盖罐高 45 厘米。萨代尔的个人收藏。

例 122

例 123

例 124

例 125

例 126　　　　　　　　例 127

例 128

　　例 126，梭子形状的花瓶，以粉彩为饰，展现了爱之神在夜间出行的故事。她由一位仆从陪伴着，天上的月牙就是她的小船，承载着她在湖面上向前行进。器物高 42 厘米。普瓦勒的个人收藏，巴黎。

　　例 127，酒罐，配有纵向细长手柄，手柄呈鱼背鳍的形状。整件器物的造型看起来似有两条鱼相濡以沫，又同时从水中一跃而出。这件器物因两条鳟鱼之间垂下的项链以及从海浪中升腾而出的吊坠而显得更为完整。纹饰绘于生瓷胎之上，钴蓝彩和铜红彩既单独出现，又被结合使用。这件藏品可谓是一件艺术瑰宝。器物高 33 厘米。萨代尔的个人收藏。

　　例 128，大件花瓶，饰有垂坠的巨大卷沿，釉层肥厚，釉质透明，开有冰裂纹片，釉色铜红，点缀以靓丽的宝石红色，并呈现浅蓝色窑变效果。器物高 81 厘米。若图（C. Rotrou）先生的收藏，巴黎。

例 129，花瓶，通体施松石蓝釉，开有细密的冰裂纹釉。器物高 37 厘米，萨代尔的个人收藏。

例 130，花瓶，施青色釉，开有规则的冰裂纹片，点缀有灰褐色装饰，有两处模印马赛克花纹。瓶腹部有四处开光，开光内白地上书"福"字。器物高 38 厘米。萨代尔的个人收藏。

例 131（两件器物），汉钟离与铁拐李两位八仙人物的雕塑。两者均以多种彩料进行装饰，服饰的一些细节使用了一种色系的不同颜色。雕塑高 40 厘米。泰斯塔的个人收藏，巴黎。

例 129　　　　例 130

例 131

例 132

例 133

例 134

例 132，欧式汤碗，带有路易十四时期的明显风格。胎体非常厚重，欧式和中式风格纹饰互相搭配，丰富繁缛，使用了粉彩工艺。汤碗高 40 厘米。萨代尔的个人收藏。

例 133，欧式冰镇桶，带有路易十五时期明显风格，配有手柄，手柄形状类似于篮筐提手。此件器物属于"东印度公司瓷"，器身印有"J. P. B."三个花体字，并被花环围绕。昂德勒的个人收藏，巴黎。

例 134，欧式冰镇桶，手柄形状如狮子头部，以粉彩为饰，器身装饰有花卉以及别致的纹章。德拉格朗夫人（Mme Delagrange）的个人收藏，巴黎。

例 135

例 136

例 137

例 135，瓷盘，内壁以金彩、黑彩绘卷叶纹与马赛克纹，显得繁缛华丽，上设风景开光。盘内底展示的是大卫·泰尼尔风格的弗拉芒风景图，使用了粉彩工艺。萨代尔的个人收藏。

例 136，帽子形状的执壶，有大开口，开口内绘螺旋铁红色缠枝花卉纹，上部的弦纹组成了光线发散的形态，白色、金色、红色地上绘有黑色、红色或金色的花饰。器物的下部被分割成小块，模仿爬行动物的鳞甲，与器物整体和谐统一。胎体厚重，釉色发青，属于"东印度公司瓷"。杜夫谢尔夫人的个人收藏，巴黎。

例 137，黑釉花瓶，瓶身雕有两条相互缠绕的龙。釉面呈现冰裂纹状，点缀有浅蓝彩。

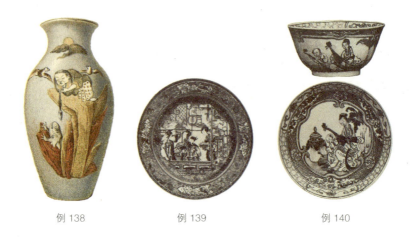

206

例 138　　　　　　　例 139　　　　　　　例 140

　　例 138，蓝色釉花瓶，瓶腹绘铁锈棕色怪石雕花，怪石顶端站立着一个外形奇特的小人，将一串铜钱链子伸向一只露出半个身子的巨大蟾蜍，而蟾蜍是贪婪和吝啬的象征。蟾蜍与小人都以釉下青花勾边。器物高 35 厘米。萨代尔的收藏。

　　例 139，带有折枝花卉纹的瓷盘，盘内底以墨彩绘常见的家庭主题纹饰，做描金处理。萨代尔的个人收藏。

　　例 140，精致的粉彩工艺茶杯和茶碟，有马赛克边饰，盘内底绘一位坐姿的妇女，正在演奏着她的曼陀林，同时照看着一位做游戏的孩童。帕尼尔（A. Pannier）的个人收藏，巴黎。

　　例 141，蛋壳瓷茶杯和茶碟，装饰有颇具艺术性的粉彩人物纹，画工极其精致。萨代尔的收藏。

例 141

例 142

例 143

例 142，盖罐形状的茶叶盒，近足部位镂空，带有丰富的花蝶纹粉彩装饰。老福尔涅的个人收藏，巴黎。

例 143，瓷盘，器物外壁红地描金，器物内壁有七种不同的边饰，器物内底有一开光，开光内绘一位处于室内的妇女，膝旁有两位孩童，纹饰画工颇具艺术气息，使用粉彩工艺。莱昂·福德的个人收藏，巴黎。

例 144，精致的粉彩工艺茶杯和茶碟，内壁为马赛克纹饰，盘内底有树叶形状开光，开光内绘岩石花卉纹，岩石上站立着一只锦鸡。帕尼尔的个人收藏，巴黎。

例 145，茶杯和茶碟，施吹红釉，辅以金彩。盘内底以各种彩料绘三只蝴蝶，其中一只为黑色，做描金处理。卡昂·德·昂维尔夫人的个人收藏，巴黎。

例 146，盖罐形状的茶叶盒，近足部位镂空，黑色地上绘卷叶纹与花卉纹，其中一些花卉落入瓶腹的两个大型开光中，开光

例 144

例 145

例 146

例 147

例 148

例 149

内较为写实地描画有一只公鸡。老福尔涅的个人收藏，巴黎。

例 147，穆斯捷①（Moustiers）纹饰风格瓷盘，使用金彩与蓝彩，盘内底绘纹章，纹章内有一只狮子和一只独角兽。海军副司令若莱斯的个人收藏，巴黎。

例 148，粉彩纹饰瓷盘，有花卉纹边饰，盘内底绘纹章，并由两部分组成，再配以子爵的冠冕。海军副司令若莱斯的个人收藏，巴黎。

例 149，蛋壳瓷八边形盘，内壁绘网格状马萨克纹，做描

---

① 穆斯捷，是法国南部生产的一种彩陶的名字。——译者注

例 150   例 151   例 152

金处理，并设有四个开光，开光内绘花卉纹。盘内底以较为写
实的手法绘岩石花卉，岩石上站立有两只公鸡。泰斯塔的个人
收藏，巴黎。

　　例 150，瓷盘，同例 149 器型相同，内壁红色地，点缀有
金彩，上设有八个开光，开光内绘折枝花卉纹。器内底绘花
篮。巴特林（Berthelin）先生的个人收藏，巴黎。

　　例 151，瓷盘，盘内壁以中国墨彩绘欧式风格纹饰，部分区
域点缀有天蓝色彩。盘内底以黑彩绘路易十五画像，画像临摹了
路易十五当政后期在法国制作的一幅版画。萨代尔的个人收藏。

　　例 152，瓷盘，盘内壁为白色锦缎雕花纹，上设三处欧洲
风格开光。其中一个开光内绘有纹章，搭配以伯爵的冠冕以及
写实的玫瑰枝条。海蓝色盾牌上有金彩写的 "D. B." 两个字
母。另外两个开光内绘爱与忠诚的象征，表现方法颇具田园牧

歌时代之风。

盘内壁边缘饰一周金色卷叶纹，盘内底绘折枝花卉，枝干上栖息着两只金丝雀。

此类风格的瓷盘曾属于杜巴丽夫人。如今为萨代尔的个人收藏。

例 153，白色人像瓷雕，展现的人物古怪荒诞，可以辨认出这其实是八仙之一的铁拐李。人物两脚中有一只悬空，另一只置于一个海怪头顶，海怪在海浪中时隐时现。瓷雕高 40 厘米。昂德勒的个人收藏，巴黎。

例 154，白色花瓶，器表的花纹模仿篮筐的质感。器身靠上的区域为镂空设计，马赛克样式。通过镂空部分可以看到内部的山楂缠枝与桃树缠枝堆塑。这些堆塑主要位于内部花瓶的瓶颈部位，并一直延伸至花瓶下部。这件花瓶的工艺较为复杂，

例 153

例 154

例 155

例 156

例 157

每部分被独立完成后，再用泥浆黏合在一起。总体制作非常完美，值得称颂。花瓶高 38 厘米，司谢尔的个人收藏，巴黎。

例 155，香炉，器身以席纹为饰，边缘处绘马赛克纹，通体使用粉彩工艺。香炉盖上有福狮雕塑。香炉高 18 厘米。萨代尔的个人收藏。

例 156，花瓶，器身有模印与划花卷叶纹装饰，覆盖浅塞拉同色釉。瓶腹有四处镂空装饰，透过镂空装饰可以看到器物内部的另一个花瓶，内部花瓶以釉下青花为饰。器物模印有图章式年款"大清乾隆年制"。花瓶高 32 厘米。萨代尔的个人收藏。

例 157，椭圆形六角灯笼，使用精致的蛋壳瓷制成。各面均为网格状式样，辅以开光，开光内绘人物画片，画片同灯笼各面的衔接处一样均使用粉彩工艺绘成。灯笼高 36 厘米。普瓦勒的个人收藏，巴黎。

例 158，灯笼，同例 157 器型相似，但是各面是完全镂空的，灯笼的棱装饰有希腊风格堆塑。以铁红彩为饰并描金。灯笼高 30 厘米。莫兰的个人收藏，布鲁塞尔。

例 159，花瓶，器身有繁缛的雕花装饰，其中值得注意的是瓶颈部位的"福""寿"二字，同周边的纹饰融为一体。通体施不透明的土耳其蓝色釉，釉色匀净。器物模印有图章式"大清乾隆年制"款识。花瓶高 30 厘米。海军副司令若莱斯的个人收藏，巴黎。

210

例 160，大扁壶，器身有模仿古代青铜器的雕花，器物的釉色与青灰色的斑点都为仿青铜器。器物模印有图章式"大清乾隆年制"款识。扁壶高 45 厘米。萨代尔的个人收藏。

例 158

例 159

例 160

例 161　　　　　　　　　　　　例 163

　　例 161，四脚四边形燃香用的香炉，器身饰雕花，并覆盖
一层玻璃釉，玻璃釉模仿红色青铜器，并在凹陷处刻意制造出
氧化斑点。凸出的部分涂有金彩。署图章式"大清乾隆年制"
款识并描金。香炉高 25 厘米。萨代尔的个人收藏。

　　例 162（无图），花瓶，器表有皇家龙纹与凤凰浴火纹划
花，施深塞拉同色釉，器物模印有图章式"大清乾隆年制"款
识。花瓶高 30 厘米。萨代尔的个人收藏。

　　例 163，四方瓶，各面的边缘处饰堆塑和镂空的装饰，以
棕红彩为饰并描金，似在模仿青铜器物。

　　瓶身的每一面均以写实手法绘风景图，以青花勾边，植物
描金。瓶腹的上方交替绘黄地彩色龙纹与红地金色蝙蝠纹。瓶
颈的四面均为蓝色地，上设开光，开光内的纹饰模仿镶嵌的玛

例 164　　　　　　　　　　　例 165

瑙。青色釉上以红彩署图章式"大清乾隆年制"款识。花瓶高
33厘米。司谢尔的个人收藏，巴黎。

　　例164，花瓶，形状类似于欧式建筑栏杆，花瓶手柄纵向
固定于瓶颈之上。粉色地，上雕刻有细碎的斑点，点缀有欧洲
风格的大型装饰性彩色花卉，所用彩料均为中式风格，有透明
水粉画的效果。瓶颈与瓶腹上均设开光，开光内以粉彩绘亚洲
风情纹饰，展示的是开花的植物与生动的风景，颇具中国特
色。署红彩图章式"大清乾隆年制"款识。花瓶高40厘米。
萨代尔的个人收藏。

　　例165，花瓶，有四处网格状开光，下承可移动的底座，
瓶腹与瓶颈通过内部的管道衔接。装饰精美，有美丽的边饰，
器身绘彩色缠枝花卉纹，配以粉色和土耳其蓝色地。署红彩

例 166

"朴德堂制"图章式楷书款。花瓶高 32 厘米。海军副司令若莱

斯的个人收藏，巴黎。

　　例 166，花瓶，深黄色釉，饰折枝花卉与写实手法小鸟堆
塑。刻印有图章式篆书款，款识无法辨识。花瓶高 32 厘米。
海军副司令若莱斯的个人收藏，巴黎。

二次装饰与仿制

尽管笔者已经竭尽所能将所有知名的中国瓷器品种展现于读者面前，但同时我们也要承认前文的介绍中还留有许多空白。中国的陶瓷艺术经历了太多不同的阶段，没有人可以装作对一切了如指掌，比如了解所有生产失误，或者准确解读窑工发挥创意创造出来的变幻莫测的各类产品。

未来仍旧会有我们尚未了解的藏品出现在世人面前，我们需要坚持这一研究并有理有据地做出适当分类，在我们已经拟好的目录中为新藏品找到一席之地。

我们的后来者与我们这代人相比，将会掌握更多的经验，拥有更多的讯息，可以更好地接替我们的工作，修正我们的错误，添补我们忽略的地方。

但是，我们今天可以为这些未来的研究人士指出一个他们必定会遇到的难题，这对于他们来讲一定是一个难以解决的问题。一言以蔽之，这个难题是由我们当代艺术家日益精进的造假技术引发的。这些"古老"的新产品时刻令坚定不移的收藏家们感到绝望，达摩克利斯之剑永远高悬于那些哪怕是最有经验的购买者的头顶。

这种对于古物的模仿是否完全证明了当下创意的缺席？路易十四、十五、十六时期那些作品中洋溢着的多种多样的创作精神难道已经枯竭了吗？我们如今只能见证着这种衰败吗？这个悲观的结论并不是我们得出的。当下眼前发生的一切，是审美能力回归的自然结果，人们更加懂得欣赏真正有魅力的事物。我们的审美范围一度局限于僵化的线条，让人以为布鲁图斯和恺撒生活的那个远古时代的流行趋势又回归了。

我们的工匠起初只是单纯地受着东方纹饰风格的感染，很遗憾的是，没过多久，欧洲画工的画笔就熟练掌握了剽窃的技巧，全然把"羞耻"二字抛于脑后。接下来，古董骗子凭借真正的"科学精神"开展全套的伪造工作。他们给新瓷器进行做旧处理，小心翼翼地磨损口沿和底足，将纹饰人工提亮或故意抹去它的光泽。总而言之，器物可以在一天时间内变得饱经沧桑，然后被商贩"不经意地"遗落在古董店的某个阴暗角落。某一天，收藏爱好者来到店内寻宝，自以为是在一片未开垦的

213

区域展开自己的发现之旅。同时，他作为收藏家的那点自尊心还给予了狡猾商贩一臂之力，最后他便以大价钱买回了一件一文不值的假货。

而这股造假的风潮并不局限于为购买者挖这种纯粹的陷阱。瓷器爱好者也有机会接触真正古老的瓷器，然而这些器物却带有后人添加上的纹饰。这样，器物看起来便更显华贵与高档，因此可以卖出高价。这种类型的造假便没那么容易辨识，因为这些纹饰被添加至器物上的时间可以早至 18 世纪初期。

笔者非常希望为读者提供一份明晰的辨认可恶假货指南。但是可惜的是，就如同当今的许多领域一样，造假的技术可谓日新月异，每天都有新的方法被发明出来，持续为造假人士提供更可靠的办法来模仿古代器物。因此，收藏爱好者不得不时刻保持警惕，更多地依靠自己的经验来做出判断，而不是根据我们给出的各类指令。

然而，从历史的角度来讲，还是很有必要快速梳理一下这些仿制或伪造的产品。而这些器物受到收藏人士唾弃的等级也有所不同。我们的收藏家们可能也不会不好意思承认，在他们的玻璃橱中或许就摆放着一些产自远东，却于 18 世纪上半叶在欧洲装饰的瓷器。这些器物也可以算是古老的东方瓷器，同时也是我们欧洲画师第一次试着在硬质黏土上绘画，因此其实是有一定价值的。

　　笔者在前文已经讲过，在某一时期，欧洲彩陶从业人为了抵御东方瓷器入侵欧洲对其行业的致命打击，决定在自己引以为傲的陶器上复制、模仿东方纹饰，他们认为这是最佳的解决方案。大量的瓷器从阿姆斯特丹进口至欧洲，代尔夫特因其地理位置自然是享有优先权。而代尔夫特陶工也是第一批投身于模仿中国与日本风格的欧洲工匠。

　　实际上，早在 17 世纪末之际，代尔夫特便出现了两位向此方向发展的制陶人代表，阿尔伯特·坎则（Aelbregt de Keizer）与吉利特—皮特斯（Gerrit-Pieters）。这二位放弃了一贯的荷兰风格，转而改为绘制东方人偶与宝塔，或是绘制他们前人喜爱的历史主题或简单画片。但是笔者要补充的是，这二人或者是他们的模仿者在开辟新道路之时，都没有彻底放弃艺术的自由表达。他们没有完全忠实地拷贝东方画片，而是为他们的人物画添加了一层欧洲色彩，从而总体有了一种东西融汇之美。那些中国或日本的花卉变成了荷兰风格的边饰或纹饰。总而言之，一种创新的风格应运而生。陶工们并非单纯仿制，而是努力接受着东方纹饰的启迪。不久后，这种风格风靡全欧洲，各处的画工都在学习适应当时人们的口味，纷纷绘制带有"中国风情"（chinoiserie）的纹饰。

214

让关心瓷器的我们感到有趣的是，这些按照新风尚装饰彩陶的工厂，就像是一所学校，不久便培训出了一批开启造假风潮的画师，通过为东方瓷器添加装饰来为器物增光添彩。

1700 年左右，这批代尔夫特陶工掌握了低温烧制部分色料的方法。哈弗德（Havard）先生深入研究过的代尔夫特陶器公司年鉴并没有披露技术发明人的姓名。因此我们可以将此发现归功于几位研究人员的共同努力。毫无疑问，这些色料模仿了中国瓷器，在其被发明之初，其实是不适合使用在彩陶釉上的，因为其相对易熔。因此，最初陶工们使用来自远东的白色、近白素器进行测试，或者至少会选择有较大留白的那一类器物。

恰好是在这一时期，里尔（Lille）和圣克劳德（Saint-Cloud）使用软质黏土创烧出了瓷器，伯特格发现了高岭土矿藏，并成功烧造出了一种类似于东方瓷器的陶器。

因此，代尔夫特的发明出现在一个恰当的时间点，没有人为保守秘密而苦恼。整个欧洲有众多工厂都可以用马弗炉装饰他们硬质、软质的器物，每个工厂或许使用着不同配方的色料，但是都或多或少受到了代尔夫特早期尝试的影响。曼尼斯（Mennecy）、图尔奈（Tournay）、伍斯特（Worcester）、维也纳（Vienne）、佛罗伦萨（Florence），以及特别需要被点出的萨克森等地都烧造出了完美的复制品，模仿的目标主要是曾经被我们认为源自朝鲜的那种赤绘瓷，后来我们才将烧制的功劳归还于天皇的王朝。

各类模仿样本层出不穷，有一些系列格外值得称道。比如利摩日博物馆收藏有一套非常出色的餐具，曾经是杰克马和加斯诺的个人收藏。但是，不论纹饰模仿得多么完美多么忠实于原作，人们还是不容易被这些 20 世纪欧洲生产的或硬或软的器物蒙骗。此外，这些欧洲工厂也并没有欺诈的意图，制造商对获得的成果感到非常自豪，例证便是他们会将自己的商标贴附到器物足底，比如萨克森的双剑、尚蒂伊（Chantilly）的号角、图尔奈的水塔等。为了保证信息的完整性，笔者还要指出：并非所有人都遵守这一让人称赞的规矩，有两个例外：德比-切尔西（Derby-Chelsea）和伍斯特有时会在他们烧造的东方风格器物上标注中国或日本的款识。但是这两家烧造的器物使用的是软质黏土，因此不会给藏家带来任何困惑。如果读者感兴趣，请参见下面对这两家工厂使用的主要款识的展示。

215

例 167

现在我们要继续讨论代尔夫特画工，回到他们开始试着用低温彩料装饰东方瓷器的时代。一般他们会选取中国白或日本白，那些只有刻花和雕花的器物，或是只有釉下青花边饰的器物。笔者精心挑选了一件代表性器物，让我们一起来看一下它所用到的彩料。

例 167，笔者将以圆筒形的中国瓷瓶为例，该瓷瓶本为白色，在上釉前仅暗刻有卷叶纹雕花。在此基础之上，一位代尔夫特画师描画出了一座带有四层屋顶的宝塔。在这层层叠叠的屋顶下，有一位发型、容貌和中国女孩完全迥异的女士，正看向不知为何矗立于这座古怪宅邸门口的中国风格怪石。宅邸周围点缀有从东方器物上复制而来的花卉植物纹。最后还不忘添加上传统荷兰风格吊坠形状边饰，显得格外醒目。画师只使用了四种颜色给纹饰上色：黑色、铁红色、灰蓝色、淡绿色。这些颜色，或者应该说这些彩料都比较厚，在釉上形成了沟壑的效果。它们显得毫无生机，透明度也很差，可能是因为色料未能充分氧化。

笔者认为这些缺点属于烧造中的小失误。抛开这些不谈，我们可以很容易看出纹饰的欧洲根基，同时，完全同样的色系有时也可见于传统日本赤绘瓷之上。人们很可能对代尔夫特二次装饰瓷器产生误判，就如同他们曾经认为这件器物来自于朝鲜一样。

如继续仔细观察一番，便可以避免发生误判。实际上，如同中国人一样，日本人使用的铁红彩晶莹剔透、手感平滑，似融于器表之上。同时，不论色彩浓淡深浅，都闪烁着耀眼的光泽。而反观代尔夫特窑，颜色总是显得沉闷厚重，没有玻璃质感。彩料在透明釉上无规则地叠加，似乎覆盖上了一层厚厚的物质，笔触也非常笨拙。

在将新色料施于他们的软质陶器上之前，代尔夫特的画师们似乎在硬质瓷器上进行了多番试验，发现了色料可以承受高温的特性，并掌握了每种色料最适合的烧造温度。这些实验性的纹饰向他们揭示了另一种可能——他们可以按照买家的口味来进一步装饰那些被欧洲人认为纹饰过于单调的瓷器。从此，一个新的产业诞生了。这个产业已经配备好了画师和窑厂，还拥有许多新彩料：黄色、白色、紫色调的胭脂红色。万事俱备，他们很快就可以复制东印度公司在中国和日本定烧的同款纹饰了。

在此种情况下，东印度公司意识到他们在远东下订单的行为实际上浪费了大量时间。他们需要首先将权贵阶级与富商巨贾要求的样式制成样品，寄至远东，瓷器烧成后再运至欧洲。他们发现了这种更为简单的模式，在远东购买光素无纹饰或仅有少量釉下青花纹的花瓶、餐具等各类器物，直接卖给范德卡德（Gerrit van der Kaade）或是他的同仁。这些人根据买家的意愿，在器物上装饰数字与纹章，绘制中国、日本甚至荷兰风格的纹饰。所有人都知道，范德卡德1705年开张的瓷器商店里售卖的所有器物，都是在代尔夫特装饰的。而他的同僚亦采取同样的操作方法。

这一产业在鉴赏家和有品位之人眼中算不上高级，因此也并未持续很长时间，大约持续到1740年左右。如今我们仍然可以找到许多那一时代遗留下来的样品，而在此笔者还是要强调一遍，我们并不需要鄙视这些器物。

例 168 　　　　　　　　　　　　　　　　例 169

请鉴赏这件日本瓷器（例 168），在进口至荷兰时，光素无纹饰。一位代尔夫特画师为其添加了五彩纹饰，使用了与装饰彩陶器相同的技法，倾注的是同样的心血。而一件彩陶如果没有画师的妙手，将会一文不值。为何精心雕琢的装饰、边饰、风景图会给彩陶增光添辉？而相同的一双手使用相同的色料在瓷器釉面上绘制纹饰，就需要被鄙视呢？

例 168，带有在荷兰绘制的彩色纹饰的花瓶。器物高 40 厘米。萨代尔的个人收藏。

例 169，这件瓷盘带有花边，装饰有一周褐色边饰，盘内底略呈凹陷状，模仿一只桃子的形状。日本画工只使用简单的线条勾勒了桃子的轮廓，周围的风景纹也只是以淡淡的釉下青花描画。器物足底刻印有中国文字，单行款"大明嘉靖年制"，以及"福"这个字符。相较于中国，"福"字的类似写法在日本更为常见。顺便要说一下，在款识周围以及圈足附近可见大量的粗砂，已经嵌入釉中。这便证明了这件器物焙烧时并未置于匣钵里或烤盘上，而是被放置于砂床上。

大概没有什么比例 169（巴黎昂德勒的收藏）中展示的内容更稀奇、更有趣了吧。这件器物在荷兰被二次装饰，笔者在此将为读者展示它的两张面孔，左边是瓷器本来的样子，右边是瓷器如今的样子。

这件瓷盘的烧制时间一定不会早于 17 世纪初，即使观察其本来面貌，人们都可以惊讶地发现日本当时使用的各种小伎俩，同时也进一步让人相信中国是瓷器的发源地，以及中国瓷文化的源远流长。命运为这件瓷盘安排了第二春。代尔夫特的工人显然是认为瓷器的原纹饰显得过于简单，在日本画工的蓝色风景上添加了数不胜数的细节，然后使用低温进行复烧，将其变成了一件彩色器物，就像右图展示的那样。

紧随荷兰人身后的，是萨克森人，他们也选择了同样的路线。笔者举一件中国瓷碗为例。

例 170　　　　　　　　　例 171

例 170，器物的卷叶纹使用了刻花的装饰方法，细窄的
边饰为釉下青花。而其余的部分应该为萨克森人的创作，为
瓷碗添加了第二层纹饰，因为笔者可以看出来这些纹饰使用
了萨克森低温彩料，同时装饰风格也带有明显的萨克森特色。
覆盖住中国釉下青花的金彩质地也证明其来自于萨克森。此
外，萨克森窑使用的铁红彩和代尔夫特极其相似，两者都非
常容易辨认。

例 171，这件花瓶和本章开篇介绍的那件器物形状相似。
毫无疑问，它是在日本烧造的，与上文的瓷盘来自同一个时
代。东方画工仅使用铁红和金彩浅浅地勾画了边饰以及折枝花
卉、孔雀纹饰。

219

这件器物的二次装饰发生于威尼斯，不再是萨克森或者荷兰。威尼斯画匠为这件本来简单优雅的器物填补了纹饰。但是只有黑彩可以供威尼斯画工使用，在他们的国家，人们使用这种黑彩在玻璃上作画后再将其放入马弗炉烧制。他们在装饰这件瓷器时，就好像是在装饰一件其所习惯的轻薄玻璃器物一样，为瓶颈部位的红色花朵描画上了美丽的边饰，然后又在瓶腹部绘制了两个花瓶，使得那些日式折枝花卉就好像被放置于花瓶中一样。之前那些留白的部分被风景图填满，风景图中有两位官员，神奇的鸟儿和昆虫在他们身边飞舞。所有的纹饰都符合人们的想象，与意大利画家绘制的东方风情相符，或许技法还更为出色。

由威尼斯画匠负责添加纹饰的器物非常罕见。利摩日博物馆有一件藏品（加斯诺的收藏）和笔者刚刚介绍的这件基本相似。

最后，为了让我们列举的范围更加全面，笔者在此介绍一例在雕花上描金的器物。这件器物大约在1775年完成于塞夫勒。

例 172，由精细的中国瓷制成，带有年款"大明成化年制"。

例 172

这个小型茶杯外壁最初的纹饰颜色较淡，以釉下青花绘成，后来被贝朗（Bérain）风格纹样完全覆盖住。后加的纹饰使用了较厚的金彩，并不平滑，工匠又以刻花的方式修饰了细节，希望凸显一部分内容。二次添加的装饰工艺精湛，从各个角度体现着我国手工艺高光时代的印记。

从某种角度来讲，我们难免会为 20 世纪添加的这些夸张的装饰感到遗憾。但是我们也要认识到，当时流行的正是繁缛的风格，从事这项工作的画匠只是为适应人们的口味，才做出这些艺术性的添加，他们没有以此谋取非法利益。

然而如今情况大有不同，造假精神由真正的科学供养着，丝毫不掩饰地对收藏爱好者进行着欺骗。精美器物的稀缺使得商业交易中贪得无厌的情绪过度活跃，而这种贪婪的精神面对任何情况都能游刃有余、奋勇前进。假货、精致的仿品以及修复品层出不穷，此方面的技术逐渐成熟，真假难辨。

因此笔者在此呼吁我们未来的收藏家们，请以绝对的怀疑精神武装自己。第一个步骤是要用略微酸性的水清洗瓷器，从而清除掉器表覆盖的污垢。这些污垢是时间的痕迹，同时也有那些不道德的双手留下的印记。如果这件器物真的是件古董，那么刚才的步骤会让瓷釉重新焕发原有的光彩，并会准确无误地为您展示其上的裂纹、破损、后期修补，以及巧手二次装饰时试图掩盖的内容。这时，不管器物拥有多么美丽的外表，您难道还无法辨认出那些以低温火添加的纹饰吗？本来的蓝色地或雪花蓝色地，点缀上了金彩以及五颜六色的花卉。更不要提那些原本是白色，如今却变为红色、绿色、黑色的器物了。

仔细观察这些器物，您便会发现这些后期添加的内容与原始纹饰不甚匹配，有些相交、覆盖的部分显得很不协调，添加的背景色侵占了旧有纹饰的轮廓，曾经的线条不再清晰，或者彻底别扭地融进了背景色之中。那些负责添加背景色或者在留白上绘制花卉等各类纹饰的画匠实际上可能技艺超群，但是却于事无补，因为他们无法阻止后期添加的内容在焙烧时四处流动，比如说流动到那些较淡的中国纹饰上。而两种色料交融的现象是不会发生的，因为色料只有在同时受热时才可以融合。

那些全部彩色地或部分彩色地的器物享受着人们特殊的青睐，比如那些绿地带有墨色点的釉上瓷。因此，一股二次装饰的热潮应运而生，需要点明的是这一趋势的历史并不长。二次装饰不仅仅用于青花无釉白地器、素三彩瓷器，以及带有氧化铬成分易熔彩料的器物、黄绿色无金属光泽或蛤蜊光的器物上，工匠还会使用同样的色料在蓝地或雪花蓝地上绘画。同一个色系的彩料会和原器物的色地非常难于融合，搭配起来显得极其怪异，其糟糕的质量的确难以欺骗有经验的爱好者。收藏爱好者们应当非常清楚，将氧化铜着色的彩料放置于带有钴蓝料的生坯上，会形成几近黑色的效果。因此，在效果完美的蓝色地上显现出绿色纹饰，只能是后期添加了一种易熔色料的后果，而这种色料并不是中国人常用的。

如果如上的仔细检查还不足以消除所有疑虑，则有必要进行更详细、更苛刻的研究，这样的研究一定会帮助你找到一些之前未曾注意的细节。

我们可以通过金彩的质地，以及欧洲画师用来添加、复制纹饰所使用的色料等细节来找到一些踪迹。下面所说的主要涉及二次装饰。我们并不会过多担心那些风格受到亚洲艺术影响的器物，通常它们会带有标明欧洲身份的图章，收藏爱好者们很难搞错。但是，还有另外一类器物所走路数有所区别，生产商选用恰当的釉层来遮盖住胎质，从窑工到画工，无一不是致力于忠实复制东方模型，和前文所提到的那些熟练画师做的工作并不相同。

遇到此类瓷器时，使用酸性液体清洗便会产生奇效，因此有必要首先试用这种方法。其次便是检查器物足底，读者们需要尽量回忆下本书前面章节所介绍的中国人完成器足部位的方法。接下来，需要寻找器物上一个有破损的地方或者无釉的地方，方便观察到胎质。使用放大镜进行观察，这里必须呈浅灰色，而不是像玻璃一样由许多小颗粒组成，光源下照射像云母一般，和某种完全玻璃化的材质非常相似。要知道，蛋壳瓷的胎质是不会以这样状态呈现的。

下面笔者来讲一讲瓷器色彩。我们会发现，仿品的颜色既不柔和，也不透亮，没有蛤蜊光，更没有中国色料拥有的金属光泽。虽然有时造假者通过一些巧妙的酸洗方法使器物拥有这样的光泽感。此外，有两种色料是造假者所未能调配出来的，所幸的是远东国家一直还在使用它们。第一种是紫褐色，这种色料完全透明，中国人使用它来绘制树的枝条、枝干，有时也用它来绘制花卉或者人物的长衫。而仿冒品上的紫褐色却显得非常暗淡，不透明，几乎完全偏于棕色或者深红色，让人感觉像是脏脏的蓝色和胭脂红的混合色。第二种便是从氯化金中提取的色料，呈柔和的粉红色或深胭脂色。在中国瓷器上，这种颜色格外耀眼，尽显纯净。而在欧洲生产的瓷器上，却相反显得暗淡，偏紫色调，甚至呈酒红色。至于那些釉上彩纹饰，通常中国人会涂上厚厚一层，颜色却显得很均一、色泽也很浓烈。我们欧洲的画师使用的底色看起来薄薄一层，明显与中国的不同。

最后要说的是瓷器的描金。也许读者记得笔者曾经介绍过，大部分中国和日本瓷器上的金彩都不是很牢固，因此到今天许多古代器物上的描金已随着岁月消失不见。这一特性自然为我们当代的画师提供了广阔的发挥空间。他们只需要按照几乎被抹去的金彩痕迹进行填涂，便能还原纹饰本来的面貌。因古代金彩具有这一缺点，我们只需挑出那些看起来太过完美的描金器物，那么它们大概就是赝品。如果发现器物经过低温炉火而完好无损，基本便可以判断画工使用了我们欧洲窑厂制备的金彩。这些金彩可以牢固地附着在器表，闪闪发亮，还可以呈现玛瑙的色泽。另外一种方法是将金粉与清漆混合，晾干后金彩便可附着于器表，最后得到的结果会和中国的金彩类似，散发出一种金属光泽。但是这种金彩线条比较粗犷厚重，而且很容易被抹掉，例如使用钢刀刮擦或者用酸性水清洗。

上文介绍了以马弗炉二次焙烧添加纹饰的方法，在此，笔者还希望补充一个非常有趣的观察。所有收藏爱好者对这一类青花瓷器都不陌生：通常为圆柱形，被我们称为"卷筒瓶"。这类器物的原始纹饰通常包含有瓶颈部位一周窄窄的边饰，瓶身一般绘大型人物纹，几乎完全占据了整个瓶身区域。有时展示的是寿老，器身布满了长寿的图腾，有时是"福"的标志，或者描绘了历史或神话主题。

这些大型纹饰大部分为手绘，似乎始终在展示画工具有真正的艺术天赋。而为了让人们把注意力集中于那些使用渐变蓝

例 173 例 174

彩绘制的主题纹饰上，画工避免了在瓶肩部和近足处绘制纹饰，给人物纹周围留下了较大的留白。

这一类花瓶的唯一缺点就是不够稀有，而且当收藏家们拥有一件或两件之时，就感到很满足，不需要再购买了。因此，珍宝经销商们就有了许多滞销的卷筒瓶，无望地在那里等待着买家的到来。

例 173，卷筒瓶，绘有大型人物纹，这些人物是幸福繁荣的象征，纹饰使用釉下玛瑙蓝彩工艺绘成。高 45 厘米。

例 174，卷筒瓶，同例 173 器型类似，绘有传说人物纹饰。器物后期被添加上了繁缛的素三彩边饰。高 45 厘米。

看到这类花瓶中的一部分以崭新的面貌出现于人们面前，并不会令我们感到过于惊讶。现在，这件器物的颈部被三周鲜艳的边饰覆盖，肩部被加入了巨大的开光区域，内绘铁红色或斑点状绿色纹饰。在人物纹下方，也可以看到狼牙形状的边饰以及黄色、蓝色、绿色的椭圆饰，就像那些素三彩卷筒瓶上的纹饰一样。最后，人物的长袍和配饰也不再是纯蓝色的，而是被多多少少描上了亮眼的金色。

笔者感到疑惑，这些器物是否还可以算作古董？那些曾经被中国收藏爱好者珍藏的稀有瓷器，竟然可以以这种意想不到的胜利者的面孔出现。前文描述的卷筒瓶，价格低廉，而当它们经马弗炉二次烧制后却有可能提价，我们难道不应该认为这正展示了二次装饰工匠的技艺之精湛？自然，一些欧洲工匠的确对这些器物进行了改造，但是毫无疑问的是许多改变也是在中国完成的，中国工匠根据欧洲订单的指示添加了纹饰。

笔者大概亲眼见过此类藏品中的一部分，其特点与前文列举的内容相符。

仿造者非常清楚，经高温火烧制的釉上纹饰在收藏爱好者的眼中并非十分有价值，同时，他们也知道在他们的仿制过程中，不可以忽略那些纹饰绘于生坯之上的种类。但是，到目前为止，他们使用钴蓝彩和铜红彩绘制的釉下纹饰效果非常不理想。我们的收藏爱好者们可以轻易辨别出仿制品与真正来自中国、日本的瓷器之间的区别，哪怕这些舶来的瓷器质量仅是平平。

但是还有一些其他种类的高温釉彩色瓷器，比如较为珍贵的单色釉瓷器，还有更加受人青睐的窑变釉瓷器。这两种瓷器的烧制对窑工经验的要求非常苛刻，近些年来，中国和日本的工匠逐渐找回了一度失传的焙烧方法。此外，在欧洲，复制这类瓷器的手法也更加娴熟，可与东方生产的器物一较高下。

笔者要明确表明我们并不想讨论那些庸俗的仿造者或是不诚实的造假者。前文提到的成果是由那些出众的研究人士经过无数次耐心尝试之后创造的，所烧之器色泽明亮，花色肆意潇洒。这些有识之士懂得潜心解决技术难题，同时还有欧洲的创新烧窑技术给予一臂之力。

如果只举一个例子，那么一定要提到这位出类拔萃的技术专家。笔者在此会介绍一下代克（Th. Deck）先生近期获得的成果，不论是彩陶还是瓷器，都让人充满钦佩。

代克先生反复研究古代的青铜器和瓷器，从中汲取了灵感并创烧了属于自己风格的瓷器。在找到中国人烧制颜色釉瓷器的方法后，他又结合了自己创制的秘方，烧造出了有他个人特点的器物，这些新型器物甚至引得了中国人的羡慕。像所有人一样，代克先生对自己的成果感到非常骄傲，从他的窑厂走出去的瓷器都被签上了他的名字。在上一届工艺美术博览会上，人们有机会欣赏到他烧造的一系列精美夺目的瓷器，它们互相

225

衬托，相映成趣。他谦虚地认为自己只是将瓷器放入不同炉温中进行测试而已。

回顾我们欧洲当代的陶瓷匠人，会发现他们苦心钻研并不只是为了尽到为自己正名的义务。笔者的目的主要是说明他们中的一些人烧造的瓷器可以媲美中国的颜色釉器物，因此想要确定一件器物的源头便更为困难了。一件当代器物到底是来自东方还是产自欧洲，并无太明显的区别可言。若是一件古代瓷器，东西方的区别就比较清晰，但是古代瓷器中也有例外，那便是那些塞拉同瓷器。东西方烧造的塞拉同瓷的区别仅限于其上的开片，开片的特点和排列方法略有些许不同。

那些古董器物上的纹片通常都比较明显，裂纹还会以黑彩上色，覆盖整件器物，深浅均一。不论纹片多寡，都不会损害器物表面光洁的效果，手触时感受不到器表的光滑度受到影响，即便使用最细的刻刀划过，都感觉不到纹路的质感。

斑点状开片　　　　　细小开片　　　　中等大小开片

中国古代瓷器开片

这些细小的裂纹共同交织而成了一个无明显规则的网络，网格大小均一，一般为多边形，而且几乎从来不会形成三角形。

然而无论是东方还是欧洲制造的当代瓷器，纹片的展现方式都与古代迥然不同。大部分时候，当代瓷器开片不明显，无着色，也并不闪烁着光芒。近年来这些器物的裂纹似乎只是浮在器物表面，渗透至玻璃透明釉的最外层。仔细靠近观察，它们看起来就像蜡烛烛火灼烧冰块表面所形成的那种裂纹。

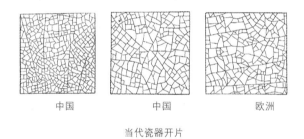

中国　　　　　　中国　　　　　　欧洲

当代瓷器开片

极其不规则的开片如同一张网覆盖于器物表面，网格的大小和形状各有不同，彼此贴合，沿不同方向延伸交错。而轮廓的形状通常为四边形甚至三角形。此外，如果向刚才提到的那样用钢刀的尖部在瓶身轻轻划过，可以体会到每一个纹片之间的裂缝感。

在欧洲人尚且无法烧造出完美的颜色釉瓷器之时，以英国为首的几个国家曾试图创烧中国的中高温釉瓷器，然而成果并不理想。这类可以施于素胎之上的色料可表现黄色与棕色、山茶花叶的绿色、紫色、松石蓝色、橄榄绿色等一系列颜色。或许是因为他们没有找到这些色料的原料，或许是钻研还不够认真深入，他们并未烧造出值得笔者介绍的品种。而山茶花绿色的器物一直以来备受收藏爱好者的青睐，同时也吸引了诸多生产商的注意力。然而，欧洲窑厂烧造的山茶花绿釉瓷器尽管有诸多可圈可点之处，仍然与来自中国的同类型器物有较大差别。

同黄色、棕色的器物相同，紫色釉瓷器通常不会形成冰裂纹效果。因此若想分辨出仿制品，必须要关注瓷器颜色本身。读者请记住，不论深浅，中国紫色釉中的颜色一般均提取自蓝色，如果颜色暗淡，通常来自于深色的波斯蓝，而另一种紫色泛着胭脂红的效果，似乎是蓝色与胭脂红混合产生的效果。

至于松石蓝色的仿品，那就更易于辨识了。首先因为松石蓝色瓷器通常无开片，其次，几乎所有的古代松石色器物都毫无例外微微泛着橄榄绿色，仿制品却不具有这个特点。而且古代松石色瓷器通常开有细小的纹片，即使不是通体裂纹，也至少会在焙烧时釉料堆积较少的地方有开片。

拥有细小开片的瓷器，也被称为中国松石蓝色斑点状开片，充分展现了古代颜色釉瓷器的特点。藏家们绝对不会将其同近年来日本烧造的松石蓝色瓷器混淆。日本的松石蓝色瓷器

227

也非常出众，其裂纹未经着色，色泽鲜亮，蓝色釉层肥厚，表面光洁如玻璃。

至此，对假冒品和仿制品连篇累牍的介绍将告一段落。笔者记叙了大量细致的观察，对有些问题强调再三，但是那些强调确实必不可少。如果读者感到有些疲倦，希望可以理解笔者的用心，我们实在不希望那些不值得的藏品入侵藏家的玻璃橱窗，伤害藏家的一片真情；也不希望那些毫无道德底线的二手商贩以一文不值的器物从藏家钱包里换得完全不等值的钞票。

译后记

瓷器的创烧是中国人智慧的结晶，是中华民族对世界文明的贡献。几个世纪的时间里，在欧洲人的眼中，瓷器的光洁表面彰显着中国人巧手之神奇以及文化之深厚。本书的作者萨代尔是一位普通的法国收藏家，他也被瓷器这种美观精妙的器物吸引，投身于瓷器研究，进而又对中国文化产生了浓厚兴趣。在翻译本书的过程当中，本人深切感受到作者对东方瓷器的热爱，他如数家珍的描述令人非常感动。

萨代尔生活在130多年前的巴黎，一生从未踏足中国，因此在本书中难免会看到一些他对中国文化、瓷器文化的错误理解。囿于时代、地域和传播方式，误读在文化交流过程中似乎难以避免。即便在中西文化相互交融的今天，它仍旧存在着。但是这种误读也为后学之士提供了发挥、弥补的空间，也让我们意识到文化传播存在的困难。

感谢广西师范大学出版社和"海外汉学译丛"主编张西平老师给予了我翻译这本著作的机会。本书涉及专业知识较多，本人在翻译过程中查阅了大量的瓷器专业书籍，力求做到最好，但是仍旧难免有翻译不当之处，希望读者们可以包容海涵，批评斧正。在翻阅、译文的过程当中，我也渐渐地喜爱上了瓷器文化，培养出了一项新的爱好。本书作者在序言中提到，"爱好一项事业，只有通过认真钻研才能收获恒久的快乐"，本人深以为然。认真的学习和了解是热爱的前提与基础。

透过本书可以看到几个世纪之前中国瓷器在欧洲深受青睐的盛况，时空流转，本人不禁时时想到如今中国文化的复兴事业面临的挑战。作为一名立志于从事中西文化交流工作的海外学人，我希望为中学西传开辟出新的道路，让中国文化在异国他乡的土地上也能得以发扬光大。

刘　婷

2020 年 10 月于美国斯坦福大学